Autobiografia

John Stuart Mill

AUTOBIOGRAFIA

Introdução e tradução
Alexandre Braga Massella

ILUMI//URAS

Título original:
Autobiography

Copyright © 2007 desta edição e tradução:
Editora Iluminuras Ltda.

Capa:
Fê
Estúdio A Garatuja Amarela
sobre foto do autor e *Symphony in Grey: Early Morning, Thames* (1871),
óleo sobre tela [45,7 x 67,5 cm], James McNeill Whistler.
Cortesia Freer Gallery of Art, Washigton DC.

Revisão:
Ariadne Escobar Branco

DADOS INTERNACIONAIS DE CATALOGAÇÃO NA PUBLICAÇÃO (CIP)
(Câmara Brasileira do Livro, SP, Brasil)

Mill, John Stuart, 1806-1873.
  Autobiografia / John Stuart Mill ; introdução
e tradução Alexandre Braga Massella. —
São Paulo : Iluminuras, 2006.

  Título original: Autobiography of John Stuart Mill.
  Bibliografia.
  ISBN 978-85-7321-177-1

  1. Filósofos - Inglaterra - Biografia 2. Mill,
John Stuart, 1806-1873 I. Massella, Alexandre
Braga. II. Título

06-1909   CDD-192

Índices para catálogo sistemático

1. Filósofos ingleses : Biografia e obra   192

2007
EDITORA ILUMINURAS LTDA.
Rua Inácio Pereira da Rocha, 389 - 05432-011 - São Paulo - SP - Brasil
Tel: (11)3031-6161 / Fax: (11)3031-4989
iluminur@iluminuras.com.br
www.iluminuras.com.br

ÍNDICE

INTRODUÇÃO 7
Alexandre Braga Massella

CAPÍTULO I 25
Infância e primeira educação

CAPÍTULO II 53
Influências morais na primeira juventude
Caráter e opiniões de meu pai

CAPÍTULO III 73
Última etapa de educação e primeira de auto-educação

CAPÍTULO IV 91
Propagandismo de juventude.
A *Westminster Review*

CAPÍTULO V 125
Uma crise em minha história mental.
Um passo adiante

CAPÍTULO VI.. 165
Começo da mais valiosa amizade de minha vida.
A morte de meu pai.
Escritos e outras atividades até 1840

CAPÍTULO VII 193
Panorama geral do resto de minha vida

INTRODUÇÃO

Alexandre Braga Massella

"Perdemos em John Stuart Mill o melhor escritor filosófico — se não o maior filósofo — que a Inglaterra já produziu desde Hume; e talvez o mais influente mestre do pensamento que este país já viu, se considerarmos a variedade e a intensidade de sua influência". Estas palavras do filósofo Henry Sidgwick,[1] escritas em maio de 1873, poucos dias depois da morte de Mill, sugerem a fama e o respeito que este adquirira, ainda em vida, com as suas obras. As opiniões de Mill, conforme Stanley Jevons, crítico em relação a elas, apontava nesta mesma época, eram citadas a respeito de todos os temas de importância social. As razões dessa reputação teriam que ser buscadas tanto nas qualidades de seus escritos, que primam pela clareza e pelo caráter sintético, como nas características sociais, políticas e econômicas da Inglaterra de seu tempo, pois os trabalhos de Mill, mesmo quando tratam dos mais abstratos temas filosóficos, estão voltados também para questões concretas e práticas. A variedade dessa influência espelha a vasta gama de reflexões abarcadas por sua obra. A Economia, a Política, a Moral, a Lógica e a Epistemologia, as questões políticas e jurídicas de seu tempo receberam de Mill reflexões cuja originalidade, no entender do próprio autor, residia no modo pelo qual idéias provenientes de diversos autores e tradições eram incorporadas e sintetizadas na tentativa de gerar um novo e mais perfeito sistema de pensamento.

---

1) SIDGWICK, Henry. "John Stuart Mill", *Miscellaneous essays*. Bristol, Thoemmes Press, 1996.

É certo que, quando Mill morreu, a força de sua influência estava longe de ser a mesma. Um dos fatores que explicam isto seria uma mudança na perspectiva filosófica durante as últimas décadas do século dezenove, mudança que teria se acentuado no início do século XX. A perspectiva endossada por Mill, inclinada a vincular os problemas filosóficos às questões práticas e políticas, teria dado lugar a uma abordagem mais desinteressada que enfatizava a pureza e a autonomia da filosofia. As novas tendências filosóficas caracterizadas pela busca de uma nítida distinção entre problemas conceituais e empíricos e pelo repúdio a formas de pensamento estigmatizados como "psicologismo" ou "historicismo" teriam relegado a obra de Mill a uma fase já superada da reflexão filosófica. Entretanto, a atualidade do pensamento de Mill vem sendo novamente defendida, a principal tentativa nesse sentido talvez esteja contida na obra de John Skorupski,[2] que sugere, justamente, as afinidades da filosofia de Mill com as abordagens naturalistas contemporâneas que inserem as questões filosóficas acerca do conhecimento e da moral na ordem causal da natureza.

Mas se essa tendência do pensamento de Mill para fundir as questões filosóficas mais abstratas com concepções substantivas acerca da história e do homem é ou não uma perspectiva atual e defensável, é certo que a Autobiografia *oferece amplo material para explorarmos o modo como suas idéias filosóficas são elaboradas em conexão com as questões substantivas que o preocupavam. As questões históricas de seu tempo e até mesmo certas circunstâncias da vida de Mill acompanham, na* Autobiografia, *os problemas teóricos enfrentados por suas diversas obras. Além disso, vários temas recorrentes em seus livros, sua crença no aprimoramento do homem e da sociedade, na força emancipatória dos ideais democráticos e igualitários, no poder da argumentação e da evidência para decidir as questões morais e políticas controversas, tudo isso é aí apresentado, muitas vezes em conexão com as questões práticas e concretas que dividiam os homens de sua época. Ao explicar, por exemplo, as razões que o levaram a escrever uma ampla crítica da filosofia*

---

2) SKORUPSKI, John. *John Stuart Mill*. Londres, Routledge, 1991.

de seu contemporâneo William Hamilton, Mill atribui possíveis conseqüências práticas conservadoras a esta filosofia que denomina de "intuicionista", sempre pronta, segundo ele, a estender para além do razoável a tentativa de fundamentar doutrinas e sentimentos estabelecidos em uma suposta constituição inata e inalterável da natureza humana.

São expostos ainda na Autobiografia *os materiais, as fontes e inspirações de que Mill se serviu para elaborar o seu pensamento, além de uma descrição minuciosa do próprio processo pelo qual desenvolvera a mencionada capacidade sintética que tão bem caracteriza a sua obra. É essa aliás a intenção da* Autobiografia, *expressa sem rodeios logo nas linhas iniciais: descrever os detalhes de um processo educativo peculiar, seus resultados e suas falhas, e render a justa homenagem aos responsáveis pelo desenvolvimento moral e intelectual do autor. Assim, quando Mill fala de si mesmo dificilmente o leitor terá a impressão de que ele o faz animado por um desejo de ser admirado. A meticulosa tentativa de assinalar tudo o que, em seus êxitos e obras, deve-se ao esforço de outros, faz da* Autobiografia *um longo agradecimento em que parece ausente qualquer impulso de vaidade, quase que a desafiar as palavras que abriam a breve autobiografia de outro célebre filósofo inglês, David Hume: "é difícil para um homem falar longamente de si mesmo sem vaidade".*

O leitor interessado na obra de Mill encontrará na Autobiografia *amplo material que apresenta e esclarece a gênese de diversas doutrinas, as etapas de sua elaboração, o método de composição e redação empregado por Mill e a avaliação posterior do que haveria nelas de essencial e duradouro. É instrutivo seguir, por exemplo, a lenta gestação de um influente livro como o* Sistema de lógica, *cuja execução levou o seu autor a compor uma obra que ultrapassou em muito as intenções originais que o animavam. Ficamos sabendo que a idéia do livro nasceu durante as reuniões do grupo de estudos que Mill e seus amigos utilitaristas haviam formado para ler e discutir textos de economia política, lógica e psicologia. Mill nos informa ainda que a base dos principais capítulos do Livro VI do* Sistema de lógica, *que trata das ciências humanas e que pretende ser apenas uma aplicação dos temas relativos às ciências naturais tratados nos livros anteriores, já estava elaborada por volta de 1830, sete anos antes dele escrever a maior parte do Livro III, sobre a Indução. Isto parece sugerir que Mill já tinha claro em sua mente os métodos das ciências humanas antes de se sentir seguro a tratar dos métodos das ciências físicas, embora as distinções aplicadas àquelas sejam tomadas a estas. Com base nessas informações sobre a redação do* Sistema de lógica, *um comentador como R. Anschutz[3] sugere que Mill chegou a sua concepção de lógica indutiva ao tentar estabelecer fundamentos sólidos para a construção de teorias políticas, propondo ainda que, para melhor entendermos sua teoria da indução, leiamos em primeiro lugar o Livro VI, que fecha a obra.*

Mas há outros temas controversos de sua obra presentes na Autobiografia. *A tensa relação com a moral utilitarista de Jeremy Bentham, relação feita de aproximações e recuos que vão desde a entusiasta e incondicional adesão do período de juventude até o distanciamento da maturidade, distanciamento que, entretanto, jamais foi apresentado como uma ruptura, está detalhada na* Autobiografia *e surge ou está na origem de um momento crucial da própria vida de Mill. É neste ponto que as análises que procuram estabelecer vínculos entre a vida e a obra de um autor encontram na* Autobiografia *um material que, devidamente explorado, pode ajudar a entender certos temas e preocupações que encontraram na obra uma expressão conceitual e filosófica e deram a esta uma ênfase característica.*

As circunstâncias que parecem cercar a redação da Autobiografia *sugerem a presença de episódios de vida marcados por ansiedades e temores. Em uma minuciosa reconstrução do processo de composição do livro a partir de seus manuscritos, A. W. Levi[4] sustenta que este é o resultado de três períodos distintos da vida de Mill, todos eles atravessados por profunda emoção. Convém assim expor brevemente nesta introdução*

---

3) ANSCHUTZ, Richard P. *The philosophy of J.S. Mill*. Oxford, Clarendon Press, 1969.
4) LEVI, Albert W. "The writing of Mill's autobiography", CUNNINGHAM WOOD, John (ed.). *John Stuart Mill: Critical assessments* (Routledge Critical Assessments of Leading Economists). Londres, Routledge, 1998.

a reconstrução de Levi, que nos ajuda a entender não só a estrutura do livro como as alterações que algumas passagens sofreram e que, em nossa edição, estão acrescentadas em notas de rodapé.

Mill deixou três manuscritos da Autobiografia. *O primeiro, o manuscrito original do livro, é mais breve que os outros dois e é composto por três partes. A primeira parte contém 139 páginas e constitui o corpo principal da obra. A segunda parte, que trata principalmente das relações entre Mill e sua esposa Harriet Taylor durante o período em que esta ainda vivia com seu primeiro marido, contém apenas dez páginas que foram, salvo algumas alterações, incorporadas no manuscrito que serviu para a edição definitiva da obra. Há ainda uma terceira parte, com cerca de 25 páginas que foram descartadas e substituídas por outras, e que tratavam, de forma talvez excessivamente severa, das relações entre o jovem Mill e seu pai. O segundo manuscrito, fonte da edição definitiva da* Autobiografia, *apresenta várias revisões estilísticas e foi, sem dúvida, a versão destinada para publicação. O terceiro manuscrito era apenas a duplicata do segundo, copiada pela enteada de Mill, Helen Taylor. A primeira edição do livro, de 1873, segue o segundo manuscrito, mas não contém as partes elogiosas que se referiam a Helen Taylor e que esta mesma decidiu suprimir.*

Comparando os manuscritos, examinando cartas trocadas entre Mill e sua esposa Harriet Taylor e um diário que Mill manteve por um breve período, Levi pôde concluir que a Autobiografia *foi escrita em três períodos distintos.*

Entre 1853 e 1854 Mill teria escrito a maior parte do livro, narrando desde sua formação inicial, minucioso relato em que ao disciplinado e precoce contato com a cultura clássica contrapõe-se a descrição de um ambiente familiar carente de afetividade, passando por sua "crise mental" até chegar ao seu casamento com Harriet Taylor. Na reconstrução de Levi, a composição da obra nesse momento explica-se pela certeza que Mill tinha, aos 47 anos, de estar sofrendo de uma tuberculose avançada que o levaria à morte em pouco tempo. Sua morte só ocorreria vinte anos mais tarde, mas há diversos trechos de um diário de Mill, escrito em 1854, que deixam claro sua convicção de que lhe restava então pouco tempo de vida. São recorrentes no diário as reflexões em torno da morte:

> "A única mudança que descubro em mim com a proximidade da morte é que, contemplando-a de mais perto, torno-me instintivamente conservador. Ela me faz ansiar não aquilo que normalmente ansio — oh, algo melhor! — mas, oh, poderíamos bem estar como estávamos antes.
> "Quando a morte se aproxima, como parece desprezível e pequeno todo o bem que fizemos! Como parece gigantesco aquilo que tínhamos o poder e, portanto, o dever de fazer! É como se eu tivesse disperdiçado os anos produtivos da vida em meros passatempos preparatórios, e, agora, 'a noite em que ninguém mais trabalha' me supreende sem que o verdadeiro dever de minha vida tenha sido realizado".[5]

Mill teria retomado a escrita da Autobiografia em 1861, três anos após a morte de sua mulher, acrescentando porém apenas algumas páginas e revisando certas passagens. Um desses acréscimos foi o período que começa com "Quando as mentes filosóficas do mundo já não podem mais crer em sua religião..." e conclui com uma avaliação mais otimista das perspectivas de progresso intelectual e social da Inglaterra e da Europa. A nota "escrito em 1861", ao final do período, deve ser entendida, segundo as comparações efetuadas por Levi entre a edição publicada e o manuscrito original, como se referindo a esta passagem somente e não a todos os capítulos anteriores que compõem o livro. Um acréscimo significativo desse segundo período de redação, que mostra bem como Mill estava abalado com a morte da esposa, menciona justamente esta "amarga calamidade" e a "religião" que passou a ser para ele a recordação de Harriet Taylor.

Somente oito anos mais tarde, em 1869, após a sua derrota na reeleição para a Câmara dos Comuns, Mill retoma a escrita da Autobiografia. Nesta época, Mill passava longos períodos em Avignon

---

5) Citado em Levi, "The wrinting of Mill's autobiography", *John Stuart Mill: Critical assessments*, op. cit., p. 176.

com sua enteada Helen Taylor, local onde sua esposa morrera, e foi aí talvez que ele escreveu a parte final do livro — parte que se inicia com "Ao retomar minha pena alguns anos depois de haver escrito a narrativa anterior..." —, revisando todo o texto, atualizando dados referentes a pessoas e fazendo alterações estilísticas. Mill morreria quatro anos depois, em sete de maio de 1873, aos 67 anos. Suas últimas palavras sugerem a força da dedicação e do envolvimento com a sua obra: "Bem sabes que fiz o meu trabalho".

Assim, o receio de sua própria morte iminente, o pesar pela morte da esposa e o desejo de celebrar a memória desta, e talvez um vago e lastimoso sentimento de que se retirara da vida ativa, constituem, na reconstrução de Levi, os estímulos mais imediatos para a composição da Autobiografia. *O que talvez torne o livro muito mais do que um relato sereno da formação e do desenvolvimento intelectual de seu autor. Seria possível buscar então na* Autobiografia *não apenas os detalhes da incrível educação de Mill, da elaboração da sua obra ou da formação do grupo de jovens utilitaristas que se reuniram em torno das idéias de Bentham, mas também, no entender de Levi, as "fontes emocionais" que abasteceram o seu pensamento filosófico.*

A vida escassa de acontecimentos mundanos cuja narração Mill tem o cuidado de justificar forneceu entretanto pelo menos três episódios que ainda suscitam a curiosidade daqueles que se interessam pela obra de Mill e por sua figura humana.

Um desses episódios diz respeito às relações entre Mill e Harriet Taylor. A Autobiografia *pouco se refere às atribulações que cercaram o caso, mas parece não haver dúvida de que o casal considerava necessário calar os rumores que davam ares de escândalo à amizade que Mill mantivera com Harriet Taylor durante o período em que ela ainda era casada com seu primeiro marido, John Taylor. O livro teria sido uma boa oportunidade para esclarecer a situação.*

Mill conheceu a jovem Harriet Taylor, que tanta veneração despertaria em seu espírito e tanta influência teria, segundo a avaliação do próprio Mill, na evolução de suas idéias, em 1830, durante uma das reuniões organizadas pelo casal Taylor. A íntima amizade que logo se estabeleceu entre eles representou para Mill uma fonte de afetividade e de sentimentos da qual sua educação, conforme lemos na Autobiografia, *o havia privado.*

Inicialmente, Harriet Taylor tentou evitar que o seu relacionamento com Mill prosseguisse. É o que sugere esta carta que Mill pede para que seja dirigida a ela, datada de 1832:

> *"Abençoada seja a mão que traçou essas linhas. Ela me escreveu, e isto basta, embora eu não me dissimule que foi para me dizer um adeus eterno.*
>
> *Mas que ela não creia que eu aceito este adeus. Seu caminho e o meu estão separados, ela disse; porém, eles podem, eles devem, se encontrar. Em algum lugar, em alguma época, quaisquer que sejam, ela me encontrará tal como tenho sido, tal como ainda sou.*
>
> *Ela será obedecida: minhas cartas não irão mais perturbar sua tranqüi-lidade ou derramar uma gota a mais na taça de suas mágoas. Ela será obedecida pelos motivos que alega e seria obedecida ainda que se limitasse a me comunicar suas vontades. Obedecê-la é para mim uma necessidade.*
>
> *Ela não recusará, espero, estas pequenas flores que colhi na Nouvelle-Forêt. Entregue a elas, por favor".*[6]

O que se seguiu nos anos que transcorreram foi uma convivência que desafiava as convenções da época e despertava recriminações, mas que, conforme o relato de Mill, ambos souberam manter dentro dos limites impostos pela prudência e pela dignidade. A "íntima e terna amizade" desprovida de sensualidade, expressão que lemos no manuscrito original da Autobiografia, *reproduz quase que literalmente o trecho de uma carta de Harriet Taylor a Mill, na qual ela sugere a este o tom com que deveria ser brevemente narrada a convivência entre ambos desde 1830. Conforme o seu conselho, uma dúzia de linhas bastaria para expressar a "verdade genuína" e a "simplicidade" de seu convívio com*

---

6) MINEKA, Francis E. (ed.). *The earlier letters of J.S. Mill, 1812-1848. Collected works of John Stuart Mill*, v. XII. Toronto, University of Toronto Press/Londres, Routledge and Kegan Paul, 1963, p. 114.

Mill: "forte afeição, íntima amizade e nenhuma impropriedade. Parece-me um retrato edificante para aqueles pobres coitados que não podem conceber amizade a não ser no sexo e que não acreditam que a conveniência e a consideração pelos sentimentos dos outros podem suplantar a sensualidade".[7]

Mas o relacionamento foi duradouro, feito de conversas, troca de cartas, passeios e algumas viagens. Foi esta a vida de Harriet Taylor e Mill durante 1830 e 1851, o longo período em que precisaram suportar não apenas as maledicências alheias como também o natural distanciamento a que a situação os obrigava.

O arranjo de compromisso, ao que tudo indica imposto pela própria Harriet Taylor ao seu marido e ao amigo Mill, era, ao menos para este último, bastante doloroso, a acreditarmos nas palavras que o amigo Thomas Carlyle escreve para John Sterling em 1836: "Não é estranho este desvanecimento e este aniquilamento que se observa em nosso pobre Mill, se, como dizem todos os seus amigos, isto se deve a sua amada? Jamais vi nenhuma outra confusão na vida humana da qual me encontrasse tão incapaz de formular uma teoria. A Caridade diz: 'são inocentes'. O Escândalo replica: 'são culpáveis'. Por que, então, me pergunto, os dois seguem se consumindo assim com o coração destroçado? Só há uma coisa que me parece dolorosamente clara: o pobre Mill está em péssima situação. E embora ele não fale, talvez sua tragédia seja mais trágica do que a de todos nós: o próprio fato de não falar nada, de que nunca poderá dizer nada e de que permanece encerrado no gelo de seu próprio isolamento, sem voz, sem comunicação, não seria a mais trágica circunstância de todas?".[8]

O casamento ocorreu em 1851, dois anos após a viuvez de Harriet Taylor, e durou apenas sete anos. Harriet Taylor morreu em Avignon em 1858, local onde, desde então, Mill comprou uma casa e passou a viver periodicamente com sua enteada Helen Taylor.

---

7) Citado em Levi, "The wrinting of Mill's autobiography", *John Stuart Mill: Critical assessments*, op. cit., p. 175.
8) Citado por F.A. Hayek (Hayek,1 Friedrich August von. *John Stuart Mill and Harriet Taylor: Their correspondence and subsequent marriage*. Chicago, The University of Chicago Press, 1951, p. 85).

A figura de Harriet Taylor e sua influência no desenvolvimento intelectual de Mill é apresentada na Autobiografia *de forma surpreendente. A responsabilidade por obras como* Sobre a liberdade *e* A sujeição das mulheres *é atribuída também a ela. Elogios arrebatados expressam a admiração de Mill pelo seu caráter, que conjugaria no mais alto grau as capacidades especulativas, poéticas e práticas. A veneração suscitou a curiosidade dos comentadores. A. Bain, que conheceu Mill e julga a partir de sua própria experiência, descreve assim uma das possíveis interpretações: Mill, como pode suceder a qualquer um, estava simplesmente sob o feitiço do sexo oposto e, além disso, "o severo esforço intelectual a que havia sido submetido preparou-o para uma reação emocional e a grande paixão veio assim a preencher um vazio em sua natureza. Encontrar alguém que era, além disso, uma companheira intelectual complementava o encanto".[9] Bain comenta que isso pode bem ser verdade, embora não se possa saber ao certo, e chama a atenção para o papel de Harriet Taylor como companheira intelectual. Harriet Taylor teria proporcionado a Mill algo que ele apreciava muito, a possibilidade de um debate intelectual graças ao qual podia "desenvolver novos pensamentos e novos aspectos de velhos pensamentos". Mas Bain ressalva que esse papel se estendia a uma pequena parte dos interesses intelectuais de Mill e que este não obteve dela qualquer ajuda para o mais "intenso e estimuante trabalho que ele empreendeu — a composição do* Sistema de lógica". *Intérpretes mais recentes preferem enfatizar que a figura de Harriet Taylor simbolizava para Mill a almejada reconciliação de duas culturas: a do intelecto e a do sentimento.[10]*

E aqui somos levados a apontar os outros dois episódios da vida de Mill que certamente chamarão a atenção do leitor: sua extraodinária educação e a "crise mental" que se seguiu a ela.

---

9) Bain, Alexander. *John Stuart Mill: A criticism, with personal recollections.* Londres, Longmans, Green and Co., 1882, p. 172. Nova York, Augustus M. Kelley Publishers, 1969.

10) O ponto é salientado por J. Stillinger em sua introdução à *Autobiography* (Mill, John Stuar. Stillinger, Jack (ed.). *Autobiography*, Boston, Houghton Mifflin Company, 1969), pp. xvii-xviii.

Sua formação foi metodicamente planejada por seu pai, o economista e filósofo James Mill, que acreditava firmemente nos poderes da educação. O precoce contato com a cultura clássica, com a língua grega, com a álgebra e a geometria, a disciplina e as exigências impostas, a relação com o único mestre, o seu próprio pai, tudo isso é apresentado em uma narração detalhada, entremeada por comentários que, por vezes, revelam um certo ressentimento com as falhas práticas da educação e com o caráter excessivamente enérgico do pai, mas também o profundo respeito pelo esforço que o pai dedicou em sua formação. O quanto havia de cálculo e de experimentação no esforço pedagógico de James Mill pode ser lido nas palavras que dirige a um amigo que há pouco tornara-se também pai, propondo uma "aposta relativa à educação de um filho. Vejamos, daqui há vinte anos, quem de nós dois pode exibir o mais completo homem virtuoso. Se eu for capaz de vencê-lo nesta disputa, não terei motivo algum para invejar o fato de que seu filho será mais rico do que o meu".[11] A preocupação com a formação do filho era tal que, adoentado e temendo o pior para si, James Mill escreve assim para Jeremy Bentham, também interessado na educação do pequeno John, então com seis anos: "Caso eu venha a falecer antes que este pobre menino se torne um homem, uma das coisas que mais me magoaria seria deixar sua mente aquém do grau de excelência que eu espero fazer com que ela atinja. A única coisa que poderia suavizar essa dor seria deixá-lo em suas mãos. Aceito portanto a sua oferta (...) e dessa forma poderemos torná-lo talvez um digno sucessor de nós dois".[12] Era precisamente este o objetivo do empreendimento educativo de James Mill: tornar o filho o futuro porta-voz dos filósofos radicais, o grupo reformista reunido em torno das idéias de Jeremy Bentham e do próprio James Mill, grupo que propunha reformas políticas, econômicas e legais orientadas pelo princípio utilitarista. Por trás deste princípio há a suposição psicológica de que os homens sempre buscam maximizar o seu próprio prazer em todos os seus

---

11) MILL, James A. "The Education of John Stuart Mill: Some Further Evidence", *Mill newsletter*, XI, 1976, pp. 10-11.

12) Citado em A. Bain, *James Mill: A biography*. Nova York, Augustus M. Kelley Publishers, 1967, p. 119.

atos voluntários. A busca do bem-estar dos outros seria, ao menos para uma pessoa esclarecida, um dos meios para esse fim, de fato o melhor meio. O princípio utilitarista, de acordo com o qual as instituições deveriam ser avaliadas, prescrevia assim a busca da maior felicidade do maior número. À ampliação da noção de felicidade contida no princípio de utilidade Mill dedicou uma pequena obra, O utilitarismo, *que, na avaliação de certos intérpretes, o distancia da própria tradição utilitarista para a qual fora treinado para ser o líder e continuador.*

O que vemos na Autobiografia *em relação ao tema é a insatisfação de Mill com o modo pelo qual este princípio fora ensinado a ele. Treinado a aplicar o princípio como um mero recurso analítico, Mill não teria criado, conforme sua avaliação posterior, os elos afetivos com a verdadeira razão de ser do princípio: a felicidade do maior número. A eclosão de uma "crise mental", tal como a descreve no capítulo V da* Autobiografia, *resulta da descoberta, desanimadora, de que a eventual conquista de tudo aquilo que lhe era mais caro — o aprimoramento das instituições humanas conforme as exigências do princípio de utilidade — não seria afinal uma fonte de contentamento. Este relato do padecimento e da superação de uma "crise" que Mill experimentara aos vinte anos é um dos vários momentos em que a* Autobiografia *é também o depoimento de episódios carregados de emoção e sofrimento. Na avaliação de Mill, a crise, descrita como um profundo estado de apatia e desânimo, seria o resultado de um processo educativo excessivamente analítico e intelectual que não fora capaz de estabelcer vínculos afetivos e sentimentais com os ideais de aprimoramento do homem que norteavam a sua vida. Dissemos "na avaliação de Mill" porque seria possível, ou, pelo menos, houve os que tentaram,[13] ir além dela e ver neste episódio de vida muito mais do que o próprio filósofo teria visto, propondo, para tanto, interpretações psicanalíticas baseadas em um suposto "ódio reprimido" de Mill em relação ao seu pai. Além disso, seria preciso levar em conta, como aponta* Bain,[14] *a excessiva carga de trabalho a qual Mill se submetera durante*

---

13) LEVI, Albert William. "The 'mental crisis' of John Stuart Mill", *Psychoanalysis and Psychoanalytic Review*, v. 32, 1945, pp. 86-101.
14) BAIN, Alexander. *John Stuart Mill: A criticism, with personal recollections*, op. cit., p. 38.

os anos de sua formação, carga que poderia ter ocasionado problemas físicos que, se não se manifestaram nesse momento, não tardariam a incomodá-lo. Mas, conforme as razões do próprio Mill, os hábitos analíticos que o levavam a avaliar as instituições humanas segundo o critério da maior felicidade para o maior número deveria ser complementado por uma experiência mais afetiva e concreta com os fins de aperfeiçoamento do homem. Seu intelecto estava apto a discernir os melhores meios para a obtenção dos fins, mas estes não estavam envolvidos com os sentimentos necessários para fazê-lo agir. A apatia que o acomete seria assim o resultado da psicologia simplista que orientara a sua educação. As associações mentais criadas mediante os velhos expedientes pedagógicos de punição e recompensa criaram vínculos apenas superficiais com as metas propostas. A própria prática da análise, voltada para o conhecimento das reais conexões entre as coisas e, portanto, para a dissolução dos preconceitos herdados e embutidos nas instituições humanas, tendia a enfraquecer quaisquer associações artificiais.

É assim que tem início a tentativa de Mill de aprimorar o próprio caráter, por meio do cultivo dos sentimentos e da imaginação. A leitura de poetas como Wordsworth teria sido decisiva na sua busca por fontes genuínas de felicidade que estivessem enraizadas nas potencialidades permanentes da natureza humana. Os poemas de Wordsworth teriam revelado a Mill a possibilidade de uma cultura dos sentimentos que pudesse resistir ao poder corrosivo da análise.

O modo pelo qual Mill vive e supera sua crise confere a um episódio aparentemente banal toda uma gama de significados que o torna uma experiência plena de repercussões. De fato, os temas que se articulam em torno dessa crise repercutirão em várias direções de sua obra. Já dissemos que a necessidade que sentiu de uma concepção ampliada e enriquecida da psicologia humana e da noção de felicidade encontrou pleno desenvolvimento em O utilitarismo. *O ideal de vida que passa a abraçar, privilegiando a espontaneidade, a individualidade e o autodesenvolvimento da personalidade virá exposto em* Sobre a liberdade. *Podemos lembrar até mesmo sua elaboração filosófica da noção de livre-arbítrio apresentada no Livro VI do* Sistema de lógica.

De fato, não seria difícil, em relação a este último ponto, seguir o modo pelo qual ele compreendeu e enfrentou o seu crítico estado de ânimo em um tema filosófico que mereceu sua atenção e para o qual acreditou ter dado uma importante contribuição. Ao experimentar a crise e suas constantes recaídas, o abatimento de que sofria parecia se agravar diante de reflexões fatalistas que consideram o nosso caráter o resultado inevitável de circunstâncias que estão além do nosso controle. Havia até mesmo opiniões, como o próprio Mill aliás nos informa, que o retratavam como um homem fabricado, treinado para reproduzir certas opiniões. Mill pondera "penosamente" sobre o assunto e desafia essa espécie de fatalismo. No Livro VI do Sistema de lógica *ele aponta o caráter contingente e hipotético das relações causais: estas afirmariam apenas o que irá ou não ocorrer se causas perturbadoras não surgirem. Esta característica das relações causais abriria justamente a possibilidade do controle humano. Sua caracterização da liberdade assume então uma formulação hipotética, segundo a qual uma pessoa é livre quando tem a capacidade de controlar o próprio caráter se ela assim o desejar. Este desejo ou vontade, admite porém Mill, é dado a nós por causas externas, o que parece uma arriscada concessão ao seu adversário fatalista. Pois como podemos controlar nosso caráter quando o pré-requisito para isso, nosso desejo de fazê-lo, está além de nosso controle? Mas o que Mill exige é algo mais fraco do que o controle absoluto sobre o próprio caráter. Para a liberdade é necessário apenas que a pessoa "tenha, em certa medida, o poder de alterar o seu caráter". É interessante notar, à luz de sua crise e dos novos rumos que queria dar para a sua formação, como o tratamento que propõe para a questão da liberdade dá como pressuposto o desejo de aprimoramento do caráter no sentido da virtude moral e enfatiza a capacidade da pessoa para agir. Sua preocupação assim é afastar as doutrinas que possam ter um efeito paralisante sobre aqueles que já desejam aprimorar o próprio caráter: "Uma pessoa que não deseja alterar seu caráter não pode ser aquela que supomos desencorajada ou paralisada pelo pensamento de que é incapaz de fazê-lo. O efeito desencorajador da doutrina Fatalista só pode ser sentido onde há um desejo de fazer o que a doutrina representa como impossível. Pouco importa a que atribuímos a formação de nosso caráter quando não temos, de nossa parte, nenhum desejo de formá-lo, mas importa muito que não sejamos impedidos de formar um tal desejo pelo pensamento de que sua realização é impraticável, e importa muito, se temos o desejo, saber que a obra não está tão irrevogavelmente acabada que não admite nenhuma alteração".*[15]

Assim, a Autobiografia *é também a expressão de um esforço que, por tudo o que sabemos, foi bastante caro a Mill: o de moldar o seu próprio caráter, o de buscar o equilíbrio e a conciliação entre a cultura da inteligência proporcionada por uma educação puramente especulativa e a cultura da imaginação e do sentimento que poderia dar corpo aos seus anseios por uma vida concreta e emocional plena. A* Autobiografia *talvez seja até mesmo parte desse esforço: reconstruindo sua história segundo as etapas decisivas de uma formação que teria recebido novos rumos graças a uma reflexão e decisão, Mill confere a sua vida o sentido da autonomia e do aperfeiçoamento constante da personalidade. O sentido que orienta e que essa reconstrução, ao mesmo tempo, busca, pode ser formulado com as palavras do próprio Mill: "A natureza humana não é uma máquina a ser construída segundo um modelo, e destinada a realizar exatamente a tarefa a ela prescrita, e sim uma árvore que necessita crescer e desenvolver-se de todos os lados, de acordo com a tendência das forças internas que a tornam uma coisa viva".*[16]

* * *

Nossa tradução utiliza a edição de Jack Stillinger (Houghton Mifflin Company, Boston, 1969), baseada no manuscrito revisado por Mill conforme os comentários de Harriet Taylor e que contém as partes omitidas pela transcrição que servira para a primeira edição da obra. Esse manuscrito foi descoberto somente em 1959. A primeira edição da Autobiografia, *de 1873, seguia a cópia, com várias lacunas, feita por*

---

15) MILL, John Stuart. *A lógica das ciências morais.* Alexandre Braga Massella (intr. e trad.). São Paulo, Iluminuras, 1999, p. 38.

16) MILL, John Stuart. *Sobre a liberdade.* Petrópolis, Vozes, 1991.

*Helen Taylor, pela irmã de Mill, Mary Elisabeth Colman e por um copista francês. Incluimos as notas de Stillinger que reproduzem fragmentos do manuscrito original de Mill (*The earlier draft of John Stuart Mill's "Autobiography". *Jack Stillinger (ed.), University of Illinois Press, 1961), anterior às revisões aconselhadas por sua esposa. Pareceu-nos necessário ainda aproveitar as notas de Stillinger que especificam nomes de obras, citações e traduzem expressões e termos estrangeiros. Algumas notas referentes a acontecimentos e à função de certas instituições com as quais o leitor talvez não esteja familiarizado foram elaboradas pelo tradutor. As notas de rodapé que são de autoria do próprio Mill estão assinaladas no final de cada trecho de nota.*

CAPÍTULO I
INFÂNCIA E PRIMEIRA EDUCAÇÃO

Talvez seja adequado iniciar este relato biográfico com algumas das razões que me fizeram pensar em deixar por escrito a recordação de uma vida escassa de acontecimentos como foi a minha. Nem por um momento imaginei que meu relato, seja pela própria narrativa nele contida, seja pelo fato de se referir a minha pessoa, pudesse interessar ao público. Mas pensei que, numa época em que a educação e seu aperfeiçoamento são temas de estudos mais numerosos, embora não mais profundos, do que em qualquer outro período da história da Inglaterra, poderia ser útil deixar alguma recordação de uma educação que foi excepcional e notável e que, quaisquer que sejam as outras conseqüências que pode ter ocasionado, é prova de que naqueles primeiros anos de vida que são quase desperdiçados pelos sistemas correntes de instrução, pode-se ensinar, e ensinar bem, muito mais do que normalmente se supõe. Também me pareceu que, em uma época de transição nas opiniões, pode haver algum interesse e benefício em assinalar as fases sucessivas de uma mente que foi sempre estimulada a se desenvolver, igualmente disposta a aprender e reaprender partindo tanto das suas próprias reflexões como das alheias. Mas um motivo que tem para mim muito mais peso que nenhum outro é o desejo de reconhecer tudo o que o meu desenvolvimento intelectual e moral deve a outras pessoas, algumas delas de reconhecida eminência, outras menos conhecidas do que mereceriam, e uma em particular a quem mais devo[1] e que o mundo não teve a oportunidade de conhecer. Se o leitor, a quem essas coisas não interessam, seguir adiante com a leitura deste livro, só poderá culpar a si mesmo. Peço-lhe apenas a indulgência de ter sempre presente que estas páginas não foram escritas para ele.

Nasci em Londres, em 20 de maio de 1806, e fui o filho mais velho de James Mill, o autor da *História da Índia Britânica*. Meu pai, filho de um modesto comerciante e, segundo creio, pequeno agricultor em Northwater Bridge, no condado de Angus, foi recomendado, ainda criança e graças às suas qualidades, a Sir John Stuart, de Fettercairn, um dos Ministros do Tesouro [*Barons of the Exchequer*] na Escócia e, assim, enviado para a Universidade de Edimburgo. Seus estudos foram financiados por uma fundação mantida por Lady Jane Stuart — a esposa de Sir John Stuart — e algumas outras senhoras com o propósito de educar jovens para a Igreja Escocesa. Meu pai seguiu aí os cursos habituais e foi ordenado Pastor, embora nunca tenha exercido o sacerdócio, convencido que estava de que não podia crer nas doutrinas daquela Igreja nem nas de qualquer outra. Durante alguns anos, foi preceptor em várias famílias da Escócia, entre outras a do marquês de Tweeddale, mas acabou por fixar sua residência em Londres, dedicando-se a escrever. Não teve outros meios de subsistência até 1819, quando obteve um emprego na Companhia das Índias.[2]

Nesse período da vida de meu pai há duas coisas que não podem deixar de surpreender. Uma delas é, infelizmente, uma circunstância muito comum; a outra, inusitada. A primeira é que, em sua situação, com os precários recursos fornecidos pela atividade de escrever em periódicos, casou-se e teve numerosa família. Uma conduta que não poderia ser mais oposta, tanto do ponto de vista do bom senso como do dever, às opiniões que, pelo menos nos anos posteriores de sua

---

1) Harriet Taylor, esposa de Mill.
2) Departamento do Governo Britânico estabelecido para administrar os assuntos da Índia durante o período colonial.

vida, meu pai adotou e sustentou com vigor.[3] A outra circunstância é a extraordinária energia exigida para levar o tipo de vida que levou, dadas as desvantagens que enfrentou desde o início e as que ele mesmo fez cair sobre si com seu matrimônio. Não teria sido coisa de pouca monta, exercendo a profissão de escritor, o mero ganhar a vida e sustentar a sua família durante tantos anos, sem jamais dever a ninguém e sem dificuldes econômicas, e lográ-lo mantendo, em matéria de política e de religião, opiniões que, naquela época mais do que em qualquer outra, pareciam odiosas a todas as pessoas influentes e aos cidadãos ingleses que desfrutavam de uma certa prosperidade; e sendo, além disso, não apenas um homem que nada poderia induzir a escrever contra suas próprias convicções, mas que, invariavelmente, as expressava em tudo quanto escrevia, pelo menos até onde, segundo pensava, as circunstâncias permitiam. Deve também ser dito que nunca fez nada com negligência, que jamais empreendeu uma tarefa, literária ou de qualquer outro tipo, em que não dedicasse conscienciosamente todo o trabalho necessário para realizá-la de forma adequada. Com tantas cargas sobre si, meu pai ainda planejou, iniciou e completou a *História da Índia*, projeto realizado no transcurso de uns dez anos, menos tempo do que o empregado (inclusive por escritores livres de outras obrigações) na produção de qualquer obra histórica de igual envergadura e na de qualquer outra que exigisse semelhante quantidade de leitura e de investigação. A isso deve ser acrescentado que, durante todo esse período, meu pai dedicava uma considerável parte do dia à instrução de seus filhos; e que, no meu caso particular, exerceu uma dedicação, esmero e perseverança para me proporcionar, de acordo com sua concepção, uma educação intelectual da mais alta qualidade, que raras vezes, se é que alguma vez, terão sido empregados com um propósito semelhante.

---

3) No manuscrito original a sentença prossegue com uma referência indireta à mãe de Mill: "conduta para a qual ele não tinha, além disso, os estímulos que a afinidade de idéias, gostos e objetivos proporciona" (STILLINGER, Jack (ed.). *The early draft of John Stuart Mill's "Autobiography"*. Urbana, University of Illinois Press, 1961, p. 36).

Um homem que em tudo o que fazia se atinha tão severamente ao princípio de não desperdiçar o tempo, havia de seguir a mesma regra na educação de seu pupilo. Não recordo quando comecei a aprender grego. Disseram-me que eu tinha então três anos. Minha lembrança mais remota a esse respeito é a de memorizar o que meu pai chamava de *vocábulos*, uma lista de termos gregos usuais, com seus significados em inglês, que ele escrevia para mim em pequenos papéis. Até alguns anos depois, tudo o que aprendi de gramática foram as inflexões dos nomes e dos verbos, mas após uma série de vocábulos passei logo a traduzir. Recordo vagamente ter percorrido as *Fábulas* de Esopo, o primeiro livro grego que li. O *Anábase*,[4] que recordo melhor, foi o segundo. Não aprendi latim até os oito anos. Até essa idade já havia lido, sob a tutela de meu pai, alguns prosistas gregos, entre os quais recordo todo o Heródoto, a *Ciropedia* e *As memórias de Sócrates* de Xenofonte, algumas vidas de filósofos de Diógenes Laércio, parte de Luciano e o *Discurso a Demonico* e o *Discurso a Nícocles*, ambos de Isócrates. Também li, em 1813, os primeiros seis diálogos de Platão (na ordem costumeira), do *Êutifron* até o *Teeteto* inclusive, o último do quais, me atrevo a pensar agora, bem poderia ter sido omitido, já que me era impossível entendê-lo então.[5] Mas meu pai, em todo o seu ensino, exigia de mim não só o máximo que eu podia fazer como muitas outras coisas que estavam fora de meu alcance. Pode-se avaliar até que ponto ele estava disposto a se sacrificar por minha educação se considerarmos o fato de que eu preparava todas as minhas lições de grego na mesma sala e usando a mesma mesa em que ele escrevia. E como naqueles dias não havia dicionários de grego-inglês e eu não podia usar os de grego-latim porque ainda não havia começado a aprender o latim, via-me obrigado a recorrer a meu pai para averiguar o significado de todas as palavras que não conhecia. E ele, homem dos mais impacientes,

---

4) De Xenofonte.
5) A "ordem costumeira" variava conforme a edição, mas os primeiros quatro diálogos eram, geralmente, o *Êutifron*, a *Apologia*, o *Críton* e o *Fédon*. O *Teeteto* trata do significado da noção de conhecimento.

se submetia a essas incessantes interrupções, e em meio a elas escreveu vários volumes de sua *História* e tudo o mais que precisava escrever durante aqueles anos.

Além do grego, a única coisa que aprendi formalmente nesse período da minha infância foi Aritmética, também ensinada por meu pai. Era a tarefa das tardes, e recordo bem como me desagradava. Mas as lições eram apenas uma parte da instrução diária que eu recebia. Muito dela provinha dos livros que eu mesmo lia e dos discursos que meu pai dava, geralmente durante nossas caminhadas. Desde 1810 até o final de 1813, vivemos em Newington Green, um povoado que, então, não passava de uma aldeia. A saúde de meu pai exigia considerável e constante exercício e, assim, ele caminhava habitualmente antes do almoço. Escolhia os campos verdes de Hornsey e eu sempre o acompanhava nesses passeios. Minhas primeiras lembranças de campos verdes e flores silvestres se misturam com a dos relatos que dava a meu pai sobre minhas leituras do dia anterior. Se não me falha a memória, creio que esse exercício era mais voluntário do que obrigatório. Ao ler, tomava notas em pequenos pedaços de papel, utilizando-as depois, nos passeios matutinos, para narrar a meu pai as histórias que havia lido. Pois os livros em questão eram quase sempre livros de história, que eu lia em grande número: obras históricas de Robertson, Hume, Gibbon. Mas o meu maior deleite, tanto nessa época como muito tempo depois, era a obra de Watson sobre os reinados de Felipe II e Felipe III. A heróica defesa dos cavaleiros de Malta contra os turcos e a revolta dos Países Baixos contra a Espanha despertaram em mim um interesse intenso e duradouro. Depois de Watson, minha leitura histórica favorita era a *História de Roma*, de Hooke. Nenhuma história completa da Grécia chegou ao meu conhecimento nessa época, exceto os compêndios escolares e os últimos dois ou três volumes de uma tradução da *História antiga*, de Rollin, que começavam com Felipe da Macedônia. Mas li com grande deleite a tradução de Plutarco feita por Langhorne. Quanto à história inglesa posterior ao período abarcado por Hume, recordo haver lido a

História de nosso tempo, de Burnet, embora pouco tenha me interessado nela além das batalhas e das guerras. Também li a parte histórica do *Annual Register*, desde o princípio até 1788, período abarcado pelos três volumes que meu pai pediu emprestado a Mr. Bentham para que eu os lesse. Senti um vivo interesse por Frederico da Prússia e suas dificuldades, e por Paoli, o patriota da Córsega. Mas quando cheguei na Guerra da Independência Americana, tomei partido, criança que era, e até que meu pai explicasse as coisas, pelo lado que estava equivocado, simplesmente por ser o lado inglês. Nas freqüentes conversas sobre os livros que eu lia, meu pai costumava, sempre que a oportunidade se oferecia, dar explicações e noções a respeito da civilização, do governo, da moral e do cultivo do intelecto, para que eu então as repetisse com minhas próprias palavras. Também me fez ler e resumir oralmente muitos livros que não haviam me interessado suficientemente para que eu mesmo decidisse a lê-los. Isso se deu, entre outras obras, com a *Visão histórica do governo inglês*, livro de grande mérito para o seu tempo e que meu pai estimava muito, a *História eclesiástica*, de Mosheim, a *Vida de John Knox*, de McCrie, e até a *História dos quakers*, de Sewell e Rutty. Meu pai apreciava pôr em minhas mãos livros que apresentavam homens de energia, capazes de enfrentar circunstâncias extraordinárias, de lutar contra as dificuldades e superá-las. De obras desse tipo recordo das *Memórias africanas*, de Beaver, e do relato de Collins sobre os primeiros colonos de New South Wales. Dois livros que jamais cansava de ler eram *A viagem*, de Anson, que tanto deliciava os jovens, e uma coleção, creio que de Hawkesworth, de viagens ao redor do mundo, em quatro volumes, começando com Drake e terminando com Cook e Bougainville. Ganhei poucos livros infantis, assim como brinquedos, presenteados ocasionalmente por algum amigo ou conhecido da família. Um desses presentes foi o *Robinson Crusoé*, uma das minhas leituras favoritas e que continuou a me agradar durante toda a adolescência. Embora meu pai quase não permitisse a leitura de livros de entretenimento, não era parte do seu sistema educativo excluir tais livros. Ele quase não os possuia, mas pediu vários emprestados para mim. Os que recordo são *As mil e uma noites*, os *Contos árabes*, de Cazotte, *Dom Quixote*, os *Contos populares*, de Miss Edgeworth, e um livro de certa reputação em seu tempo, *Fool of quality*, de Brooke.

Aos oito anos comecei a aprender latim junto com uma das minhas irmãs menores. Eu a ensinava de acordo com os progressos que fazia e ela repetia depois as lições para meu pai. A partir de então, outros irmãos e irmãs foram agregados como alunos, o que fez com que boa parte de meu trabalho diário fosse dedicado a esse ensino preparatório. Era uma tarefa que me desagradava sobremaneira, principalmente porque eu me tornava responsável pela lições de meus pupilos, além das minhas próprias. Entretanto, essa obrigação resultou em uma grande vantagem para mim, a de aprender com mais cuidado e a de reter por mais tempo as coisas que devia ensinar. Pode ter sido proveitosa também a prática que adquiri assim, apesar de minha idade, de aclarar as dificuldades dos demais. Em outros aspectos, porém, essa experiência de minha infância não se revelou auspiciosa para a idéia de que as crianças sejam ensinadas por outras crianças. Estou seguro de que esse ensino é, como ensino, muito ineficiente, e sei bem que a relação entre aquele que ensina e aquele que é ensinado não é uma boa disciplina moral para nenhum dos dois. Foi assim que estudei a gramática latina e uma parte considerável de Cornelius Nepos e dos *Comentários* de César. Mas logo acrescentei, para ministrar essas lições, outras muito mais extensas.

No mesmo ano em que comecei a aprender latim, passei a estudar também os poetas gregos. A *Ilíada* foi a primeira obra. Após conseguir fazer alguns progressos com ela, meu pai pôs em minhas mãos a tradução de Pope. Foram os primeiros versos em inglês que li com gosto e o livro se tornou, por muitos anos, um dos meus favoritos. Creio que o li inteiro umas vinte ou trinta vezes. Não acreditaria ser digno de menção o gosto que tive por esta obra — um gosto aparentemente natural entre os jovens — se não tivessse observado que o deleite proporcionado por este brilhante exemplo de versificação e de narração não é entre os jovens tão universal quanto eu esperava, baseando-me tanto em considerações *a priori* como em minha própria experiência individual. Um pouco depois, comecei a estudar Euclides e, mais tarde, Álgebra, ainda sob a direção de meu pai.

Dos oito aos doze anos, os livros latinos que recordo haver lido são as *Bucólicas*, de Virgílio, e os seis primeiros livros da *Eneida*; toda a obra de Horácio, exceto os *Epodos*; as *Fábulas* de Fedro; os primeiros cinco livros de Tito Lívio, aos quais minha paixão pelo tema fizeram com que eu acrescentasse voluntariamente, em minhas horas de ócio, o resto da primeira dezena; todo Salústio; uma parte considerável das *Metamorfoses*, de Ovídio; algumas peças de Terêncio; dois ou três livros de Lucrécio; vários discursos de Cícero e de seus escritos sobre oratória; também suas *Cartas a Ático*, cujas notas de esclarecimento histórico, de autoria de Mongault, meu pai se encarregou de traduzir do francês. Li em grego a *Ilíada* e a *Odisséia* inteiras; uma ou duas peça de Sófocles, Eurípides e Aristófanes, ainda que pouco tenha aproveitado delas; todo Tucídides; as *Helênicas*, de Xenofonte; grande parte de Demóstenes, Ésquines e Lísias; Teócrito; Anacreonte; parte da *Antologia*; um pouco de Dionísio; vários livros de Políbio; e, por último, a *Retórica*, de Aristóteles, que, por ser o primeiro tratado expressamente científico que eu lia sobre assuntos morais ou psicológicos e por conter muitas das melhores observações dos antigos sobre a natureza humana e sobre a vida, meu pai me fez estudar com cuidado especial, pedindo-me para resumir a matéria em quadros sinóticos. Durante esses mesmos anos, aprendi a fundo Geometria elementar e Álgebra, mas apenas superficialmente o Cálculo Diferencial e outras partes da matemática superior, pois meu pai não conservara os conhecimentos que adquiriu sobre essas matérias e não podia perder tempo preparando-se para resolver minhas dificuldades, deixando-me, assim, enfrentá-las por mim mesmo sem outra ajuda que aquela proporcionada pelos livros. Apesar disso, era freqüente o seu aborrecimento com a minha incapacidade para resolver problemas difíceis, que exigiam de mim um conhecimento prévio de que eu não dispunha, algo que meu pai não percebia.

Quanto às minhas leituras pessoais, só posso falar do que recordo. A história era meu assunto favorito, sobretudo a história antiga. Lia continuamente a *História da Grécia*, de Mitford. Meu pai alertara-me para ter cuidado com os preconceitos conservadores desse autor, que deturpava os fatos para reabilitar déspotas e difamar as instituições populares. Discorrendo sobre essas questões, tomando exemplos aos oradores e historiadores gregos, meu pai conseguiu fazer com que, ao ler Mitford, minhas simpatias fossem sempre contrárias às do autor. Eu pude até mesmo, dentro de certos limites, argumentar contra as posições do autor. Nada disso, entretanto, diminuiu o renovado prazer que experimentava ao ler esse livro. A história romana ainda me deleitava, tanto na versão de Hooke, meu antigo favorito, como na de Ferguson. Um livro que me proporcionou grande prazer, apesar do estilo árido que se atribui a ele, foi a *História antiga universal*. Sua incessante leitura deixou minha cabeça repleta de detalhes históricos a respeito dos mais obscuros povos da antiguidade, enquanto sobre a história moderna, salvo passagens fragmentadas como a guerra da independência holandesa, sabia e me interessava relativamente pouco. Um exercício voluntário ao qual muito me afeiçoei durante toda a minha infância consistia no que eu chamava de escrever histórias. Compus sucessivamente uma história romana, extraída de Hooke, um resumo da *História universal antiga* e uma história da Holanda, baseada no meu favorito Watson e em uma compilação anônima. Dos onze aos doze anos passei a escrever algo que me gabava como sendo sério, nada menos do que uma história do governo romano, compilada (com a ajuda de Hooke) de Tito Lívio e Dionísio. Cheguei a escrever sobre o assunto o equivalente a um volume em oitavo, estendendo-me até a época das leis Licínias. Era, de fato, um relato das lutas entre os patrícios e os plebeus, assunto que agora absorvia todo o interesse que eu antes sentia pelas guerras e conquistas romanas. Comentava todos os temas constitucionais conforme iam surgindo e, embora ignorando por completo as investigações de Niebuhr, defendi as Leis Agrárias, guiado pelas explicações de meu pai e baseando-me no testemunho de Tito Lívio, e apoiei, o melhor que pude, o partido democrático de Roma. Poucos anos depois, desprezando meus esforços infantis, destrui todos esses papéis, sem prever que poderia vir a sentir curiosidade pelas minhas primeiras tentativas de escrever e raciocinar. Meu pai estimulava esse útil entretenimento ainda que, sensatamente, nunca tenha pedido para examinar o que eu havia escrito. Assim, não me sentia, ao escrever, na obrigação de prestar contas a alguém, nem tinha a desanimadora sensação de estar submetido a olhares críticos.

Esses exercícios de história nunca foram um trabalho obrigatório, mas havia um outro tipo de composição que, além de obrigatória, era uma das tarefas que mais me desagradava: escrever versos. Não escrevi versos em grego ou em latim, nem aprendi a prosódia dessas línguas. Meu pai, pensando que não valia a pena dedicar a isso todo o tempo necessário, apenas me fazia ler em voz alta e me corrigia os erros de medida. Jamais compus qualquer coisa em grego, nem mesmo em prosa, e muito pouco em latim. Não que meu pai fosse indiferente ao valor desse tipo de prática, que proporcionava um profundo conhecimento dessas línguas, mas não havia realmente tempo para isto. Os versos que eram exigidos de mim eram em inglês. Quando li pela primeira vez o *Homero*, de Pope, tentei, ambiciosamente, escrever algo parecido, conseguindo terminar um livro de versos que era uma continuação da *Ilíada*. Provavelmente, minhas ambições poéticas espontâneas não teriam ido além disso. Entretanto, o exercício que começou voluntariamente tornou-se obrigatório. Seguindo seu costume de explicar-me, tanto quanto possível, as razões pelas quais exigia algo de mim, meu pai me deu, neste caso, duas que recordo muito bem e que eram características de seu modo de pensar. Uma era que havia certas coisas que os versos podiam expressar melhor e com mais vigor, o que, segundo meu pai, representava uma vantagem. A outra razão era que, em geral, as pessoas exageram o valor da escrita em versos e, assim, valeria a pena adquirir a faculdade de compor versos. Na maior parte das vezes eu mesmo podia escolher os temas, que, até onde recordo, eram geralmente invocações a algum personagem mitológico ou abstrações alegóricas. Mas ele também me fez traduzir em versos ingleses vários dos poemas curtos de Horácio. Recordo-me ainda que me deu para ler o *Inverno*, de Thomson, e depois, sem o livro, me fez tentar escrever algo sobre o mesmo tema. Os versos que escrevi eram, naturalmente, tolos e jamais adquiri facilidade de versificação, mas talvez este treinamento tenha sido útil para eu conseguir mais tarde destreza de expressão.[6] Até então, havia lido pouca poesia inglesa. Meu pai pusera Shakespeare em minhas mãos, sobretudo pelos dramas históricos, mas passei depois a outras peças. Nunca foi meu pai um grande admirador de Shakespeare, atacando com certa severidade a idolatria inglesa por ele. Interessava-se pouco pelos poetas ingleses, salvo Milton, por quem tinha grande admiração, Goldsmith, Burns e *O bardo*, de Gray, que preferia a sua *Elegia*; talvez pudesse acrescentar Cowper e Beattie. Tinha certo apreço por Spenser e recordo que leu para mim, contrariando seu costume de me fazer ler para ele, o primeiro livro da *Rainha das fadas* [*Fairie queene*], obra que pouco me agradou. Pouco mérito via meu pai na poesia do século presente e eu quase não a conheci antes de atingir a maioridade, exceto os romances em verso de Walter Scott, que li por indicação sua e que muito me deleitaram, como sempre acontecia com as narrativas animadas. Os *Poemas* de Dryden estavam entre os livros de meu pai e ele me fez ler vários deles, mas nunca me interessei por nenhum, exceto a *Festa de Alexandre* [*Alexander's feast*] que, como várias baladas de Walter Scott, eu costumava cantar interiormente com minha própria música. Para essas baladas cheguei até mesmo a compor melodias que ainda recordo. Li com certo gosto os poemas

---

6) Em uma etapa subseqüente de minha infância, quando esses exercícios já não eram mais obrigatórios, escrevi tragédias, como fazem a maioria dos jovens escritores. Inspirei-me menos em Shakespeare do que em Joanna Baillie, cujo *Constantino Paleólogo,* em particular, me pareceu uma das mais gloriosas composições que o homem já concebeu. Ainda considero essa obra um dos melhores dramas dos últimos dois séculos (nota de Mill).

breves de Cowper, mas nunca avancei muito nos poemas mais longos e nada me interessou tanto nos dois volumes como a narração em prosa de sua três lebres. Aos treze anos li os *Poemas* de Campbell, entre os quais *Lochiel, Hohenlinden, O exilado de Erin* [*Exile of Erin*] e alguns outros que me proporcionaram sensações que eu jamais havia experimentado ao ler poesia. Tampouco nesta ocasião pude extrair algo dos poemas mais longos, salvo o impressionante começo do poema intitulado *Gertrude de Wyoming*. Por muito tempo estes versos se apoderaram de meus sentimentos como exemplo perfeito da compaixão.

Durante essa parte de minha infância, uma das minhas maiores distrações era a ciência experimental, mas no sentido teórico e não prático da palavra. Não consistia essa distração em fazer experimentos — um tipo de educação que infelizmente não tive — nem sequer em vê-los, mas somente em ler a respeito deles. Não recordo haver estado tão absorvido com um livro como estive com os *Diálogos científicos*, de Joyce. E me mantive recalcitrante diante das críticas de meu pai contra a pobreza dos raciocínios sobre os primeiros princípios da Física que predominam na primeira parte desta obra. Devorei tratados de Química, especialmente do doutor Thomson, antigo amigo e companheiro de meu pai, anos antes de assistir uma conferência ou presenciar um experimento.

A partir dos doze anos, mais ou menos, passei a uma etapa mais avançada do processo de minha educação. Nesse período o principal objeto não eram mais os possíveis auxílios e aplicações do pensamento, mas os próprios pensamentos. Começou com a Lógica, na qual me iniciei diretamente com o *Organon*, lendo-o até os *Analíticos* inclusive, embora pouco tenha aproveitado dos *Analíticos posteriores*, que pertencem a um ramo de especulação para a qual ainda não estava maduro. Ao mesmo tempo que o *Organon*, meu pai me fez ler tratados latinos de lógica escolástica, alguns inteiros, outros em parte. Todos os dias, durante nosso passeio, eu fazia um minucioso relato do que havia lido, respondendo suas numerosas e penetrantes perguntas. Depois disto, prossegui de modo semelhante com a *Computatio sive Logica*, de Hobbes, obra de um pensamento muito mais elevado do que o dos escolásticos e que meu pai tinha em alta estima; em minha opinião, uma estima excessiva, apesar dos grandes méritos da obra. Era um costume seu, quaisquer que fossem os estudos que exigia de mim, me fazer compreender e sentir, na medida do possível, a utilidade deles. E isto lhe pareceu especialmente adequado no caso da lógica silogística, cuja utilidade havia sido contestada por muitos escritores de autoridade. Recordo muito bem, e durante qual passeio — estávamos nas cercanías de Bagshot Heath, onde fomos visitar seu antigo amigo Mr. Wallace, então professor de Matemática em Sandhurst — como meu pai tentou, servindo-se de perguntas, me fazer pensar sobre o tema, pedindo que eu formasse alguma idéia sobre o que constituía a utilidade da lógica silogística; e quando percebeu que eu era incapaz de fazê-lo, tratou de me fazer entender mediante suas explicações. Naquele momento, essas explicações não me esclareceram a questão, mas também não foram inúteis, pois permaneceram como um núcleo sobre o qual se cristalizaram minhas observações e reflexões; o sentido de suas indicações gerais pôde assim ser interpretado com a ajuda dos casos particulares que chegaram mais tarde a meu conhecimento. Minha própria reflexão e experiência me levaram, finalmente, a dar o mesmo valor que meu pai dava a uma familiaridade precoce com a lógica escolástica. Não conheço nada em minha educação que tenha me auxiliado tanto na capacidade de pensar que consegui desenvolver, seja esta qual for. A primeira operação intelectual na qual consegui alguma destreza foi a de analisar um mau argumento, encontrando em que parte residia sua falácia. E embora eu tenha adquirido esse tipo de capacidade graças ao exercício intelectual ao qual meu pai me adestrou com extrema perseverança, é certo também que a lógica escolástica e os hábitos mentais que se adquirem ao estudá-la foram instrumentos importantes nesse treinamento. Estou persuadido de que, na educação moderna, nada pode contribuir tanto como a lógica escolástica — quando esta é usada adequadamente — para a formação de pensadores precisos, capazes de atribuir um significado exato aos termos e às proposições e que não se deixam levar por termos vagos, indefinidos ou ambíguos. A proclamada influência dos estudos matemáticos não pode competir com ela, pois nos processos matemáticos não se apresentam nenhuma das reais dificuldades que desafiam um raciocínio correto. Além disso, o estudo da lógica escolástica adapta-se bem à primeira etapa educativa dos estudantes de filosofia, pois não pressupõe o lento processo de aquisição, mediante a experiência e a reflexão, de pensamentos valiosos. Eles se tornam capazes assim de esclarecer um pensamento confuso e contraditório antes que suas próprias faculdades especulativas estejam muito avançadas. Por falta de semelhante disciplina, muitos homens capazes carecem em absoluto deste poder. Ocorre assim que, quando tais homens precisam replicar a seus adversários, só se esforçam, mobilizando os argumentos que podem dominar, em opor-se à conclusão contrária, sem tentar refutar os raciocínios de seus antagonistas. E, dessa forma, só conseguem, quando muito, deixar o problema pendente, pelo menos enquanto sua solução depender do raciocínio.

Durante essa época, os livros latinos e gregos que continuei lendo com meu pai foram principalmente os que valiam a pena estudar pelo pensamento que continham, e não apenas para aprender a língua. Estes incluíam muitas obras de oradores, especialmente de Demóstenes, cujos principais discursos li várias vezes, escrevendo como exercício uma análise completa de alguns. Os comentários que meu pai fazia quando eu lia para ele esses discursos foram muito instrutivos para mim. Além de chamar minha atenção para o que esses discursos revelavam acerca das instituições atenienses e para os princípios de legislação e governo que muitas vezes ilustravam, meu pai assinalava a habilidade e a arte do orador, como este dizia tudo o que era importante para o seu propósito no momento preciso, quando já havia preparado sua audiência para aceitá-lo, como conseguia introduzir sorrateiramente no espírito daqueles que o ouviam, gradualmente e por meio de insinuações, pensamentos que, se expressos de forma mais direta, provocariam uma reação adversa. A maior parte dessas reflexões estavam além de minha capacidade de compreensão naquele momento, mas deixaram uma semente que germinou no seu devido tempo. Nessa época li também, integralmente, Tácito, Juvenal e Quintiliano. Este último, devido a seu estilo obscuro e aos detalhes escolásticos que compõem grande parte de seu tratado, é um autor pouco lido e raras vezes adequadamente avaliado. Seu livro é uma espécie de enciclopédia do pensamento antigo no campo da educação e da cultura. Conservei, ao longo de minha vida, muitas idéias valiosas cuja origem posso vincular claramente a minhas leituras de Quintiliano, apesar da idade precoce com que as fiz. Foi nessa época que li, pela primeira vez, alguns dos mais importantes diálogos de Platão, em particular *Górgias* e *Protágoras* e também a *República*. Não há autor que meu pai acreditava dever mais, por sua formação cultural, do que Platão, ou que ele recomendava com mais freqüência aos jovens estudantes. Posso prestar um testemunho semelhante no que se refere a mim. O método socrático, do qual os diálogos de Platão são o principal exemplo, é insuperável como disciplina para corrigir os erros e aclarar as confusões que acompanham o *intellectus sibi permissus*,[7] isto é, o entendimento que formou seus grupos de associações guiando-se pela fraseologia popular. A indagação [*elenchus*] cerrada, inquisitiva, pelo qual o homem de generalidades vagas é obrigado, ou a expressar o que ele quer dizer em termos definidos, ou a confessar que não sabe do que está falando; a comprovação constante de toda afirmação geral pelos casos particulares; o assédio formal a que se submete o significado dos amplos termos abstratos mediante a determinação de um termo genérico ainda mais amplo, que

---

7) *A mente abandonada a si mesma* — frase de Bacon no *Novum Organum*, I, ii, xx, xxi: II, x.

compreende aquele e outros mais, termo este que será analisado até que se chegue à coisa buscada: os limites e a definição desta serão estabelecidos assim por meio de uma série de distinções exatas entre o que a coisa é e o que são outros objetos análogos que são sucessivamente separados dela — todos esses recursos são inestimáveis para educar a pensar com precisão e tudo isso, apesar da idade que eu então tinha, se apoderou de mim de tal modo que passou a formar parte da minha mente. Desde então sempre pensei que o epíteto "platônico" pertence com muito mais direito àqueles que assimilaram e se esforçam por praticar o modo de investigação usado por Platão do que àqueles que só se distinguem pela adoção de certas conclusões dogmáticas, tomadas na maior parte das obras menos inteligíveis deste filósofo, conclusões estas que, dado o caráter de seu espírito e de seus escritos, é duvidoso que ele mesmo considerasse como algo mais do que fantasias poéticas ou conjecturas filosóficas.[8]

Ao ler as obras de Platão e Demóstenes, já que podia fazê-lo agora, no que se referia à linguagem, com perfeita facilidade, meu pai não pedia para que eu interpretasse cada frase, mas para que eu lesse em voz alta e respondesse às perguntas que fazia. Mas a especial atenção que ele prestava à elocução — arte em que meu pai se sobressaía de forma notável — fez com que essas leituras se tornassem uma tarefa das mais penosas. De todas as coisas que me pedia para fazer era esta a que eu pior realizava e a que mais repetidamente fazia meu pai perder a paciência comigo. Ele havia pensado muito a respeito dos princípios da arte de ler, especialmente a respeito da parte mais negligenciada, as inflexões de voz ou *modulação*, como a chamam os estudiosos da declamação (para distingui-la da *articulação*, por um lado, e da *expressão*, por outro), reduzindo-a a regras fundadas na análise lógica da sentença. Essas

---

8) O manuscrito original contém, no lugar desta última sentença do parágrafo, o seguinte: "e eu sempre me senti, mais do que qualquer outro autor moderno exceto meu pai, e talvez até mesmo mais do que meu pai, um pupilo de Platão, modelado pelas formas de sua dialética" (*The early draft*, op. cit., p. 48).

regras, ele as inculcou vigorosamente em mim e me repreendia com severidade cada vez que eu cometia uma violação. E, entretanto, reparava, ainda que não me atrevesse a dizê-lo, que meu pai nunca me *mostrava*, lendo ele mesmo a frase, o modo correto como devia ser lida, limitando-se a me repreender quando eu lia algo mal e a me *dizer* como deveria ter lido. Um defeito nos métodos educativos de meu pai, admiráveis em outros aspectos, e que também marcava seu modo de pensar, era o de confiar excessivamente na inteligibilidade do abstrato quando este não se apresenta incorporado em algo concreto. Em um período muito posterior de minha juventude, ao praticar exercícios de elocução por mim mesmo ou com companheiros de minha idade, compreendi pela primeira vez o propósito de suas regras e percebi os fundamentos psicológicos que as sustentavam. Nessa época, na companhia de outros, continuei estudando o assunto em suas várias ramificações e poderíamos ter composto um tratado muito útil, fundado nos princípios de meu pai. Ele não deixou aqueles princípios e regras por escrito e eu lamento também não ter lhes dado forma com as melhoras que havíamos introduzido, quando eu estava absorvido pelo tema e o praticava sistematicamente.

Um livro que muito contribuiu para minha educação, no melhor sentido da palavra, foi a *História da Índia*, de meu pai, publicado no início de 1818. Durante o ano anterior, quando estava sendo impresso, eu costumava ler as provas para meu pai ou, melhor dizendo, eu lia o manuscrito enquanto ele ia corrigindo as provas. As numerosas idéias que eu recebi desse notável livro, o impulso, estímulo e orientação que foram dados ao meu pensamento pelas críticas e investigações que continha sobre a sociedade e a civilização na parte dedicada ao período hindu, e sobre as instituições e os atos de governo na parte dedicada ao período inglês, tornaram minha precoce familiaridade com essa obra algo muito útil para meu desenvolvimento posterior. E embora eu possa agora perceber suas deficiências ao compará-la com uma obra perfeita, continuo acreditando que se não é a mais instrutiva história jamais escrita é uma das mais instrutivas e um dos livros que mais pode beneficiar um espírito em formação.

O *Prefácio*, um dos escritos mais característicos de meu pai e o mais rico em pensamentos substantivos, descreve com exatidão os sentimentos e esperanças com que escreveu a *História*. Como o livro está saturado de opiniões e juízos de um radicalismo democrático que era então considerado extremado, e como tratava com uma severidade inusitada naquela época a Constituição e a lei inglesas, bem como os partidos e classes que possuíam no país alguma influência digna de consideração, podia meu pai esperar, com a publicação do livro, reputação, mas jamais uma promoção na vida. Tampouco podia ter esperado outra coisa do que a criação de inimigos nas altas esferas e, menos ainda, podia ele esperar algum favor da Companhia das Índias Orientais [*East India Company*], a cujos privilégios comerciais era abertamente hostil e sobre cujos atos de governo havia feito tantos comentários adversos. Porém, em várias partes do livro, deu a respeito dela um juízo favorável, que acreditava ser justamente merecido, a saber: nenhum outro governo, até onde este podia alcançar, havia dado igual prova de boas intenções para com seus súditos e, se os atos de qualquer outro governo tivessem suportado a mesma publicidade, não teriam, provavelmente, resistido ao exame.

Não obstante, na primavera de 1819, um ano depois da publicação da *História*, meu pai soube que os diretores da Companhia das Índias queriam ampliar a seção que se encarregava da correspondência com a Índia. Ele apresentou então sua candidatura ao emprego e, dito seja em favor dos diretores, teve êxito. Foi nomeado para um posto na equipe de *Assistants* do *Examiner of India Correspondence*.[9] Esses funcionários deviam preparar a redação inicial dos despachos para a Índia, que eram então submetidos aos

---

9) Departamento da *Companhia das Índias* encarregado de preparar os despachos que refletiam a opinião das autoridades inglesas a respeito de eventos ocorridos na Índia e decisões tomadas pela administração central na Índia. O chefe do Departamento, chamado de *Examiner*, e seus principais assistentes influíam no conteúdo dos despachos, mas, antes de serem enviados, estes deviam ser aprovados pela Assembléia de Diretores da Companhia e pelo Conselho de Controle que representava a autoridade do Parlamento.

diretores dos principais departamentos administrativos. Neste posto, assim como no de *Examiner* ao qual ascendeu mais tarde, a influência que, graças ao seu talento, sua reputação e firmeza de caráter, meu pai conseguiu entre os superiores que verdadeiramente desejavam o bom governo da Índia, permitiu-lhe introduzir nos esboços dos despachos muitas de suas opiniões sobre assuntos da Índia, opiniões que quase não sofriam modificação e que eram aprovadas pelos membros da Assembléia de Diretores [*Court of Directors*] e pelo Conselho de Controle [*Board of Control*]. Em sua *História* meu pai havia sido o primeiro a estabelecer os verdadeiros princípios para a administração da Índia. Seus despachos, seguindo os critérios da *História*, fizeram muito mais do que até então havia sido feito: promoveram o aperfeiçoamento da Índia e ensinaram os oficiais hindus a entenderem suas tarefas. Se uma coletânea daqueles despachos fosse publicada, estou certo de que sua reputação como estadista prático atingiria a mesma eminência que atingiu como escritor especulativo.

Este novo emprego não diminuiu os seus cuidados com a minha educação. Foi nesse mesmo ano de 1819 que me fez aprender um curso completo de economia política. Ricardo, seu querido e íntimo amigo, acabava de publicar o livro que marcaria época no campo da economia política,[10] obra que jamais teria sido publicada ou escrita sem os persistentes incentivos e rogos de meu pai. Pois Ricardo, o mais modesto dos homens, embora convencido da verdade de suas doutrinas, não se considerava capaz de expressá-las e expô-las de forma adequada, recuando assim diante da idéia de publicá-las. Esse mesmo estímulo amistoso induziu Ricardo, um ou dois anos mais tarde, a ser membro da Câmara dos Comuns, onde, durante os anos restantes de sua vida, infelizmente interrompida quando estava na plenitude de seu vigor intelectual, prestou tantos serviços às suas opiniões e às de meu pai em matérias de economia política e em outros assuntos.

---

10) RICARDO, David. *On the principles of political economy and taxation* (1817).

Embora a grande obra de Ricardo estivesse impressa, não havia aparecido ainda nenhum tratado didático que expusesse suas doutrinas em forma adequada para os que se iniciam na matéria. Assim, meu pai começou a me instruir naquela ciência mediante aulas dadas durante nossos passeios. A cada dia me apresentava uma parte da matéria e, no dia seguinte, eu lhe dava um resumo escrito de sua explicação, que era refeito até que se tornasse claro, preciso e razoavelmente completo. Dessa forma percorri toda a extensão daquela ciência, e o resumo escrito que resultou de meu *compte rendu*[11] serviram mais tarde de notas para que ele escrevesse seus *Elementos de economia política.* Após isso, passei a ler Ricardo, dando a meu pai um informe diário sobre o que havia lido e debatendo, o melhor que podia, os temas derivados que iam surgindo conforme progredíamos. A respeito do dinheiro, a parte mais intrincada do assunto, me fez ler também os admiráveis panfletos de Ricardo, escritos durante a chamada "controvérsia de Bullion". Passei em seguida a ler Adam Smith, sendo o objetivo principal de meu pai me fazer aplicar às doutrinas de Smith em matéria de economia política, mais superficiais do que as de Ricardo, a visão superior deste, e descobrir o que havia de falacioso nos argumentos de Smith ou de errôneo em suas conclusões. Tal sistema de ensino estava perfeitamente calculado para formar um homem de reflexão, mas precisava ser aplicado por um pensador preciso e vigoroso como meu pai. O caminho era espinhoso até mesmo para ele, e eu sei bem o quanto era para mim, apesar do decidido interesse que passei a ter pelo assunto. Com freqüência meu pai ficava exasperado, e muito além do razoável, por falhas que eu cometia em casos em que o êxito não podia ser esperado. Mas no essencial seu método era correto e deu resultados. Não creio haver ensino científico mais perfeito nem mais apropriado para desenvolver as faculdades do que o modo pelo qual meu pai me ensinou lógica e economia política. Tratando de estimular, inclusive

---

11) Em francês no original: informe.

em um grau exagerado, a atividade de minhas faculdades, ele me forçava a descobrir tudo por mim mesmo, e só dava suas explicações após eu ter sentido toda a força das dificuldades que a questão encerrava, nunca antes. Assim, não só me proporcionou um conhecimento preciso dessas duas grandes disciplinas, tal e como eram então entendidas, como me tornou um pensador em ambas. Pensei por mim mesmo quase desde o início e, ocasionalmente, meus pensamentos diferiam dos dele, ainda que, por muito tempo, só discordasse em pontos secundários e sua opinião constituísse o padrão de referência. Mais tarde consegui por vezes convencê-lo e alterar suas opiniões em alguns pontos de detalhe, algo que faço constar para honra dele e não minha. Isso revela tanto a sua perfeita imparcialidade como o valor real de seu método de ensino.

Aqui terminam minhas lições propriamente ditas. Quando tinha em torno de quatorze anos fiquei fora da Inglaterra por mais de um ano e, ao retornar, meu pai deixou de ser o meu mestre, embora meus estudos continuassem sob a sua direção geral. Farei, pois, nesse ponto, uma pausa para retornar a questões de caráter mais geral, relacionadas com a parte de minha vida e educação expostas nas reminiscências precedentes.

No curso da instrução que acabo de descrever parcialmente, o ponto que mais se destaca é o grande esforço de proporcionar, durante os anos da infância, um volume de conhecimentos nos ramos considerados superiores da educação que raramente é adquirido (se é que chegam a ser adquiridos) antes da idade adulta. O resultado do experimento mostra a facilidade com que isto pode ser feito, revelando o lamentável tempo que se perde nesses preciosos anos consumidos na aprendizagem do pouco de latim e grego que é normalmente ensinado nas escolas. Um desperdício de tempo que levou muitos reformadores em matéria de educação a propor, erroneamente, que essas línguas fossem excluídas por completo da educação geral. É certo que se eu fosse dotado por natureza de um poder de rápida assimilação, ou possuísse uma memória precisa e com boa capacidade de retenção ou, ainda, fosse de um caráter ativo e enérgico, não poderíamos dizer que o experimento é conclusivo. Mas, em todos esses dons naturais, estou talvez abaixo, certamente não acima, da média normal. Sem dúvida, o que pude fazer poderia ter sido feito por qualquer menino ou menina de capacidade média e de saudável constituição física. E, se eu consegui realizar algo, devo-o, entre outras circunstâncias afortunadas, ao fato de que mediante aquela precoce instrução proporcionada por meu pai, iniciei, posso dizê-lo sem exagero, com uma vantagem de um quarto de século sobre meus contemporâneos.

Nessa instrução houve um ponto de primordial importância, sobre o qual já fiz uma alusão, e que, mais do que qualquer outra coisa, foi a causa dos bons resultados produzidos. A maioria das crianças ou jovens aos quais um grande volume de conhecimento foi inculcado não têm suas faculdades mentais fortalecidas, mas sufocadas. Fartos de meros fatos, repletos de opiniões ou frases de outras pessoas, aceitas como um substituto para o poder de formar opiniões próprias, os filhos de pais eminentes que não pouparam esforços para educá-los se tornam papagaios, repetindo aquilo que aprenderam e incapazes de usar sua mente fora dos caminhos que foram traçados para ela. A minha educação, entretanto, não foi desse tipo. Meu pai jamais permitiu que o aprendizado degenerasse em um mero exercício de memória, esforçando-se para que a compreensão não só acompanhasse tudo aquilo que eu ia aprendendo, mas, se possível, o precedesse. Nunca me foi dada a solução daqueles problemas que eu poderia resolver pensando, não antes de eu haver esgotado todos os meios de descobri-la por mim mesmo. Meu desempenho nessa tarefa, até onde posso confiar em minha memória, era bastante fraco, pois recordo de inúmeros fracassos e de quase nenhum êxito. É verdade que fracassava em coisas nas quais, na idade que eu então tinha, era quase impossível se sair bem. Recordo que em uma ocasião, quando tinha treze anos, ao usar a palavra "idéia" meu pai me perguntou o que significava esse termo e manifestou certo desgosto diante de meus inúteis esforços para definir a palavra. Também lembro de sua indignação quando eu utilizava a expressão comum de que algo "era verdade em teoria, mas, na prática, necessitava ser corrigida" e de como, após tentar em vão me fazer definir a palavra "teoria", explicou seu significado e mostrou a falácia contida naquela expressão empregada pelo vulgo; ele me deixou assim persuadido de que, ao ser incapaz de dar uma definição correta de "teoria" e ao falar desta como se tratasse de algo diferente da prática, havia eu dado mostras de crassa ignorância. Creio que, nisto, meu pai foi pouco razoável, mas apenas por irritar-se com meu erro. Um aluno a quem jamais se pede o que ele não pode fazer, nunca faz tudo o que pode.

Meu pai se precaveu com muito cuidado contra um dos males mais prováveis próprio a qualquer tipo de precocidade, mal que muitas vezes frustra toda promessa: a presunção. Com extrema vigilância, evitava que chegassem elogios aos meus ouvidos, ou que eu fosse levado a me comparar favoravelmente com os demais. A relação que eu tinha com ele não permitia que eu inferisse mais do que uma opinião bastante humilde a meu respeito. E o critério de comparação que sempre me apresentou não era o que os demais faziam, mas o que um homem podia e devia fazer. Conseguiu assim livrar-me por completo do tipo de influência que tanto temia. Eu não estava consciente de que meus progressos eram algo inusitado para uma criança de minha idade. Se, acidentalmente, minha atenção fosse voltada para o fato de que alguma outra criança sabia menos do que eu — fato que ocorria com menos freqüência do que se podia esperar — minha conclusão não era a de que eu sabia muito, mas a de que ela, por alguma razão, sabia pouco, ou que seu conhecimento era de um tipo diferente do meu. Meu estado de espírito não podia ser qualificado de humilde, mas tampouco de arrogante. Nunca pensei em dizer a mim mesmo: eu sou isso ou aquilo, ou posso fazer tal e tal coisa. Não me avaliava como sendo superior ou inferior, pois simplesmente não me avaliava. E se pensava algo de mim mesmo, era que eu estava atrasado em meus estudos, já que sempre me via assim em comparação com o que meu pai esperava de mim. Digo isso com a certeza de não estar equivocado, embora não fosse essa a impressão de várias pessoas que me conheceram durante minha infância. Como cheguei a descobrir mais tarde, essas pessoas me consideravam bastante presunçoso e desagradável, provavelmente porque eu gostava de discutir e não hesitava em opor-me abertamente a coisas que ouvia dizer. Suponho que adquiri esse mau hábito por haver sido estimulado, em um grau pouco comum, a comentar assuntos impróprios para a minha idade e com pessoas maiores, sem que, ao mesmo tempo, me fosse inculcado o respeito que se deve ter por elas. Meu pai jamais corrigiu essa falta de educação e impertinência, provavelmente porque não as percebeu, já que o excessivo respeito que eu tinha por ele me tornava submisso e silencioso ao extremo sempre que estava em sua presença.[12] Mas, apesar disso tudo, não tinha nenhuma noção de superioridade pessoal, o que foi muito bom para mim. Recordo o lugar exato do Hyde Park onde, aos quatorze anos, nas vésperas de deixar a casa de meu pai por um longo período, ele disse que, conforme fosse conhecendo outras pessoas, eu me daria conta de que haviam me ensinado muitas coisas que eram normalmente ignoradas pelos jovens da minha idade, e que muitas pessoas me falariam disto felicitando-me. Recordo vagamente o que acrescentou sobre este assunto, mas encerrou dizendo que se eu sabia mais do que os outros, não era devido a meus próprios méritos, mas ao privilégio pouco comum de ter tido um pai capaz de me ensinar e disposto a se sacrificar e a dedicar-me o tempo necessário; e que, assim, não era motivo de louvor saber talvez mais do que aqueles que não tiveram o mesmo privilégio, embora fosse a maior vergonha para

---

12) No manuscrito original, Mill escreveu nesse ponto e, depois, seguindo as observações de sua esposa, suprimiu: "Minha mãe me reprovava pela impertinência, mas jamais dei a menor atenção para as suas repreensões" (*The early draft*, op. cit., p. 56 nota*).

mim o saber menos. Possuo a clara memória de que a insinuação, feita assim pela primeira vez a mim, de que eu sabia mais do que outros jovens considerados bem educados, foi para mim uma informação a que dei, como a todas as outras coisas que meu pai dizia, credibilidade, mas que não me impressionou em absoluto do ponto de vista pessoal. Não sentia nenhuma inclinação de me glorificar pela circunstância de que havia outras pessoas que não sabiam o que eu sabia e jamais me gabei de que meus feitos, fossem quais fossem, eram mérito meu; mas agora que meu pai havia chamado a atenção para o assunto, senti que o que ele dissera sobre as vantagens peculiares de que eu usufruía era a exata verdade e de senso comum. Desde então, essa foi minha opinião e meu inalterável modo de sentir.

É evidente que isto, assim como muitos outros propósitos do plano educativo de meu pai, não poderia ter sido alcançado se ele não tivesse me mantido cuidadosamente afastado de um contato freqüente com outras crianças. Meu pai estava decidido a me livrar não apenas da influência corruptora que as crianças ordinariamente exercem umas sobre as outras, mas também de todo contágio com os modos vulgares de pensar e de sentir. E, para isso, não lhe importava que eu pagasse o preço da inferioridade nas habilidades que são primordialmente cultivadas pelas crianças de todos os países. As deficiências em minha educação estavam principalmente naquelas coisas que as crianças aprendem quando precisam se orientar por si mesmas e quando convivem com muitas outras crianças. Graças à temperança e aos passeios, cresci saudável e robusto, embora não musculoso; mas não podia realizar tarefas que exigissem habilidade ou vigor físico, nem sabia fazer nenhum dos exercícios corporais usuais. Não que as diversões me fossem proibidas ou o tempo para elas negado. Se bem que meu pai não me permitisse férias, a fim de que o hábito do trabalho não se ressentisse e para que eu não tomasse gosto pela indolência, tinha todos os dias, vasto tempo livre para me divertir. Entretanto, como carecia de companheiros de minha idade e como a necessidade animal de atividade física era satisfeita pelos passeios, minhas diversões, quase sempre solitárias, eram em geral de um tipo sossegado, quando não livresco, e pouco estimulavam qualquer outra atividade, até mesmo mental, diferente daquela que já era suscitada por meus estudos. Como conseqüência, fui, durante muito tempo, e em menor grau continuei sendo sempre, inábil em tudo o que exigia destreza manual. Minha mente — assim como minhas mãos — funcionava muito mal quando era aplicada, ou deveria ser aplicada, aos detalhes práticos que constituem o principal interesse da vida da maioria dos homens e que, assim, são também as coisas em que se manifesta a capacidade mental deles, qualquer que esta seja. Muitas vezes mereci repreensão por minhas distrações, minha falta de atenção e meu descuido geral nos assuntos cotidianos. Nesses aspectos, meu pai era o extremo oposto: seus sentidos e suas faculdades mentais estavam sempre alertas, sua decisão e energia de caráter animavam o seu modo de ser e se manifestavam em todas as suas ações. E isso, unido a seu talento, contribuía para a forte impressão que sempre produzia em todos aqueles que entravam em contato com ele. Mas ocorre com freqüência que os filhos de pais enérgicos crescem débeis, pois se tornam dependentes de seus pais e estes são enérgicos por eles. A educação que recebi de meu pai era muito mais apropriada para me ensinar a *conhecer* do que a *fazer*. Não que ele não percebesse minhas deficiências: tanto durante a infância como durante a adolescência sofri constantemente suas severas advertências sobre este assunto. Sua atitude em relação a esses meus defeitos não era nem de insensibilidade nem de tolerância. Mas ao me salvar dos efeitos desmoralizadores da vida escolar, não fez o menor esforço para substituir de alguma forma as influências de ordem prática que esta vida também proporciona. Parecia supor que as qualidades que ele havia adquirido sem dificuldade e sem aprendizagem especial, eu também poderia adquiri-las com a mesma facilidade. Creio que não dedicou tanta atenção nem tanta reflexão a este como a outros ramos da educação e, neste como em outros pontos de minha instrução, parece que esperava obter efeitos sem causas.[13]

---

13) Em passagens eliminadas do manuscrito original, Mill expõe com mais detalhes as "consideráveis desvantagens" que acompanharam sua educação, desvantagens "que me importunaram por toda a vida". "Eu cresci", diz ele, "com uma grande incapacidade para tratar dos assuntos cotidianos. Demorei mais tempo do que as outras crianças para conseguir colocar minhas próprias roupas. Não sei quantos anos passaram até que eu pudesse fazer um nó. Minha articulação foi por muito tempo imperfeita: só consegui pronunciar a letra *r* quando tinha quase dezesseis anos. Jamais pude, e mesmo agora não posso, fazer algo que exigisse a menor habilidade manual, e nunca exercitei o entendimento em questões práticas. Estava sempre adquirindo hábitos esquisitos ou desagradáveis dos quais só me livrei lentamente e de maneira imperfeita. Era, além disso, completamente desatento. Conforme dizia meu pai, era como se eu fosse uma pessoa que não tivesse os órgãos dos sentidos: meus olhos e ouvidos pareciam não ser de nenhuma utilidade para mim, já que pouco via ou ouvia o que estava diante de mim e, daquilo que via ou ouvia, pouco observava e lembrava... [Meu pai] não aturava a estupidez, tampouco hábitos débeis e negligentes, qualquer que fosse a forma em que se manifestavam, e, assim, eu estava sempre provocando a sua ira. Recordo que, desde a época mais remota, ele constumava reprovar, e com razão, minha constante distração. Distração que, segundo ele, me fazia adquirir maus hábitos dos quais nunca me desembaraçava, além de esquecer o que eu devia lembrar e julgar e agir como uma pessoa desprovida de senso comum. Dessa forma, dizia ele, me tornaria uma pessoa excêntrica, menosprezada por todos e incapaz para as finalidades comuns da vida... Padeci também o grande infortúnio de ter todas as tarefas domésticas feitas para mim. Na situação em que estava, a menos que eu fosse levado a confiar e a usar meus próprios poderes de planejar e realizar coisas cotidianas, não poderia desenvolver adequadamente as faculdades destinadas às ocasiões da vida. Presumo que meu pai não percebeu a necessidade de uma disciplina como esta, algo que também jamais teria ocorrido a minha mãe, que trabalhava despreocupada e incessantemente por suas crianças". Mill escreveu três abordagens sucessivas dessas deficiências. Por insistência de sua mulher, a questão foi finalmente omitida. Suas repetidas tentativas de mencionar algo sobre o assunto, e a amargura em sua linguagem (referências à falta de jeito e de habilidade e "modos completamente ineficazes e ineptos" ocorrem em uma passagem suprimida) testemunham a forte emoção vinculada ao tema (*The early draft*, op. cit., pp. 18, 178-82).

CAPÍTULO II
INFLUÊNCIAS MORAIS NA PRIMEIRA JUVENTUDE
CARÁTER E OPINIÕES DE MEU PAI

Em minha educação, como na de todas as pessoas, as influências morais, que são muito mais importantes que todas as outras, são também as mais complicadas e as mais difíceis de especificar de uma forma integral. Sem tentar a impossível tarefa de detalhar as circunstâncias que neste aspecto moldaram meu caráter inicial, vou me limitar a alguns poucos pontos principais que constituem parte indispensável de um relato verídico sobre minha educação.

Fui criado, desde o início, sem nenhum tipo de crença religiosa, no sentido ordinário desta expressão. Meu pai, educado no credo do presbiterianismo escocês, logo rejeitou, guiado por seus próprios estudos e reflexões, não só a crença da revelação, mas também os fundamentos do que se costuma chamar de Religião Natural. Eu o ouvi dizer que a leitura da *Analogia*, de Butler, marcou a mudança decisiva em seu espírito a esse respeito. Esta obra, da qual ele sempre falou com respeito, o manteve durante muito tempo, segundo dizia, acreditando na autoridade divina do Cristianismo. Ela o havia persuadido de que quaisquer que fossem as dificuldades para acreditar que o Antigo e o Novo Testamentos procedem de um ser perfeitamente sábio e bom, e relatam suas obras, as mesmas dificuldades, e ainda maiores, tornam complicada a crença de que um ser de semelhantes características possa haver sido o Criador do

Universo. Considerava conclusivo o argumento de Butler, mas apenas contra os adversários aos quais ia dirigido. Aqueles que admitem que o Criador e Soberano de um mundo como este é um ser onipotente, perfeitamente justo e bom, podem dizer pouco contra o Cristianismo, e o pouco que podem dizer se voltará contra eles com uma força pelo menos igual. Assim, não encontrando satisfação no Deísmo, permaneceu em um estado de perplexidade até que, sem dúvida após muitos conflitos, rendeu-se à convicção de que nada pode ser conhecido acerca da origem das coisas. Esta é a única formulação correta de sua opinião, já que considerava absurdo o ateísmo dogmático, opinião compartilhada pela maioria daqueles homens que o mundo qualificou de ateus. Esses pormenores são importantes, pois mostram que a recusa de meu pai a tudo o que se chama de crença religiosa, não foi principalmente, como muitos poderiam supor, uma questão de lógica e evidência; seus fundamentos eram mais de ordem moral do que intelectual. Considerava impossível acreditar que um mundo repleto de maldade fosse a obra de um autor que combinasse um poder infinito com uma perfeita bondade e retidão. Seu intelecto desdenhava as sutilezas com as quais os homens tentam se cegar para não perceber esta notória contradição. Não teria condenado da mesma forma a teoria sabeíta ou maniqueísta que professa um princípio do Bem e do Mal lutando entre si para governar o universo; e eu o ouvi manisfestar surpresa diante do fato de que ninguém, em nosso tempo, tenha ressuscitado semelhante doutrina. Ele a teria considerado uma mera hipótese, mas não lhe atribuiria nenhuma influência corruptora. Sua aversão à religião, no sentido usual que se dá a este termo, era da mesma natureza do que a de Lucrécio: seus sentimentos em relação a ela não eram aqueles que uma ilusão mental desperta, mas os suscitados por um grande mal moral. Para meu pai, a religião era o maior inimigo da moralidade. Em primeiro lugar, porque instituía qualidades superiores fictícias — a fé nos credos, os sentimentos de devoção, as cerimônias — que não tinham a menor relação com o bem da humanidade e que eram aceitas como substitutos das genuínas virtudes. Mas, sobretudo, porque a religião viciava radicalmente o critério da moral, fazendo-o consistir na realização da vontade de um ser ao qual se dirige todo um palavreado adulatório, mas que, na verdade, é retratado como eminentemente odioso. Muitas vezes eu o ouvi dizer que todas as épocas e nações representaram seus deuses como seres perversos, em progressão constantemente crescente; que a humanidade foi acrescentando característica após característica até formar a mais perfeita concepção de perversidade que a mente do homem pôde conceber, chamando a esta de Deus e se prostrando diante dele. Este *ne plus ultra* da perversidade era, segundo meu pai, parte integrante do que normalmente é apresentado como o credo cristão. "Pense" — costumava dizer — "em um ser que criasse um Inferno e que criasse o gênero humano com o conhecimento antecipado e infalível e, portanto, com a intenção, de que a grande maioria dos homens seria condenada a um tormento horrível e eterno". Creio que se aproxima o momento em que semelhante concepção horrorosa do que deve ser um objeto de adoração não será mais identificada com o cristianismo, e em que todas as pessoas dotadas de um sentido moral do bem e do mal passarão a considerá-la com a mesma indignação manifestada por meu pai. Ele sabia tão bem quanto qualquer outra pessoa que, em geral, os cristãos não padecem as conseqüências desmoralizantes que parecem inerentes a tal credo, não do modo e na extensão que se poderia esperar. A mesma falta de rigor de pensamento e submissão da razão a temores, desejos e afetos que permite aos cristãos aceitar uma teoria contraditória, impede-os de perceber as conseqüências lógicas desta. É tal a facilidade com que a humanidade acredita simultaneamente em coisas contraditórias entre si e, além disso, são tão raros os homens que extraem, das noções que receberam como verdades, outras conseqüências além daquelas sugeridas por seus sentimentos, que inúmeras pessoas sustentaram como indubitável a crença em um Autor Onipotente do Inferno e, não obstante, identificaram este ser com a mais sublime concepção de perfeita bondade que foram capazes de elaborar. A adoração dos cristãos não ia dirigida ao demônio — pois, na verdade seria isto o Ser que imaginavam — mas ao seu ideal de excelência. O mal é que semelhante crença mantém o ideal em um patamar de vil inferioridade e opõe a mais obstinada resistência a todo pensamento que tem uma tendência a elevá-lo. Os crentes evitam toda seqüência de idéias que conduziria a mente a uma concepção clara e a uma norma elevada de excelência, pois sentem (ainda que não o percebam distintamente) que tal norma entraria em conflito com muitos decretos da natureza e com muito do que estão acostumados a considerar como credo cristão. Dessa forma, a moralidade permanece como algo cegamente submetido à tradição, sem nenhum princípio consistente e sem, até mesmo, nenhum sentimento consistente para guiá-la.

Teria sido incompatível com as idéias que meu pai tinha acerca do dever permitir que eu adquirisse noções contrárias às suas convicções e aos seus sentimentos a respeito da religião. Assim, desde o início, convenceu-me de que nada podia ser conhecido sobre a origem do mundo, de que a pergunta "Quem me criou?" não podia ser respondida, pois não dispomos de nenhuma experiência ou informação autêntica para respondê-la, e de que qualquer resposta dada apenas estenderia a dificuldade, já que a pergunta "Quem criou Deus?" imediatamente se apresentaria. Ao mesmo tempo, meu pai procurou me familiarizar com o que a humanidade havia pensado a respeito desses impenetráveis problemas. Já mencionei como me fez ler desde cedo a história eclesiástica; além disso, ensinou-me a nutrir um interesse pela Reforma como a grande e decisiva batalha contra a tirania clerical e em favor da liberdade de pensamento.

Sou pois um dos raros exemplos, neste país, não do homem que abandonou suas crenças religiosas, mas do que nunca as teve. Fui educado em um estado de negação com respeito a elas. Considerava a religião moderna da mesma forma como considerava a antiga, como algo que não me dizia respeito. O fato dos ingleses crerem em coisas nas quais eu não acreditava não me parecia mais estranho do que o fato dos homens que conheci lendo Heródoto terem crenças distintas das minhas. A História me familiarizara com a variedade de opiniões humanas, e o caso em questão era apenas um prolongamento disto. Entretanto, este aspecto de minha primeira educação teve, embora incidentalmente, uma conseqüência ruim que vale a pena mencionar. Ao ensinar-me uma opinião que era contrária à do mundo, meu pai pensou também que era necessário que eu a silenciasse, já que não era prudente declará-la diante de todos. Este conselho para guardar meus próprios pensamentos trouxe consigo, naqueles primeiros anos de infância, algumas desvantagens morais, ainda que meus escassos contatos com estranhos, especialmente com pessoas que poderiam me falar sobre religião, evitassem situações em que eu deveria ou confessar minha incredulidade ou ser hipócrita. Recordo que durante minha adolescência ocorreram duas ocasiões em que me senti diante daquela alternativa: em ambos os casos confessei minha descrença e a defendi. Meus adversários eram meninos maiores do que eu; um deles, estou seguro de que deixei hesitante, embora o assunto não fosse mais retomado entre nós; o outro, que ficou surpreendido e um pouco escandalizado, tentou por algum tempo convencer-me o melhor que pôde, sem conseguir efeito algum.

O grande avanço feito na liberdade de discussão, que é uma das diferenças mais importantes entre o tempo presente e o da minha infância, alterou profundamente as implicações morais desta questão. Creio que poucos homens da inteligência e do espírito cívico de meu pai, sustentando com a mesma intensa convicção moral opiniões impopulares em matéria de religião ou em qualquer dos outros grandes temas do pensamento, teriam hoje que praticar ou inculcar o costume de dissimulá-las ao mundo, exceto naqueles casos, cada vez mais raros, em que a franqueza nessas questões implica o risco da perda dos meios de subsistência ou signifique a exclusão de alguma esfera de utilidade particularmente adequada às faculdades do indivíduo. No que se refere à religião, penso que chegou o momento em que todos aqueles que, após um preparo intelectual e uma madura reflexão, estão seguros de que as opiniões correntes são não apenas falsas, mas também perniciosas, têm o dever de manifestar a sua divergência. Ao menos, essa é a obrigação de todos aqueles cuja situação ou reputação dá a suas opiniões a oportunidade de serem ouvidas. Tais manifestações de divergência poriam fim, de uma vez por todas, ao preconceito vulgar segundo o qual isso que se chama impropriamente de incredulidade está acompanhado de más qualidades do espírito ou do coração. O mundo ficaria pasmado se soubesse que a grande maioria de seus homens mais brilhantes, inclusive aqueles que desfrutam da estima popular pela sabedoria e virtude que revelam, são completamente céticos em matéria de religião. Muitos deles não confessam sua opinião, menos por considerações pessoais que pelo receio consciente, embora no meu entender equivocado, de causar dano em vez de benefício caso expressem claramente algo que pode enfraquecer as crenças existentes e, assim, segundo crêem, afrouxar a atual disciplina.

Há quase todas as variedades de tipo moral entre os chamados incrédulos, assim como há entre os crentes. Mas os melhores entre eles, como ninguém que teve a oportunidade de conhecê-los realmente hesitaria em afirmar — e é raro que os crentes tenham essa oportunidade — são mais autenticamente religiosos, no melhor sentido da palavra religião, do que aqueles que se arrogam a exclusividade do epíteto. O clima liberal de nosso tempo, ou, em outras palavras, o enfraquecimento do obstinado preconceito que impede os homens de perceberem o que está diante dos seus olhos porque é contrário às suas expectativas, tornou comum a admissão de que um deísta pode ser verdadeiramente religioso; mas se o termo religião significar qualidades de caráter e não a mera crença dogmática, também se poderá dizer que são religiosas muitas pessoas cujas crenças são alheias ao deísmo. Embora essas pessoas possam considerar incompleta a prova de que o universo é obra de um desígnio, e ainda que não acreditem que o universo possa ser regido por um Autor e um Soberano absoluto em seu poder e perfeito em sua bondade, tais pessoas apresentam aquilo que constitui o principal valor de todas as religiões: uma concepção ideal de um Ser Perfeito, ao qual se referem habitualmente como o guia de suas consciências. E este ideal de Bem está em geral mais próximo da perfeição do que a Deidade objetiva postulada por aqueles que se consideram obrigados a encontrar a bondade absoluta no autor de um mundo pleno de sofrimento e deformado pela injustiça como o nosso.

As convicções morais de meu pai, completamente apartadas da religião, eram de caráter muito similar às dos filósofos gregos, e eram manifestadas com a força e o vigor típicos de tudo o que provinha dele. Apesar da pouca idade com que li com ele *As memórias de Sócrates* de Xenofonte, esta obra e os seus comentários me imbuíram de um profundo respeito pelo caráter de Sócrates, que permaneceu em minha mente como um modelo de excelência ideal. Recordo muito bem como meu pai me inculcou naquela época as lições contidas na "Escolha de Hércules".[1] Mais tarde, muito me impressionou o elevado padrão moral refletido nos escritos de Platão. Os ensinos morais de meu pai eram, sobretudo e em todas as ocasiões, aqueles dos *Socratici viri*:[2] justiça, temperança (virtude esta que tinha para meu pai uma ampla esfera de aplicação), veracidade, perseverança, disposição para enfrentar a dor e, especialmente, para trabalhar; consideração pelo bem comum; apreciação das pessoas de acordo com seus méritos e das coisas de acordo com a utilidade intrínseca; uma vida de esforço, em oposição a uma vida de indulgente ociosidade e abandono. Meu pai expressava estas e outras lições morais em breves sentenças, proferidas, dependendo da ocasião, em tom de grave exortação ou de severa reprovação e desprezo.

Mas embora o ensino moral direto possa fazer muito, o ensino indireto faz mais. Assim, o efeito que meu pai produzia em meu caráter não dependia apenas do que ele dizia ou fazia com esse objetivo em vista, mas também, e ainda mais, da sua própria maneira de ser.

---

1) A escolha entre o Vício e a Virtude, em *As memórias de Sócrates*, de Xenofonte, II, i.
2) Discípulos de Sócrates.

Em seu modo de considerar a vida ele tinha algo do caráter do estóico, do epicúreo e do cínico, não no sentido moderno mas no sentido clássico destes termos. Em suas qualidades pessoais predominava o estóico. Seu critério moral, sendo utilitário, era epicúreo: a tendência das ações para produzir prazer ou dor era o único critério para averiguar se elas estão certas ou erradas. Mas meu pai — e este era o elemento cínico — quase não acreditava no prazer, pelo menos em seus últimos anos de vida, os únicos dos quais posso falar com segurança a esse respeito. Não que fosse insensível aos prazeres, mas considerava que poucos valiam o preço que, no estado atual da sociedade, é preciso pagar por eles. Entendia que a maioria dos erros que se cometem na vida devem ser atribuídos a uma supervalorização do prazer. Dessa forma, a temperança, no amplo sentido em que os filósofos gregos a entendiam — coincidindo com a moderação em todas as indulgências — era para meu pai, como também havia sido para os gregos, o ponto quase central do preceito educativo. Seus esforços para me inculcar esta virtude ocupam muito lugar em minhas recordações da infância. Acreditava que sem o frescor da juventude e da curiosidade insatisfeita, a vida seria, no melhor dos casos, algo pobre. Este era um tema sobre o qual falava pouco, especialmente, como pode se supor, na presença dos jovens, mas quando o fazia era com um ar de firme e profunda convicção. Dizia por vezes que se a vida fosse o que ela poderia ser, guiada pelo bom governo e a boa educação, valeria a pena vivê-la, mas, nem diante de tal possibilidade, falava com entusiasmo. Nunca deixou de julgar os gozos intelectuais superiores a todos os outros, inclusive em seu valor como prazeres, independentemente de outros benefícios que podem produzir. Tinha em alta estima os prazeres derivados dos sentimentos de benevolência e costumava dizer que jamais havia conhecido um ancião feliz, salvo aqueles que foram capazes de voltar a viver nos prazeres da juventude. Professava o maior desprezo pelas emoções apaixonadas de todos os tipos e por tudo o que havia sido escrito ou dito com a intenção de exaltá-las. No seu entender eram uma forma de loucura. O "intenso" era para ele um termo que expressava desdenhosa reprovação. Considerava uma aberração do padrão moral dos tempos modernos, comparado com o dos antigos, a grande importância outorgada ao sentimento. Os sentimentos como tais não eram para ele propriamente objeto de elogio ou censura. O certo e o errado, o bem e o mal eram, em sua concepção, qualidades que só podiam ser aplicadas à conduta, isto é, a ações e omissões. Qualquer sentimento poderia levar, e muitas vezes levava, a ações tanto boas como más e a própria consciência, o desejo de agir corretamente, muitas vezes levava as pessoas a agir erradamente. Aplicando de forma consistente essa doutrina segundo a qual o objetivo da censura e do elogio deve ser o de desencorajar a conduta errada e encorajar a correta, meu pai não permitia que seus elogios ou suas censuras fossem influenciados pelos motivos do agente. Censurava com a mesma severidade uma má ação motivada pelo sentimento de dever e uma má ação cujos agentes faziam o mal conscientemente. Meu pai não aceitaria como desculpa em favor dos inquisidores a crença sincera por parte destes de que era um dever de consciência queimar os hereges. Mas embora não permitisse que a honestidade de propósitos suavizasse sua reprovação das ações, esta circunstância influía em sua avaliação do caráter das pessoas. Ninguém apreciava tanto quanto meu pai os escrúpulos e a retidão de intenção e, também, não havia ninguém como ele para negar sua estima a um homem que, na sua opinião, não as possuísse. Mas as pessoas também o desagradavam por quaisquer outros defeitos, desde que estes, segundo pensava, pudessem fazer com que elas agissem mal. Desagradava-lhe, por exemplo, o fanático de uma má causa, tanto ou mais do que a pessoa que adotava a mesma causa por interesse próprio, pois acreditava que o primeiro era na prática mais perigoso. Assim, sua aversão a muitos erros intelectuais, ou aos que ele julgava como tais, tinha, em certo sentido, o caráter de um sentimento moral. Tudo isso equivale a dizer que meu pai deixava seus sentimentos penetrarem em suas opiniões, e, isto, em um grau que era então comum mas que hoje caiu em desuso; e é certamente difícil entender como alguém que possui ambos — opiniões e sentimentos — em alto grau pode se conduzir de outra forma. Apenas os que não dão importância às opiniões confundirão sua atitude com a intolerância. Aqueles que, atribuindo às próprias opiniões uma imensa importância e às contrárias uma prodigiosa capacidade de causar danos, possuem um profundo interesse pelo bem comum, necessariamente antipatizarão, como uma classe e de forma abstrata, com os que pensam que é errado o que eles consideram correto e correto o que eles consideram errado. Mas, nem por isso, eles precisam ser insensíveis, e meu pai não era, às boas qualidades presentes em um oponente, nem, tampouco, precisam ser governados, em sua avaliação dos indivíduos, por uma presunção geral em vez de pela totalidade do caráter da pessoa em questão. Concedo que uma pessoa enérgica, não sendo mais infalível do que as outras, está sujeita a antipatizar com pessoas por opiniões que, entretanto, não merecem antipatia; mas se ela não faz nenhum dano a tais pessoas nem aceita que outros o façam, ela não é intolerante. E a indulgência que emana da consciência a respeito da importância que a igual liberdade de todas as opiniões representa para a humanidade, é a única tolerância recomendável ou possível para os espíritos da mais elevada condição moral.

É fácil compreender que um homem com as opiniões e o caráter descritos acima teria que exercer um profundo efeito moral em qualquer mente formada por ele, e que seus ensinos morais não pecariam pela frouxidão ou indulgência. Em sua relação moral com suas crianças, a ternura era o elemento notoriamente deficiente. Não creio que esta deficiência dependesse de sua própria natureza. Acredito que havia nele mais sentimentos do que os que revelava habitualmente, e muitas capacidades mentais que nunca chegou a desenvolver. Assim como a maioria dos ingleses, sentia vergonha de manifestar os sentimentos e, por não demonstrar, enfraquecia os próprios sentimentos. Se considerarmos, além disso, que estava na difícil posição de único mestre e acrescentarmos que seu temperamento era, por constituição, irritável, é impossível não sentir autêntica piedade por um pai que fez e se esforçou por fazer tanto em favor de seus filhos, que muito gostaria de receber a amizade e a afeição deles e que, entretanto, deve ter sentido sempre que o temor que inspirava estava secando essas inclinações em sua raiz. Isto não ocorreu em um período posterior de sua vida e em relação a seus filhos menores. Estes o amavam ternamente e, se não posso dizer o mesmo a meu respeito, sempre fui lealmente dedicado a ele. Quanto à minha própria educação, vacilo em afirmar se saí ganhando ou perdendo com a sua severidade.[3] Mas isso não me impediu de ter

---

3) No manuscrito original lemos, no lugar desta sentença e das três anteriores, o seguinte: "Em uma atmosfera de ternura e afeição meu pai teria sido terno e afetuoso. Mas a incompatibilidade com a esposa e o temperamento severo o tornaram incapaz de criar semelhante atmosfera. Em minha educação não prevaleceu o amor, mas o medo, e esta foi uma das influências morais mais desfavoráveis a que estive sujeito durante a infância" (*The early draft*, op. cit., p. 66). Passagens suprimidas no manuscrito estendem-se a respeito desta e de outras desvantagens: "Eu o ouvi uma vez dizer que sempre houve muita simpatia entre ele e seus filhos até o momento em que as aulas se iniciaram, e que estas costumavam frustrá-lo... Mas isto só é válido em relação aos seus filhos mais velhos; com os mais novos ele seguiu um sistema inteiramente diferente, para grande conforto dos seus últimos anos de vida. Mas, no que diz respeito às influências morais que agiram sobre mim, deve ser mencionada, como uma das mais nocivas, que nem os filhos de meu pai o amaram nem qualquer outra pessoa o amou com afeição ardorosa. Não quero dizer com isso que as coisas, nesse aspecto, eram piores do que na maior parte das famílias inglesas; famílias em que a afeição genuína é excepcional, em que prevalece um vínculo gerado pelo mero hábito, como o que mantemos com os objetos inanimados, acrescido por algumas frases e demonstrações de decoro convencional. Acredito que há menos afeição pessoal na Inglaterra do que em qualquer outro país que conheço; a família de meu pai não era peculiar a este respeito, mas apenas uma fiel instância de um fato ordinário. Uma mãe realmente amável, algo raro na Inglaterra, teria tornado meu pai um ser completamente diferente e, além disso, permitiria que seus filhos crescessem amando e sendo amados. Mas minha mãe, com as melhores intenções, não sabia fazer mais do que labutar penosamente por suas crianças. O que ela podia fazer ela fazia, e seus filhos gostavam dela pois era uma mãe complacente; mas fazer-se amada, considerada ou mesmo obedecida exigiam qualidades que, infelizmente, ela não possuía. "Cresci assim na ausência do amor e na presença do medo, o que gerou muitos e indeléveis efeitos que prejudicaram meu desenvolvimento moral. Um desses efeitos, que só poderia ser contrariado por uma sensibilidade ativa e um natural temperamento impulsivo, foi uma circunspecção habitual. Sem saber ou acreditar que eu era uma pessoa reservada, cresci com um instinto de retraimento. Não havia uma pessoa a quem eu desejasse exprimir o que eu sentia, e a única com quem eu me comunicava e considerava inspirava medo demais para que a confidência de qualquer ato ou sentimento surgisse como um impulso franco ou uma inclinação espontânea. Em vez de um caráter aberto por instinto e hábito, mas que pode se tornar reservado quando a prudência ou o dever o exigem, minhas circunstâncias tenderam a formar um caráter fechado e reservado por hábito e falta de impulso; assim, não sendo este caráter o resultado da vontade, eu era destituído

uma infância feliz. Não acredito que a força da persuasão e dos conselhos amáveis possa induzir as crianças a se aplicar com vigor e, o que é ainda mais difícil, com perseverança, a estudos áridos e aborrecidos. Muito do que as crianças precisam fazer e aprender exige, como meio indispensável, que se submetam a uma rígida disciplina e saibam que podem vir a ser castigadas. Não há dúvida de que é louvável o esforço do ensino moderno para tornar, tanto quanto possível, interessante e fácil as coisas que os jovens devem aprender. Mas sacrifica-se um dos principais objetivos da educação quando essa tentativa é levada ao ponto de se exigir que eles aprendam *só* o que se tornou fácil e interessante. Muito me alegra o declínio dos brutais e tirânicos sistemas de ensino de outrora que, entretanto, conseguiam impingir hábitos de aplicação; mas o novo sistema, parece-me, está formando uma raça de homens incapazes de fazer qualquer coisa que os desagrade. Não creio, assim, que se possa dispensar o medo como um elemento na educação, embora esteja seguro de que não deve ser o principal elemento. E quando o medo predomina a ponto de impedir o amor e a confiança da criança para com aqueles que deveriam ser seus íntimos e leais conselheiros por muitos anos, e, talvez, até ao extremo de secar a fonte da franca e

---

daquela franca comunicatividade que conquista e merece a simpatia mas, ao mesmo tempo, eu não era suficientemente reticente quando isto era adequado e desejável.

"Há outro infortúnio que compartilho com filhos de pais enérgicos. Não é certamente favorável à força de vontade passar toda a infância sob o controle de uma vigorosa vontade. Estava acostumado a esperar que me dissessem o que fazer, seja na forma de uma ordem direta, seja na forma de uma reprovação por não ter feito algo, e, assim, adquiri o hábito de apoiar em meu pai minha responsabilidade como agente moral; minha consciência nunca falava a mim, exceto através de sua voz. As coisas que eu *não* devia fazer eram estabelecidas por seus preceitos, rigorosamente sancionados sempre que violados, mas as coisas que eu *devia* fazer raramente eram feitas por minha iniciativa; eu esperava que ele me dissesse para fazê-las e, se ele se abstinha ou esquecia de dizer, as coisas geralmente não eram feitas. Adquiri assim uma habitual morosidade, um costume de esperar o comando de outros, uma ausência de espontaneidade moral, uma inércia do sentido moral e até mesmo, em larga medida, uma inércia intelectual, a menos que eu fosse estimulado pelas solicitações de alguma outra pessoa — hábitos que reduziram os benefícios morais e intelectuais derivados de outros aspectos de minha educação" (*The early draft*, op. cit., pp. 183-85). A esposa de Mill assinalou boa parte deste texto para ser apagado.

espontânea comunicatividade que a criança possui por natureza, converte-se em um mal que muito reduzirá os benefícios morais e intelectuais que puderem ser derivados de outros aspectos desta educação.

Durante este primeiro período de minha vida, eram poucos os freqüentadores habituais da casa de meu pai. A maioria era gente pouco conhecida do mundo. Meu pai cultivava tais amizades porque apreciava o valor pessoal dessa gente e porque encontrava nelas uma certa afinidade com as opinões políticas que sustentava — coisa que então não era tão fácil de encontrar como foi mais tarde. Eu escutava com grande interesse e proveito suas conversas. Como era freqüentador habitual da sala de estudos de meu pai, pude conhecer o mais querido de seus amigos, David Ricardo, homem que, com seu aspecto benevolente e amabilidade de trato, atraía muito os jovens. Quando comecei a estudar economia política, convidava-me para ir a sua casa e passeávamos conversando sobre o assunto. A partir de 1817 ou 1818 visitei com freqüência Mr. Hume,[4] que havia nascido na mesma região da Escócia que meu pai. Um pouco mais jovem que ele, creio que havia sido seu companheiro de colégio ou de universidade. Após o regresso de meu pai da Índia, haviam renovado aquela amizade de juventude. Influenciado, como muitos outros, pela inteligência e o caráter enérgico de meu pai, tornou-se membro do Parlamento e adotou aí a linha de conduta que lhe deu uma posição honrosa na história de seu país. Mas eu via muito mais Mr. Bentham, devido a sua intimidade com meu pai. Não sei em que momento, após a chegada de meu pai na Inglaterra, eles se conheceram. Mas meu pai foi o primeiro inglês de distinção que compreendeu plenamente e adotou o essencial das idéias gerais de Bentham sobre a ética, o governo e o direito. Esta circunstância forneceu uma base natural de simpatia entre eles e os converteu em íntimos companheiros em um período da vida de Bentham durante o qual este admitia muito menos visitas do que passou a admitir

---

4) Trata-se do político Joseph Hume (1777-1855).

depois. Nessa época, Mr. Bentham passava todos os anos uma temporada em Barrow Green House, uma bela região das colinas de Surrey, a poucas milhas de Godstone, onde eu acompanhava meu pai todos os verões para uma longa visita. Em 1813, Mr. Bentham, meu pai e eu fizemos uma excursão e visitamos Oxford, Bath, Bristol, Exeter, Plymouth e Portsmouth. Vi muitas coisas instrutivas nessa viagem e adquiri, na forma elementar da predileção pelas "vistas", o gosto pelas paisagens. No inverno seguinte nos mudamos para uma casa próxima à de Mr. Bentham, que este alugou a meu pai, na Queen Square, em Westminster. De 1814 a 1817 Mr. Bentham vivia, durante metade do ano, em Ford Abbey, em Somersetshire, ou melhor, em uma região de Devonshire localizada em Somersetshire. Tive o privilégio de passar aí essas temporadas, algo que, acredito, foi importante para minha educação. Nada contribui mais para fomentar os sentimentos elevados de um povo do que o tipo amplo e aberto de suas habitações. A arquitetura medieval, o salão senhorial, as salas espaçosas e de teto alto daquela antiga e bela residência, muito diferente das estreitas e mesquinhas fachadas das moradias da classe média inglesa, produziam a sensação de uma existência mais ampla e mais livre e originavam em mim uma espécie de inspiração poética, ajudada também pelas características dos campos que cercavam Ford Abbey: alegres e isolados, sombrios e plenos do rumor das cascatas.[5]

---

5) O manuscrito original acrescenta neste ponto uma nota que Mill, seguindo instruções de sua esposa, suprimiu: "O modo de vida em Ford Abbey era o seguinte. Mr. Bentham e meu pai estudavam e escreviam em uma mesma sala, muito ampla (uma sala para o inverno e outra para o verão). Meu pai começava a trabalhar em torno das sete horas e Mr. Bentham aparecia um pouco depois das nove; assim, eu e as outras crianças da casa estudávamos nossas lições nessa mesma sala durante essas duas horas. O desjejum era servido às nove, mas Mr. Bentham sempre comia em torno de uma hora da tarde, em meio a seus livros e papéis, ainda que seu desjejum fosse colocado desde cedo em sua mesa de trabalho. O grupo que se alimentava às nove era composto por meu pai e minha mãe, o amanuense de Mr. Bentham e os visitantes que, com freqüência, estavam na casa. Antes de seu desjejum da uma hora, Mr. Bentham saía regularmente para uma caminhada, de meia hora, quase sempre acompanhado por meu pai. Durante o intervalo entre seu desjejum e esta caminhada meu pai tomava as nossas lições, algo que, quando o tempo permitia, ocorria enquanto passeávamos pelos arredores. Da uma até as seis horas, meu

Devo outra circunstância afortunada de minha educação, a oportunidade de residir um ano na França, ao irmão de Mr. Bentham, Sir Samuel Bentham. Conheci sir Samuel Bentham e a família em sua casa de Gosport, durante a viagem que mencionei, quando ele exercia o cargo de superintendente do estaleiro em Portsmouth e visitava Ford Abbey, onde esteve por alguns dias pouco após o armistício[6] e nas vésperas de partir para viver no Continente. Em 1820 convidaram-me para passar seis meses com eles no sul da França, visita que, graças à amabilidade da família, prolongou-se por quase um ano. Sir Samuel Bentham, embora de personalidade muito diferente da de seu ilustre irmão, era homem de consideráveis talentos e faculdades, especialmente dotado para as artes mecânicas. Sua esposa, filha do célebre químico Dr. Fordyce, era uma mulher de vontade firme e caráter decidido, de vasta cultura geral e com grande senso prático, ao estilo de Edgeworth:[7] ela era a alma da casa, como merecia e sabia sê-lo. A família era composta por um filho (o eminente botânico) e três filhas, a menor das quais tinha dois anos a mais do que eu. Devo à família as muitas e variadas coisas que aprendi durante esse período e o cuidado quase familiar que me dispensaram. No início de minha visita, em maio de 1820, residiam no castelo de Pompignan, de propriedade do descendente do inimigo de Voltaire, nas colinas que dominam as planícies de Garonne, entre Montauban e Toulouse. Eu os acompanhei em uma excursão que fizeram aos Pirineus, durante a qual passamos uns dias em Bagnères de Bigorre, visitando ainda Pau, Bayonne, Bagnères de Luchon e subindo o Pic du Midi, em Bigorre. Esse primeiro contato com as grandiosas paisagens da montanha me causou a mais profunda impressão e deu o tom de meus gostos por toda a vida. Em outubro

---

pai permanecia em sua sala, e era durante esse período que nós, crianças, estudávamos. O jantar era servido às seis, e o resto da tarde Mr. Bentham passava desfrutando do convívio social, coisa que muito apreciava. Nunca estive presente nessas tardes, exceto nas poucas ocasiões em que Mr. Bentham teve a amabilidade de me convidar para aprender a jogar xadrez (*The early draft*, op. cit., pp. 68-69 nota).

6) No final de 1815.

7) Maria Edgeworth (1767-1849), novelista irlandesa, também autora de contos infantis.

seguimos pela bela rota da montanha que vai de Toulose a Montpellier e passa por Castres e St. Pons. Em Montpellier Sir Samuel acabara de comprar os terrenos de Restinclière, ao pé da singular montanha de St. Loup. Durante minha estadia na França, familiarizei-me com a língua francesa e com a literatura mais comum do país, ganhei também aulas de educação física, embora não tenha feito grandes progressos em nenhum tipo de exercício corporal e, em Montpellier, assisti aos excelentes cursos de inverno da Faculdade de Ciências: os cursos de Química de M. Anglada, de Zoologia de M. Provençal e um curso de Lógica, sob o nome de Filosofia das Ciências, dado por um perfeito representante da metafísica do século dezoito, M. Gergonne. Também segui um curso de matemática superior sob a orientação privada de M. Lenthéric, professor do Liceu de Montpellier. Mas talvez a maior vantagem que devo a este episódio de minha educação foi a de haver respirado durante todo um ano o ambiente livre e amável da vida do Continente. Embora naquele tempo não pudesse estimá-la nem senti-la conscientemente, essa vantagem não deixou por isso de ser menos real. Como eu tinha escassa experiência da vida inglesa e como as poucas pessoas que eu havia conhecido eram desinteressadas e generosas, verdadeiramente entregues ao bem público, ignorava eu o baixo tom moral do que na Inglaterra se chama sociedade: o hábito, não, certamente, de confessar, mas de admitir, com todas as possíveis implicações, que a conduta se dirige sempre para fins pequenos e mesquinhos; a ausência de sentimentos sublimes, que se manifesta no desprezo zombeteiro com que se recebe toda demonstração dos mesmos e na abstenção geral — salvo entre alguns austeros devotos — de professar elevados princípios de ação, exceto naqueles casos preestabelecidos em que reconhecer algo semelhante é parte do costume e das formalidades que a ocasião requer. Assim, não podia conhecer e estimar a diferença entre este modo inglês de viver e o do povo francês, cujos defeitos, também reais, são em todo caso de índole diferente. Entre os franceses os sentimentos, que pelo menos em comparação podem ser chamados de elevados, são a moeda corrente nas relações humanas, algo que se manifesta tanto nos livros como na vida privada; e embora se evaporem ao ser expressados, permanecem vivos no conjunto da nação mediante o constante exercício e, estimulados pela simpatia, tornam-se uma parte ativa e viva de um grande número de pessoas, reconhecidos e compreendidos por todos. Tampouco podia eu apreciar então o cultivo geral do entendimento que resulta do exercício habitual dos sentimentos, e que se transmite assim até às classes mais incultas de vários países continentais, algo não igualado na Inglaterra, nem sequer entre as pessoas assim chamadas educadas, exceto naqueles casos em que uma delicadeza pouco usual da consciência leva a aplicação constante do intelecto aos problemas relativos ao que é certo e errado. Não sabia eu até que ponto, entre os ingleses comuns, a falta de interesse pelas coisas que vão além do próprio egoísmo, salvo exceções em um ou outro caso especial, bem como o hábito de não falar aos demais, nem a si mesmos, sobre as coisas em que têm interesse, é causa de que tanto os seus sentimentos como as suas faculdades intelectuais permaneçam pouco desenvolvidos, ou tenham se desenvolvido em uma única e limitada direção, reduzindo-os, como seres espirituais, a uma espécie de existência negativa. De tudo isso só me dei conta muito mais tarde, mas mesmo então pude perceber, embora sem formular claramente a mim mesmo, o contraste entre a franca sociabilidade e amabilidade de trato que existe entre os franceses, e o modo de vida inglês, em que cada um atua como se todos os demais (com poucas ou nenhuma exceção) fossem inimigos ou estorvos. É verdade que na França as virtudes e os defeitos de caráter individual e nacional saltam mais à vista e irrompem no trato ordinário de uma forma que não ocorre na Inglaterra. Mas o costume geral do povo francês é oferecer aos demais e esperar deles um sentimento amistoso, sempre que não exista alguma causa positiva que justifique o contrário. Na Inglaterra, só se pode dizer algo parecido da gente melhor educada da classe alta ou das classes médias superiores.

Ao passar por Paris, tanto na ida como na volta, fiquei alguns dias na casa de M. Say, o eminente economista político, que era amigo de meu pai e trocava correspondência com ele. Eles se conheceram durante uma visita que M. Say havia feito à Inglaterra um ou dois anos após o armistício. Era um homem do último período da Revolução Francesa, distinto representante do melhor republicanismo francês, um daqueles que jamais haviam se curvado diante de Bonaparte, embora este o cortejasse para tanto. Um homem verdadeiramente correto, corajoso e esclarecido. Vivia uma vida tranqüila e estudiosa, feliz com os cordiais afetos de índole privada e pública que mantinha. Conhecia vários líderes do partido Liberal e eu vi em sua casa muitas pessoas notáveis, entre as quais me compraz recordar haver visto uma vez Saint-Simon, quando este ainda não era o fundador de uma filosofia ou uma religião, sendo considerado apenas uma pessoa inteligente e *original*. O principal fruto que colhi da sociedade que vi na França foi um permanente e vigoroso interesse pelo Liberalismo continental, do qual desde então mantive-me tanto *au courant*[8] como da política inglesa. Esse interesse, que não era, naqueles dias, usual entre os ingleses, teve uma influência saudável em meu desenvolvimento, livrando-me do erro sempre dominante na Inglaterra — do qual nem sequer meu pai, com toda a sua superioridade diante dos preconceitos, estava isento — que consiste em julgar questões universais com um critério exclusivamente inglês. Depois de passar algumas semanas em Caen com um antigo amigo de meu pai, retornei para a Inglaterra em julho de 1821 e minha educação seguiu de novo seu curso ordinário.

---

8) Em francês no original: informado, a par.

CAPÍTULO III
ÚLTIMA ETAPA DE EDUCAÇÃO E PRIMEIRA DE AUTO-EDUCAÇÃO

Durante um ou dois anos após minha visita para à França, continuei meus antigos estudos, acrescentando alguns novos. Quando regressei meu pai estava terminando e preparando para a impressão, seus *Elementos de economia política*. Ele me fez realizar sobre o manuscrito um tipo de exercício que Mr. Bentham praticava com todos os seus escritos e que meu pai chamava de "conteúdos marginais": um breve resumo de cada parágrafo para facilitar ao autor julgar e melhorar a ordem das idéias e o caráter geral da exposição. Pouco depois meu pai pôs em minhas mãos o *Tratado das sensações*, de Condillac, bem como os volumes de lógica e metafísica que formavam parte de seu *Cours d'etudes*. A primeira obra (apesar da superficial semelhança entre o sistema psicológico de Condillac e o de meu pai) deveria me servir tanto de advertência como de exemplo. Não estou seguro se foi nesse mesmo inverno ou no seguinte que li pela primeira vez uma história da Revolução Francesa. Descobri com assombro que os princípios da democracia, defendidos então unicamente por uma minoria insignificante e desesperançada em toda a Europa, haviam nascido na França trinta anos antes e constituíam o credo da nação. É fácil inferir, a partir disso, que eu tinha então uma idéia muito vaga daquela grande comoção. Sabia apenas que os franceses haviam derrubado a monarquia absoluta de Luís XIV e de Luís XV, matado o rei e a rainha, e guilhotinado muitas pessoas, entre as quais Lavoisier, e que, finalmente, haviam caído sob o despotismo de Bonaparte. Naturalmente, a partir desse momento, o assunto se apoderou de meus sentimentos e se aliou com minhas aspirações juvenis de desempenhar o papel de campeão da democracia. O que havia ocorrido com tanto atraso parecia poder voltar a ocorrer facilmente. A glória mais sublime que eu era capaz de imaginar era a de figurar, vitorioso ou derrotado, como um girondino em um Convenção inglesa.

Durante o inverno de 1821-1822, Mr. John Austin, a quem meu pai havia conhecido quando eu estava na França, permitiu-me, amavelmente, estudar Direito Romano em sua companhia. Meu pai, apesar de aborrecer-se com esse caos de barbarismo chamado Direito Inglês, passara a pensar que a advocacia podia ser para mim a profissão menos inadequada do que qualquer outra. Além disso, as leituras com Mr. Austin, que havia feito suas as melhores idéias de Bentham e acrescentado muito a elas, tanto a partir de outras fontes como de suas próprias reflexões, eram não só uma valiosa preparação aos estudos jurídicos, mas uma parte importante de minha educação geral. Com Mr. Austin li as *Instituições* de Heineccius, suas *Antiguidades romanas* e parte de sua exposição das *Pandectas*,[1] aos quais se acrescentou uma parte considerável de Blackstone. Foi no começo desses estudos quando meu pai, como complemento necessário, pôs em minhas mãos as principais especulações de Bentham, tal como estas eram interpretadas para o continente e, de fato, para o mundo inteiro, por Dumont em seu *Traité de législation*. A leitura deste livro marcou uma época de minha vida e foi um ponto decisivo em minha história mental.

Em certo sentido, minha educação prévia já havia sido um curso de benthamismo. Aprendi sempre a aplicar o critério da "maior felicidade", de Bentham, e estava até mesmo familiarizado com uma discussão abstrata deste princípio, escrita por meu pai segundo o

---

1) Compilações das decisões dos antigos jurisconsultos romanos.

modelo platônico e que formava parte de um diálogo não publicado sobre o governo. Contudo, a leitura das primeiras páginas de Bentham me impressionou com toda a força da novidade. O que mais me chamou a atenção foi o capítulo[2] em que Bentham criticava os modos habituais de pensar as questões da moral e da legislação, em que figuram deduções a partir de expressões como "lei da natureza", "razão certa", "sentido moral", "retidão natural" e outras semelhantes, caracterizando-os como um dogmatismo disfarçado que tenta apenas impor determinados sentimentos aos demais, ocultando estes sob sonoras expressões que não fornecem a razão dos sentimentos mas transformam os sentimentos em razão de si próprios. Não havia me dado conta antes plenamente que o princípio de Bentham punha um fim a tudo isso. Tive a sensação de que todos os moralistas anteriores haviam sido superados e de que aí estava realmente o início de uma nova era do pensamento. Esta impressão foi fortalecida pela maneira com que Bentham aplicava de forma científica o princípio da felicidade à moralidade das ações, analisando as várias classes e seqüências que as conseqüências das ações apresentam. Mas o que mais me impressionou naquele tempo foi a sua Classificação dos Delitos, que é muito mais clara, concisa e imponente na *rédaction*[3] de Dumont do que na obra original de Bentham, da qual foi tomada. A lógica e a dialética de Platão, que ocuparam parte considerável de minha preparação anterior, haviam criado em mim o gosto pelas classificações precisas. Este gosto foi fortalecido e iluminado pelo estudo da Botânica, segundo os princípios do chamado método natural, assunto que acompanhei com muito interesse, embora somente como diversão, durante minha estadia na França. Quando descobri a aplicação da classificação científica ao vasto e complexo assunto dos atos suscetíveis de punição, guiada pelo princípio ético das conseqüências prazerosas e dolorosas,

---

2) Capítulo III da obra editada e traduzida para o francês por Dumont (1802). Na versão inglesa, *An introduction to the principles of morals and legislation*, capítulo II, nota à seção XIV.

3) Em francês no original: redação.

conforme o método de detalhe introduzido por Bentham nesses assuntos, me senti elevado a uma altura da qual podia contemplar um vasto domínio especulativo e ver se prolongar na distância resultados intelectuais insuspeitados. Conforme ia avançando, parecia que a esta clareza intelectual se acrescentava as mais sugestivas perspectivas de melhora prática nos assuntos humanos. É certo que eu não era alheio às visões gerais de Bentham acerca da construção de um corpo de leis, pois havia lido o admirável resumo de meu pai, o artigo intitulado "Jurisprudência",[4] mas esta leitura havia sido de pouco proveito e pouco me interessara, sem dúvida devido ao seu caráter extremamente geral e abstrato, e também porque se referia mais à forma do que à substância do *corpus juris*, mais à lógica do que à ética da lei. Mas o tema de Bentham era a Legislação, da qual a Jurisprudência constituía somente a parte formal, e a cada página parecia se abrir uma concepção mais clara e mais ampla a respeito do que deveriam ser as opiniões e as instituições humanas, de como estas podem chegar a ser o que deveriam ser e de como hoje estão distantes disto. Quando terminei o último volume do *Traité*, havia me tornado um ser diferente. O "princípio da utilidade", entendido como Bentham o entendia e aplicado da maneira como ele o havia aplicado ao longo desses três volumes, encaixava-se perfeitamente como a pedra angular que unia todos os elementos fragmentados de meus conhecimentos e crenças. Dava unidade às minhas concepções das coisas. Eu passava a ter assim opiniões, um credo, uma doutrina, uma filosofia e, em um dos melhores sentidos da palavra, uma religião cuja propagação e difusão podia constituir a principal finalidade de uma vida. Tinha diante de mim uma grande concepção das mudanças que poderiam ser efetuadas na condição da humanidade mediante aquela doutrina. O *Traité de législation* condensava o que era para mim a mais impressionante imagem do que seria a vida humana se esta fosse regida pelas opiniões e leis recomendadas no livro. Os prognósticos de melhoras práticas eram ponderados e moderados, e

---

4) No suplemento à *Encyclopaedia Britannica*, 1820.

eram reprovadas e menosprezadas como devaneios de vago entusiasmo muitas coisas que um dia parecerão tão naturais aos seres humanos que provavelmente se tratará injustamente aqueles que alguma vez as julgaram quiméricas. Mas, em meu estado de espírito, essa aparência de superioridade em relação às ilusões somava-se ao efeito que as doutrinas de Bentham haviam produzido em mim, aumentando ainda mais a impressão de seu poder intelectual. E as perspectivas de aperfeiçoamento que Bentham abria eram suficientemente amplas e brilhantes para iluminar a minha vida e dar uma forma definida às minhas aspirações.

Depois disso passei a ler esporadicamente as mais importantes das outras obras de Bentham que haviam visto a luz, seja segundo ele mesmo as escreveu, seja segundo as editou Dumont. Esta era a minha leitura privada, mas, sob a direção de meu pai, comecei a estudar os ramos superiores da psicologia analítica. Li o *Ensaio* de Locke e escrevi um comentário que consistia em um detalhado resumo de cada capítulo com as observações que me ocorriam. Meu pai leu este comentário ou, segundo creio, eu mesmo o li para ele, e o discutimos extensamente. Segui o mesmo procedimento com *De L'esprit* de Helvetius, obra que li por iniciativa própria. Esse preparo de resumos, submetidos à correção de meu pai, foi de grande valia para mim, pois me obrigava a ser preciso na concepção e expressão das doutrinas filosóficas, fossem estas aceitas como verdades ou apenas consideradas como opiniões de outros. Depois de Helvetius, meu pai me fez estudar o que ele considerava a obra mestra na filosofia da mente, as *Observações sobre o homem*, de Hartley. Este livro, embora não tenha dado, como o *Traité de législation* dera, um novo matiz à minha existência, causou-me uma impressão similar no que diz respeito ao tema imediato de que tratava. Apesar de incompleta em muitos pontos, a explicação que Hartley propunha para os mais complexos fenômenos mentais, servindo-se, para isso, da lei de associação, apresentava-se a mim como uma verdadeira análise e me fez perceber, por contraste, a insuficiência das generalizações meramente verbais de Condillac e até mesmo dos instrutivos tateios e intuições de Locke em suas explicações psicológicas. Foi nessa mesma época que meu pai começou a escrever sua *Análise da mente*, livro que levava a uma dimensão mais extensa e profunda o modo pelo qual Hartley havia explicado os fenômenos mentais. Ele só podia dedicar a esta obra a necessária concentração de pensamento durante as temporadas de ócio proporcionadas pelas férias anuais de um mês ou seis semanas. Começou no verão de 1822, quando desfrutava de suas primeiras férias em Dorking, lugar em que a partir de então, salvo dois anos, e sempre que seus deveres oficiais permitiam, viveu por seis meses cada ano. Trabalhou na *Análise* durante várias férias sucessivas até o ano de 1829, data em que a obra foi publicada; conforme ia avançando, pude ir lendo, pouco a pouco, todo o manuscrito. Os outros principais escritores ingleses de filosofia da mente que li, segundo ia eu sentindo inclinação para fazê-lo, foram sobretudo Berkeley, os *Ensaios* de Hume, Reid, Dugald Stewart e o *Causa e efeito*[5] de Brown. Não li as *Lições*[6] de Brown até dois ou três anos mais tarde, e tampouco meu pai as havia lido então.

Entre as obras lidas durante este mesmo ano de 1822 e que contribuíram de maneira significativa para minha formação devo mencionar um livro (escrito a partir de alguns manuscritos de Bentham e publicado sob o pseudônimo de Philip Beauchamp) intitulado[7] *Análise da influência da religião natural na felicidade temporal da humanidade*. Era um exame, não da verdade, mas da utilidade da crença religiosa, considerada esta em um sentido amplo e com independência das peculiaridades de tal ou qual revelação específica. De todas as partes que se referem ao tema da religião, é esta a mais importante em nosso tempo, pois se a verdadeira crença em qualquer doutrina religiosa é hoje débil e precária, aceita-se,

---

5) *Investigação sobre a relação de causa e efeito* (1818) [*Inquiry into the relation of cause and effect*], de Thomas Brown

6) *Lições sobre a filosofia da mente humana* (1820) [*Lectures on the philosophy of the human mind*], de Thomas Brown.

7) O autor foi George Grote.

entretanto, quase universalmente, sua necessidade para lograr propósitos de natureza moral e social. E aqueles que rejeitam a revelação se refugiam geralmente em um Deísmo otimista, em uma adoração da ordem natural e de uma suposta ordem providencial, atitude que, caso fosse compreendida em todas as suas implicações, seria tão plena de contradições e corruptora dos sentimentos morais quanto qualquer modalidade de Cristianismo. Entretanto, os céticos escreveram poucas obras, com pretensões filosóficas, contra a utilidade dessa forma de crença. O volume que levava o nome de Philip Beauchamp tratava especificamente desse assunto. O manuscrito da obra havia sido entregue a meu pai e ele o pôs em minhas mãos. Procedi da mesma forma como havia feito antes com os *Elementos de economia política*, lendo e efetuando uma análise marginal. Depois do *Traité de législation*, foi este um dos livros que, pelo caráter penetrante de sua análise, produziu em mim o maior efeito. Ao lê-lo uma segunda vez após um intervalo de muitos anos, descobri que tinha alguns dos defeitos e dos méritos que são próprios do modo de pensar benthamista. Segundo penso agora, a obra contém, é certo, muitos argumentos fracos, mas predominam os argumentos válidos e ela oferece ainda abundante material aproveitável para um tratamento filosófico mais completo e definitivo do tema.

Creio que mencionei todos os livros que tiveram um peso considerável nas origens de meu desenvolvimento mental. A partir de então passei a cultivar minha formação intelectual mais escrevendo do que lendo. No verão de 1822 escrevi meu primeiro ensaio polêmico. Recordo muito pouco dele, exceto que se tratava de um ataque ao que eu considerava um preconceito da aristocracia: pensar que os ricos eram, ou era mais provável que fossem, superiores aos pobres em qualidades morais. A execução era inteiramente argumentativa, sem as declamações que o assunto permitia e que seriam normalmente tentadoras para um jovem escritor. Mas sempre fui e continuo sendo inábil para adotar tons declamatórios. A seca argumentação era tudo o que eu conseguia manejar e me propunha a fazer, embora fosse, passivamente, muito sensível aos efeitos de toda composição, em prosa ou em verso, que evocava os sentimentos fundando-se em uma base de razão. Meu pai, que nada soube desse ensaio até seu término, ficou satisfeito com ele e, segundo me informaram outras pessoas, até mesmo gostou; mas talvez com o desejo de fomentar em mim outras faculdades do que as puramente lógicas, aconselhou que meu próximo exercício de composição fosse do tipo oratório. Seguindo esta sugestão, utilizei minha familiaridade com a história e o pensamento dos gregos e com os oradores atenienses para escrever dois discursos: um acusando e o outro defendendo Péricles da suposta repreensão por não ter lutado contra os lacedemônios quando estes invadiram a Ática. Depois segui escrevendo sobre assuntos que estavam muito além de minha capacidade, mas sempre me beneficiando com o próprio exercício e com as discussões que se seguiam com meu pai.

Nessa época havia começado também a conversar sobre assuntos gerais com os homens cultos que ia conhecendo; e, naturalmente, as oportunidades de estabelecer esses contatos se tornaram cada vez mais numerosas. Os dois amigos de meu pai que foram de maior proveito para mim e com os quais mais me relacionei foram Mr. Grote e Mr. John Austin. A relação de ambos com meu pai era recente, mas amadureceu rapidamente até se tornar por fim íntima. Mr. Grote havia sido apresentado a meu pai por Mr. Ricardo, creio que em 1819 (quando aquele tinha uns vinte e cinco anos) e, desde então, buscava assiduamente seu convívio e sua conversa. Embora já fosse um homem muito culto, era, comparado com meu pai, um principiante nos grandes temas do pensamento humano. Assimilou rapidamente as melhores idéias de meu pai e logo se tornou conhecido no mundo das idéias políticas ao publicar, em 1820, um panfleto em defesa da Reforma Radical, em resposta a um célebre artigo de Sir James Mackintosh que acabara de ser publicado na *Edinburgh Review*. O pai de Mr. Grote, o banqueiro, foi, segundo creio, um *Tory* do princípio ao fim e a mãe, profundamente evangélica. Suas idéias liberais, portanto, não se deviam a influências familiares. Mas, diferindo da maioria das pessoas que contam com uma rica herança, Grote, embora ativamente dedicado aos negócios bancários, consagrava grande parte de seu tempo aos estudos filosóficos, e sua intimidade com meu pai influiu muito no caráter posterior de seu desenvolvimento intelectual. Eu o visitava com freqüência e nossas conversas sobre assuntos políticos, morais e filosóficos me proporcionaram, além da valiosa e abundante instrução, todo o prazer e o benefício da simpática comunhão com um homem da alta eminência intelectual e moral que tanto sua vida como seus escritos revelaram depois ao mundo.

Mr. Austin, quatro ou cinco anos mais velho do que Mr. Grote, era o primogênito de um moleiro de Suffolk que enriquecera durante a guerra e que devia ser um homem de notáveis qualidades, segundo infiro do fato de que todos os seus filhos possuíam aptidões pouco comuns e eram perfeitos cavalheiros. O filho a quem agora me refiro e cujos escritos sobre jurisprudência o tornaram célebre, esteve por algum tempo no exército e serviu na Sicília sob o comando de Lord William Bentinck. Após a paz, vendeu seus direitos militares e se dedicou a estudar advocacia, profissão que passara a exercer algum tempo antes de conhecer meu pai. Ao contrário de Mr. Grote, não foi de modo algum um discípulo de meu pai, mas, mediante a leitura e a reflexão, alcançou um número considerável de opiniões semelhantes, modificadas por sua própria e forte personalidade. Era homem de grandes faculdades intelectuais, que se manifestavam, em toda a sua excelência, no curso de uma conversação, pelo vigor e riqueza expressiva com que, no calor de uma discussão, sustentava pontos de vista sobre os assuntos mais gerais, e pela impressão que dava de possuir uma vontade firme e, ao mesmo tempo, controlada e refletida. A isso se misturava uma certa amargura, derivada, em parte, de seu temperamento e, em parte, do tom geral de seus sentimentos e reflexões. A insatisfação com a vida e o mundo, que no estado presente da sociedade e da mentalidade é compartilhada, em maior ou menor grau, por todo espírito capaz de discernimento e elevação, produzia em seu caso uma certa melancolia de caráter, algo muito natural naqueles cuja sensibilidade moral excede as energias ativas. Pois deve ser dito que sua força de vontade, que os modos de Mr. Austin pareciam comprovar plenamente, se consumiam principalmente nesses modos mesmos. Com grande zelo pelo aperfeiçoamento da humanidade, forte senso do dever e capacidades e talentos cujo alcance estão demonstrados nos escritos que nos legou, ele quase não concluiu nenhuma tarefa intelectual de magnitude. Tinha critérios tão rigorosos acerca do que devia ser feito, um sentido tão exagerado das deficiências de suas realizações e era tão incapaz de dar-se por satisfeito com o que bastava para lograr o que a ocasião e o propósito exigiam, que não só prejudicava o desenvolvimento normal de grande parte de seu trabalho pelo afã de aperfeiçoá-lo, mas também perdia muito tempo e esforço em estudos e reflexões, de tal forma que, quando sua tarefa deveria estar já concluída, geralmente adoecia sem ter conseguido concluir nem a metade do que se havia proposto. Devido a esta indecisão intelectual — da qual Mr. Austin não é o único exemplo entre os homens preparados e capazes que eu conheci — combinada com indisposições freqüentes, ainda que não graves, em sua saúde, realizou pouco na vida em relação ao que parecia capaz de fazer. Mas o que realizou mereceu a mais alta estima por parte dos juízes competentes. E, como Coleridge, ele poderia alegar que sua conversa foi para muitos fonte, não só de instrução, mas de grande elevação de caráter. A influência que teve sobre mim foi muito saudável. Foi uma influência moral, no melhor sentido do termo. Teve por mim um amável e sincero interesse, muito maior do que normalmente um homem de sua idade, de sua posição e de sua aparente severidade de caráter dedicaria a um simples jovem. Havia em sua conversa e em sua conduta um tom de elevação moral que não se manisfestava, caso existisse de fato, nas outras pessoas com as quais eu me relacionava naquela época. Minha relação com ele foi tanto mais benéfica quanto Mr. Austin possuía um tipo mental diferente de todos os demais intelectuais que eu freqüentava: desde o início, ele atuou decididamente contra os preconceitos e a estreiteza de visão que quase seguramente se encontram em um jovem formado em um particular estilo de pensamento e em um círculo social específico.

Seu irmão menor, Charles Austin, a quem eu encontrava então muitas vezes e a quem segui vendo por mais um ou dois anos, produziu também grande efeito sobre mim, ainda que em um sentido muito distinto. Era só alguns anos mais velho do que eu e acabara de sair da universidade, onde havia se destacado como homem de inteligência e como orador e polemista brilhante. O efeito que produziu em seus contemporâneos de Cambridge merece ser considerado como um evento histórico, pois pode ser atribuído em parte a ele a tendência para o liberalismo em geral e para a forma benthamista e político-econômica que este assumiu, tendências que floresceram em um grupo de jovens intelectuais ativos, provenientes das classes sociais mais altas, desde essa época até 1830. A *Union Debating Society*, que naquele momento estava no ápice de sua reputação, era uma arena em que se expunham semanalmente as opiniões que eram então consideradas as mais extremas em matéria de política e de filosofia. A exposição era feita na presença daqueles que se opunham a essas idéias e diante de uma audiência composta pela elite da juventude de Cambridge. E embora muitas pessoas que depois alcançaram maior ou menor notoriedade — a mais célebre das quais viria a ser Lord Macaulay — conseguiram nesses debates os seus primeiros louros oratórios, o verdadeiro homem de influência entre aqueles gladiadores intelectuais foi Charles Austin. Após deixar a universidade, continuou sendo, por sua conversação e ascendência pessoal, um líder para o mesmo tipo de jovens que haviam sido ali seus companheiros, e eu fui incorporado, entre outros, ao seu grupo. Por seu intermédio, conheci Macaulay, Hyde e Charles Villiers, Strutt (hoje Lord Belper), Romilly (hoje Lord Romilly e *Master of the Rolls*[8]) além de vários outros que com o tempo se destacariam no campo da política ou das letras, e entre os quais ouvi debates sobre muitos temas que eram até certo ponto novos para mim. A influência que

---

8) Principal assistente do mais alto funcionário da justiça inglesa.

Charles Austin exerceu sobre mim diferia daquela produzida por outras pessoas que já mencionei, pois não era a influência de um homem sobre um garoto, mas a de um contemporâneo um pouco mais velho. Graças a ele me senti pela primeira vez como um homem entre homens, e não como um aluno entre mestres. Foi a primeira pessoa de inteligência com a qual me relacionei em um plano de igualdade, embora eu fosse, nesse terreno comum, muito inferior a ele. Era um homem que sempre impressionava profundamente as pessoas com as quais entrava em contato, ainda que não se compartilhasse de suas idéias. Dava a impressão de possuir uma força ilimitada e grande talento, coisas que, unidas à sua notória força de vontade e caráter, pareciam capazes de dominar o mundo. Aqueles que o conheciam, amigos ou não, sempre previam que ele desempenharia um papel importante na vida pública. Raras vezes os homens conseguem produzir, mediante a palavra, um efeito imediato tão grande como ele produzia, a menos que planejem cuidadosamente o que vão dizer, algo que ele fazia em grau nada comum. Gostava de surpreender e, até mesmo, de chocar. Sabia que a firmeza é o elemento mais importante na produção do efeito, e, assim, pronunciava suas opiniões com toda a resolução que podia, satisfeito sobremaneira quando assombrava alguém por sua audácia. Ao contrário de seu irmão, que havia declarado guerra contra as interpretações e aplicações simplistas dos princípios que ambos professavam, ele apresentava as doutrinas de Bentham nas formas mais alarmantes em que estas eram suscetíveis, exagerando todas aquelas coisas que podiam ser ofensivas para uma pessoa com sentimentos preconcebidos. E tudo era defendido com tal verve e vivacidade, e de maneira tão agradável e decidida, que quase sempre saía vencedor ou, pelo menos, repartia com seu oponente as honras da vitória. Creio que muitas das noções que popularmente se atribuem ao que pensam e sentem os chamados benthamistas ou utilitaristas tiveram sua origem nos paradoxos lançados por Charles Austin. Deve-se dizer, entretanto, que seu exemplo foi seguido, *haud passibus aequis*,[9] por jovens prosélitos, e que o afã de *outrer*[10] o que todas as pessoas consideravam ofensivo nas doutrinas e máximas do benthamismo chegou a ser, em certo momento, a marca distintiva de um pequeno círculo de jovens. Mas aqueles que, dentre esses jovens, possuíam algo dentro de si, como foi o meu caso e o de alguns outros, logo superaram essa vaidade juvenil; quanto aos outros, cansaram-se de discordar dos demais e acabaram por renunciar tanto à parte boa como à ruim das opiniões que haviam professado por algum tempo.

Foi no inverno de 1822-1823 que me ocorreu a idéia de formar uma pequena sociedade composta por jovens que estivessem de acordo em uma série de princípios fundamentais: reconhecer a Utilidade como o critério a ser adotado em questões éticas e políticas e aceitar um certo número dos principais corolários extraídos desse critério na filosofia que eu havia adotado. Nos reuniríamos quinzenalmente para ler ensaios e discutir questões segundo as premissas acordadas. Não valeria a pena mencionar isso se não fosse pela circunstância de que o nome que dei à sociedade que havia planejado foi o de *Sociedade Utilitarista*. Era a primeira vez que alguém adotava a denominação de "utilitário", e o termo abriu caminho no idioma a partir dessa humilde origem. Não inventei a palavra, mas a encontrei em uma das novelas de Galt, *Annals of the Parish*, na qual um clérigo escocês, de quem o livro era uma suposta autobiografia, advertia seus fiéis para que não abandonassem o Evangelho e para que não se convertessem em utilitários. Com a predileção dos jovens pelos epítetos e bandeiras, me apoderei da palavra em questão e, durante alguns anos, a atribui a mim mesmo e a outros como uma denominação sectária; também foi empregada ocasionalmente por outras pessoas que mantinham as mesmas opiniões que a palavra pretendia designar. Conforme essas opiniões foram sendo mais conhecidas, o termo passou a ser repetido por

---

9) "Com passos que não igualavam os seus" (*Eneida*, II, 724).
10) Em francês no original: exagerar.

estranhos e adversários, alcançando o uso comum precisamente no momento em que aqueles que o haviam adotado originalmente decidiram abandoná-lo junto com outras características sectárias. A *Sociedade* assim denominada, não contou no início com mais do que três membros, um dos quais, sendo o amanuense de Mr. Bentham, conseguiu autorização para que nos reuníssemos em sua casa. Creio que o número de associados nunca chegou a dez, e a sociedade se desfez em 1826, após três anos e meio de existência. Além de me proporcionar o benefício da prática da discussão oral, a *Sociedade* teve em mim um efeito ainda mais importante, o de colocar-me em contato com vários jovens, então menos preparados do que eu, que professavam as mesmas opiniões e para os quais fui, assim, durante algum tempo, uma espécie de líder, exercendo considerável influência no seu progresso intelectual. Procurava pôr a serviço da *Sociedade* todo jovem culto com quem me deparava e cujas opiniões não fossem incompatíveis com aquelas que a definiam. Houve provavelmente algumas pessoas a quem eu jamais haveria conhecido se não fosse a adesão delas à *Sociedade*. Entre os membros que chegaram a ser meus companheiros íntimos — nenhum dos quais poderia ser considerado meu discípulo, pois eram todos pensadores independentes — estavam William Eyton Tooke, filho do eminente economista político, homem de grande valor moral e intelectual, e cuja morte prematura perdeu-o para o mundo; seu amigo William Ellis, pensador original no campo da economia política, hoje respeitado e conhecido por seus esforços apostólicos pela melhora da educação; George Graham, que depois chegou a ser membro do Tribunal de Falências [*Bankruptcy Court*], pensador de originalidade e capacidade em quase todas as matérias mais abstratas; e John Arthur Roebuck, homem que, desde o momento em que veio para a Inglaterra pela primeira vez, em 1824 ou 1825, para estudar advocacia, causou no mundo mais impacto do que todos os mencionados anteriormente.

Em maio de 1823, minha ocupação e posição profissional para os trinta e cinco anos seguintes de minha vida foram decididos por meu pai ao obter para mim uma nomeação na Companhia das Índias Orientais [East India Company], no cargo de *Examiner of India Correspondence*, sob sua supervisão imediata.[11] Como era costume, fui contratado como empregado na escala mais baixa da hierarquia, para ascender, ao menos em princípio, por idade; mas consentiu-se que eu me encarregaria, desde o início, de redigir os esboços dos despachos, preparando-me assim para suceder aqueles que ocupavam então os cargos mais altos na Companhia. Naturalmente, meus esboços exigiram, durante algum tempo, muita revisão por parte de meus superiores, mas logo me familiarizei com o trabalho. Graças às instruções de meu pai e ao desenvolvimento geral de minhas habilidades, adquiri em poucos anos as qualidades necessárias para ser, como de fato fui, o principal diretor da correspondência com a Índia em um dos departamentos mais importantes, o dos Estados Indígenas [*Native States*].[12] Esta continuou sendo minha ocupação oficial até que fui nomeado *Examiner*, dois anos antes da extinção da Companhia das Índias Orientais como um organismo político, circunstância que determinou meu afastamento. Não conheço nenhuma outra ocupação que possa proporcionar os meios de subsistência e que, como esta que eu tive, permita àqueles que não desfrutam de independência econômica dedicar parte das vinte e quatro horas do dia a ocupações intelectuais pessoais. Escrever para publicar não é tarefa recomendável como fonte permanente de recursos para uma pessoa capacitada a realizar algo nos campos superiores da literatura ou do pensamento. Isto se deve não apenas à incerteza deste meio de vida, especialmente se o escritor é consciente e não aceita servir opiniões que não sejam as suas, mas também porque os escritos que garantem o sustento de um autor não são de valor permanente e nem são, tampouco, o resultado dos seus

---

11) Uma extensa análise da carreira de Mill na Companhia das Índias e da relação com o seu desenvolvimento intelectual pode ser encontrada em L. Zastoupil, *J.S. Mill and India*, Stanford, California, Stanford University Press, 1994.

12) Territórios independentes governados por chefes nativos mas sobre os quais a Inglaterra possuía jurisdição em relação a alguns assuntos.

melhores esforços. Os livros que estão destinados a formar futuros pensadores exigem muito tempo para ser escritos e, uma vez concluídos, demoram para alcançar a fama e a reputação que os tornariam um meio de subsistência para seus autores. Aqueles que precisam viver da pena estão obrigados a depender do maçante trabalho da escrita ou, no melhor dos casos, de obras dirigidas para a multidão. Assim, só podem se dedicar a escrever o que verdadeiramente querem durante o pouco tempo que lhes resta após cumpridas as tarefas necessárias ao sustento. Este tempo livre é geralmente mais escasso do que o proporcionado pelas ocupações de escritório, ocupações estas que, além disso, são menos enervantes e cansativas para o espírito do que as outras. No que diz respeito a mim, notei, ao longo de minha vida, que as tarefas de tipo burocrático eram um descanso para as outras ocupações mentais nas quais eu me exercitava simultaneamente. Tais tarefas eram suficientemente intelectuais para impedir a desagradável monotonia do trabalho rotineiro sem, ao mesmo tempo, extenuar as forças mentais de uma pessoa acostumada a pensar abstratamente ou com o cuidadoso trabalho de composição literária. Entretanto, não há modo de vida que não tenha seus inconvenientes, e tampouco deixei de senti-los no meu caso. Pouco me importei com a perda das oportunidades de conseguir riquezas e honras que algumas profissões proporcionam, especialmente a advocacia, profissão que, como já disse, havia sido pensada para mim. Mas não me foi indiferente ficar excluído do Parlamento e da vida pública, assim como me desagradou o inconveniente mais imediato do confinamento em Londres. As férias concedidas pela Companhia das Índias não passavam de um mês ao ano, algo que não se conciliava bem com meu gosto pela vida campestre e com o ardente desejo de viajar que a visita a França havia despertado em mim. Mas ainda que esses gostos não pudessem ser livremente satisfeitos, tampouco foram inteiramente sacrificados. A residência em Londres não me privou de passar muitos domingos do ano no campo, fazendo extensos passeios rurais. O mês de férias passei, durante alguns anos, na casa de meu pai, no campo, mas depois comecei a desfrutar desse período fazendo excursões, geralmente a pé, com um ou dois jovens que escolhia como acompanhantes. Mais tarde fiz longas viagens, sozinho ou com amigos. A França, a Bélgica e a região alemã do Reno eram os lugares aos quais se podia chegar facilmente durante as férias; e dois períodos mais longos de afastamento, um de três e o outro de seis meses, por conselho médico, permitiram que eu acrescentasse a Suíça, o Tirol e a Itália em meu roteiro de viagens. Felizmente, estas duas viagens ocorreram quando eu era ainda jovem, o que permitiu que sua grata e encantadora lembrança me acompanhasse durante grande parte de minha vida.

Concordo com aqueles que conjecturam que meu posto oficial me deu a oportunidade de aprender, mediante a observação pessoal, as condições necessárias para a direção prática dos negócios públicos, e que isso teve para mim, como reformador teórico das instituições e opiniões do meu tempo, um valor considerável. Não que tratar sobre o papel assuntos públicos que terão conseqüências no outro extremo do globo pudesse por si mesmo fornecer um grande conhecimento prático da vida. Mas essa função me acostumou a ver e ouvir as dificuldades que acompanham todo curso de ação e os meios de resolvê-las, meios que eram expostos e discutidos deliberadamente com vistas à sua execução; também me deu a oportunidade de perceber quando e por que as medidas públicas e outros fatos políticos não produziam os efeitos esperados; e, sobretudo, foi valiosa ao fazer de mim, nesse aspecto de minhas atividades, uma simples peça de uma máquina cujo conjunto precisava funcionar como uma unidade. Como escritor especulativo, não teria ninguém para consultar a não ser eu mesmo e não encontraria em minhas especulações os obstáculos que sempre se introduzem quando elas são aplicadas na prática. Mas na qualidade de Secretário encarregado de dirigir uma correspondência política, eu não podia ditar uma ordem ou expressar uma opinião sem esclarecer várias pessoas, muito distintas de mim, a respeito da conveniência da coisa a ser realizada. Estava, assim, em boa posição para encontrar na prática o modo de pôr um pensamento em mentes não preparadas habitualmente para assimilá-lo. Ao mesmo tempo, me familiarizei de uma maneira prática com as dificuldades que se apresentam quando tentamos mover massas de homens, com a necessidade de fazer concessões e com a arte de sacrificar o que não é essencial para preservar o essencial. Aprendi como obter o máximo possível quando não podemos obter tudo e, em vez de indignar-me ou desesperar-me quando as coisas não saíam inteiramente como eu queria, aprendi a me contentar e, inclusive, a me animar quando uma pequena parte resultava conforme os meus desejos; e quando não alcançava sequer isso, aprendi a suportar com absoluta calma a contrariedade. Ao longo da vida, descobri que essas aquisições são da maior importância para a felicidade pessoal e que constituem também uma condição necessária para capacitar um homem, seja este teórico ou prático, a realizar a maior quantidade de bem permitida pelas circunstâncias.

CAPÍTULO IV
PROPAGANDISMO DE JUVENTUDE.
A *WESTMINSTER REVIEW*

Embora o trabalho de escritório me ocupasse muito tempo, não descuidei de meus próprios projetos e dediquei a eles mais empenho do que nunca. Foi mais ou menos nessa época quando comecei a escrever para os periódicos. No final de 1822 publiquei os meus primeiros escritos, duas cartas no *Traveller*, um periódico vespertino. O *Traveller*, que após a compra e incorporação do *Globe* se tornou *Globe and Traveller*, era então propriedade do coronel Torrens, economista político muito conhecido. Sob a direção do competente Mr. Walter Coulson — que depois de haver sido amanuense de Mr. Bentham se tornou, sucessivamente, repórter, editor, advogado e tabelião, e morreu pertencendo ao *Counsel to the Home Office*[1] — o periódico chegou a ser o mais importante órgão de expressão da política liberal. O próprio coronel Torrens escrevia muito a respeito de economia política em seu periódico, e nessa época publicou um artigo atacando certas opiniões de Ricardo e de meu pai. Por instigação deste último escrevi uma resposta que Coulson, por deferência para com meu pai e boa vontade para comigo, publicou. Houve uma réplica de Torrens e eu voltei a responder. Logo depois tentei algo mais ambicioso. O processo contra Richard Carlile, sua esposa e sua irmã, por publicações hostis ao Cristianismo, havia

---

1) Departamento do Ministério para Assuntos Internos da Inglaterra.

despertado então grande interesse, sobretudo entre as pessoas que eu freqüentava. A liberdade de discussão em questões de política e, ainda mais, em matéria religiosa, não era então, nem sequer em teoria, algo tão tolerado quanto parece ser hoje; aqueles que mantinham opiniões odiadas tinham que estar sempre preparados para defender uma e outra vez a liberdade de expressá-las. Escrevi uma série de cinco cartas sob o pseudônimo de Wickliffe,[2] tratando em toda sua extensão do assunto referente à liberdade de publicar todas as opiniões em matéria de religião, e ofereci essas cartas ao *Morning Chronicle*. Três delas foram publicadas em janeiro e fevereiro de 1823, e as outras duas, que continham coisas muito atrevidas para aquele periódico, jamais apareceram. Mas um ensaio que escrevi pouco depois sobre o mesmo assunto, *à propos*[3] de um debate que ocorrera na Câmara dos Comuns, foi inserido como artigo de fundo. Durante todo esse ano de 1823, um considerável número de colaborações minhas foram publicadas no *Chronicle* e no *Traveller*. Algumas eram resenhas de livros, mas a maior parte cartas que comentavam alguma insensatez que havia sido dita no Parlamento, ou alguma deficiência da lei, ou erros cometidos pelos magistrados e pelos tribunais de justiça. O *Chronicle* prestava, nesse sentido, um notável serviço. Após a morte de Mr. Perry, a direção do periódico passou para Mr. John Black, veterano repórter da empresa, homem de muita leitura e informação, grande honradez e simplicidade de espírito. Era amigo particular de meu pai e estava imbuído das idéias deste e de Bentham, idéias que reproduzia em seus artigos — entre outros pensamentos de valor — com grande habilidade e facilidade de expressão. A partir de então o *Chronicle* deixou de ser apenas o órgão do partido *Whig* para se converter em grande parte, durante os dez anos seguintes, no veículo de expressão das opiniões dos utilitaristas radicais. Isto se deveu principalmente ao que o próprio Black escrevia, com alguma ajuda de Fonblanque, que revelava assim

---

2) Inspirado no reformador religioso do século XIV, John Wycliffe.
3) Em francês no original: a propósito.

pela primeira vez suas eminentes qualidades de escritor nos artigos e *jeux d'esprit*[4] para o *Chronicle*. As deficiências da lei e da administração da justiça eram os assuntos em que o periódico prestava melhor serviço, visando sempre a renovação. Até então, pouco havia sido dito, exceto por Bentham e meu pai, contra a mais deficiente das instituições inglesas e sua administração. Era um credo quase universal do povo inglês considerar que a lei da Inglaterra, o judiciário da Inglaterra e a magistratura não remunerada da Inglaterra eram modelos de excelência. Não exagero ao dizer que depois de Bentham, pois foi este que porporcionou os principais elementos, a maior parte do mérito de romper com essa infeliz superstição pertenceu a Black, como diretor do *Morning Chronicle*. Ele a atacou constantemente, expondo os absurdos e vícios da lei e dos tribunais de justiça, remunerados ou não remunerados, até conseguir fazer com que as pessoas entendessem algo do que estava se passando. Em muitas outras questões o periódico se tornou o órgão de expressão de opiniões muito mais avançadas do que as defendidas até então na imprensa diária. Black fazia freqüentes visitas a meu pai, e Mr. Grote costumava dizer que, lendo o seu artigo na segunda-feira de manhã, sabia se Black estivera ou não com meu pai no domingo. Black foi um dos canais mais importantes através dos quais as conversas e a influência pessoal de meu pai chegaram ao mundo, cooperando assim com seus escritos para que meu pai adquirisse no país uma autoridade que raras vezes foi desfrutada por homens que não ocupam posto público e que contam apenas com a força de seu intelecto e de seu caráter, uma autoridade que alcançava maior eficiência quando era menos notada e esperada. Já mencionei o muito que, devido ao estímulo e à persuasão de meu pai, realizaram homens como Ricardo, Hume e Grote. Também foi o inspirador de Brougham na maior parte das coisas que este fez pelo país em matéria de educação, reforma legal e em outros domínios. Sua influência circulou ainda por canais menores e numerosos demais para serem

---

4) Em francês no original: composições engenhosas.

especificados. Ela estava agora a ponto de ganhar uma nova e grande extensão com a fundação da *Westminster Review*.

Ao contrário do que se pode supor, meu pai não participou da fundação da *Westminster Review*. A necessidade de um órgão Radical que fizesse frente às revistas *Edinburgh* e *Quarterly* (que estavam então no auge de sua reputação e influência) havia sido, muitos anos atrás, tema de conversa entre ele e Mr. Bentham, e um dos *château en Espagne*[5] que compartilhavam era que meu pai assumisse a direção da revista. A idéia, porém, nunca ganhava forma prática. Mas em 1823, Mr. Bentham decidiu financiar a publicação com dinheiro próprio e ofereceu a meu pai o cargo de diretor, posto que ele não pode aceitar por ser incompatível com seu emprego na *India House*.[6] A direção foi confiada assim a Mr. Bowring (hoje Sir John Bowring), então comerciante em Londres. Durante os dois ou três anos precedentes, Mr. Bowring havia visitado com freqüência a Mr. Bentham, a quem havia sido recomendado por suas muitas e excelentes qualidades pessoais, por sua intensa admiração por Bentham, por sua zelosa adesão a muitas, embora não todas, das idéias deste e, sobretudo, por estar muito bem relacionado com os liberais de outros países. Esta última circunstância parecia qualificá-lo para ser um poderoso agente de difusão das doutrinas e da fama de Bentham em todo o mundo. Meu pai havia visto a Bowring poucas vezes, mas sabia o bastante a respeito dele para se convencer de que não era o tipo de homem que se ajustava ao que, segundo meu pai, devia ser um diretor de uma revista político-filosófica; e seus presságios acerca do futuro da empresa eram tão ruins que lamentou-a profundamente, persuadido de que não apenas Mr. Bentham perderia o seu dinheiro como o descrédito cairia sobre os princípios radicais. Não podia, entretanto, abandonar Bentham, e aceitou assim escrever um artigo para o primeiro número. Como, segundo havia sido planejado anteriormente, parte do trabalho

---

5) Em francês no original: fantasias, sonhos.
6) *India House*. Sede em Londres da Companhia das Índias Orientais.

deveria ser dedicado a resenhar outras revistas, o artigo de meu pai seria uma crítica geral da *Edinburgh Review* desde o seu começo. Antes de escrevê-lo, meu pai me fez ler todos os volumes da revista, ou pelo menos aquelas partes que pudessem ter alguma importância (tarefa que em 1823 não era tão árdua quanto seria hoje), e tomar notas dos artigos que, segundo o meu critério, ele gostaria de examinar, tanto por suas boas como por suas más qualidades. O artigo de meu pai foi a principal causa da sensação que a *Westminster Review* provocou com seu número inaugural, e foi também, tanto por sua concepção como por sua execução, um dos seus escritos mais notáveis. Ele começava com uma análise das tendências da literatura periodística em geral, assinalando que, contrariamente ao que acontece com os livros, ela não pode aguardar o êxito a longo prazo, mas deve lográ-lo imediatamente ou resignar-se a não lográ-lo jamais. Assim, era quase inevitável que essa literatura professasse e propagasse opiniões já aceitas pelo público a quem se dirigia, em vez de tentar retificá-las ou aperfeiçoá-las. Em seguida, com o propósito de caracterizar a *Edinburgh Review* como um órgão político, entrava em uma análise detalhada da Constituição Britânica, feita do ponto de vista Radical. Assinalava o seu caráter marcadamente aristocrático: a designação da maioria dos membros da Câmara dos Comuns por umas poucas centenas de famílias; a identificação dos membros mais independentes da Câmara, os representantes dos condados, com os grandes proprietários de terras; as diferentes classes que essa restrita oligarquia era obrigada, por conveniência, a admitir na participação do poder; e, finalmente, o que ele chamava de os dois pilares de todo o sistema: a Igreja e o Poder Judiciário. Ele apontava que a tendência natural de um corpo aristocrático de semelhantes características era a de agrupar-se em dois partidos, um deles controlando o poder executivo e o outro tentando suplantar o primeiro e se tornar dominante com a ajuda da opinião pública, mas sem sacrificar no essencial o predomínio aristocrático. Descrevia o campo político que seria ocupado e o curso de ação que provavelmente seria adotado por um partido aristocrático na oposição, flertando com os princípios populares para obter o apoio do povo. Mostrava então como essa idéia se realizava na conduta do partido *Whig* e no da *Edinburgh Review,* seu mais importante órgão de expressão. Descrevia, como principal característica desta última, o que ele chamava de "gangorra": escrever alternativamente sobre os dois lados de toda questão que afetasse o poder ou o interesse das classes governantes, às vezes em artigos diferentes, às vezes em diferentes partes do mesmo artigo. Meu pai ilustrava sua posição com numerosos exemplos. Jamais havia sido feito um ataque tão formidável contra o partido *Whig* e contra sua política, e nem tampouco se havia dado maior impulso em favor do radicalismo nesse país. Não creio que, com exceção de meu pai, alguém pudesse ser capaz de escrever semelhante artigo[7].

Enquanto isso, a nascente revista unia-se com outro projeto: o de um periódico estritamente literário, a ser dirigido por Mr. Henry Southern, que mais tarde se tornaria diplomata mas que era então um literato profissional. Os dois editores concordaram em unir suas publicações e dividir a direção: Bowring se encarregaria da parte política e Southern da literária. A revista de Southern ia ser publicada pela Longman. Esta editora, apesar de ser proprietária de uma parte da *Edinburgh*, estava disposta a publicar o novo periódico. Mas quando todos os arranjos estavam feitos e os anúncios postos em circulação, os Longman viram o ataque de meu pai a *Edinburgh* e recuaram. Pediu-se então a meu pai que solicitasse a participação de seu próprio editor, Baldwin, coisa que foi levada a cabo com êxito. Assim, em abril de 1824, sem nada mais além da esperança por parte de meu pai e da maioria daqueles que depois ajudaram a levar a revista adiante, apareceu o primeiro número.

---

7) A continuação deste artigo no segundo número da revista foi escrito por mim sob a supervisão de meu pai, e é peça de pouco ou nenhum valor — salvo como prática de composição, aspecto em que me foi mais útil do que qualquer outra coisa que eu havia escrito até então (nota de Mill).

Este primeiro número foi uma agradável surpresa para a maior parte de nós. A qualidade média dos artigos era muito melhor do que se havia esperado. A parte literária e artística havia ficado a cargo de Mr. Bingham, advogado (depois comissário de polícia), freqüentador da casa de Bentham durante alguns anos, amigo dos Austin e adepto entusiasta das idéias filosóficas de Bentham. Em parte por acidente, houve no primeiro número nada menos do que cinco artigos de Bingham, e ficamos muito satisfeitos com eles. Recordo bem a mescla de sentimentos que tive em relação à revista: a alegria de descobrir, contrariamente ao que esperávamos, que era boa o bastante para se tornar um respeitável órgão de expressão para aqueles que sustentavam as opiniões que o periódico professava, e extremo desgosto pelo que pensávamos ser suas falhas, já que, no conjunto, era tão boa. Porém, quando, além de nossa opinião geralmente favorável, soubemos que ela teve uma venda enorme para um primeiro número e nos demos conta de que a aparição de uma revista Radical, com pretensões similares às dos órgãos consagrados dos partidos, havia chamado tanta atenção, nossas hesitações se desvaneceram e nos empenhamos em fazer o possível para fortalecê-la e aperfeiçoá-la.

Meu pai continuou a escrever artigos eventuais. A *Quarterly Review* também foi analisada, uma continuação do trabalho sobre a *Edinburgh*. Das suas outras contribuições, as mais importantes foram um ataque contra o *Livro da Igreja* [*Book of the Church*], de Southey, no número cinco da revista, e um artigo político no número doze. Mr. Austin colaborou com apenas um trabalho, mas de grande mérito: uma argumentação contra a primogenitura, réplica a um artigo de McCulloch publicado na *Edinburgh Review*. Grote também colaborou só uma vez, pois todo o tempo livre de que dispunha era dedicado a sua *História da Grécia*. O artigo que escreveu foi sobre seu tema predileto e continha uma exposição completa e crítica de Mitford. Bingham e Charles Austin continuaram a escrever por algum tempo e Fonblanque foi um colaborador assíduo a partir do terceiro número. Dos meus associados particulares, Ellis escreveu com regularidade até o número nove e, quando deixou de fazê-lo, outros do grupo iniciaram suas contribuições: Eyton Tooke, Graham e Roebuck. Eu fui o colaborador mais assíduo de todos e cheguei a escrever treze artigos, desde o número dois até o dezoito: resenhas de livros de história e economia política ou discussões sobre temas políticos específicos, como as leis do trigo, as leis da caça e a lei da difamação. Artigos ocasionais de valor vieram de outras amizades de meu pai e, com o tempo, de amizades minhas também. Alguns dos escritores indicados por Mr. Bowring resultaram bons. No conjunto, entretanto, a gestão da revista nunca foi inteiramente satisfatória para nenhuma das pessoas fortemente interessadas em seus princípios e com as quais cheguei a ter contato. Era raro um número que não contivesse várias coisas extremamente repulsivas para nós, seja pela opinião expressada, seja pelo estilo ou, simplesmente, pela falta de habilidade. Os juízos desfavoráveis emitidos por meu pai, Grote, os Austin e outros, ecoavam exageradamente em nós, os mais jovens, e como nosso zelo juvenil não se continha na hora de formular queixas, tornávamos impossível a vida dos dois editores. Pelo que conheço do que eu era então, não tenho dúvida de que nos equivocávamos tanto quanto acertávamos, e estou seguro de que se a revista houvesse sido conduzida de acordo com nossas noções (refiro-me às noções dos mais jovens), ela não teria sido melhor nem, talvez, tão boa como de fato foi. Mas vale assinalar, como dado para a história do benthamismo, que o periódico pelo qual este melhor se deu a conhecer foi desde o início muito insatisfatório para todos aqueles cujas opiniões sobre os diversos assuntos se supunha que o periódico representava especialmente.

Contudo a revista teve um impacto considerável no mundo, dando ao tipo benthamista de radicalismo um *status* reconhecido no campo da opinião e da discussão, *status* totalmente desproporcional em relação ao número de seus adeptos e aos méritos e aptidões pessoais da maioria daqueles que podiam ser considerados como tais. Como é sabido, foi aquele um tempo de rápido crescimento do liberalismo. Quando os temores e animosidades que acompanharam a guerra com a França desapareceram e as pessoas puderam ocupar-se novamente com a política interior, as tendências se inclinaram para o lado da reforma. A renovada opressão exercida no continente pelas velhas famílias reinantes, o aparente apoio que o governo inglês deu para a conspiração contra a liberdade, chamada de Santa Aliança, e o enorme peso da dívida nacional e dos impostos ocasionados pela prolongada e dispendiosa guerra, tornaram o governo e o parlamento muito impopulares. O radicalismo, sob a liderança dos Burdetts e dos Cobbets, havia adquirido um caráter e uma importância que alarmou seriamente a administração; e quando os célebres *Six Acts* acalmaram temporariamente este alarme, o processo da rainha Caroline despertou um sentimento de ódio ainda mais extenso e profundo.[8] Embora os sinais exteriores desse ódio tenham desaparecido junto com a causa que o suscitara, surgiu em todas as partes um espírito, nunca manifestado até então, de oposição contra qualquer abuso específico. O perseverante escrutínio dos gastos públicos feito por Mr. Hume, obrigando a Câmara dos Comuns a discutir separadamente cada item questionável das estimativas de gasto, ganhou força na opinião pública e conseguiu arrancar, de uma administração relutante, pequenas reduções de despesas. A economia política havia penetrado vigorosamente nos assuntos públicos, como conseqüência da petição dos comerciantes de Londres em favor do livre comércio, formulada em 1820 por Mr. Tooke e apresentada por Mr. Alexander Baring, e também como conseqüência da nobre atuação de Ricardo durante seus poucos anos de vida parlamentar. Os escritos deste último, seguindo o impulso

---

8) Os *Six Acts* foram aprovados em 1819, após o chamado "Massacre de Peterloo". Uma manifestação pacífica por reformas da lei agrária, que reunira cerca de 60.000 pessoas nas proximidades de Manchester, fora violentamente reprimida por ordem dos magistrados da cidade. Os *Six Acts* eram medidas para evitar e punir atos de sedição.

Caroline de Brunswick (1768-1821) foi esposa de George IV da Inglaterra. O casal se separou em 1796, quando Caroline foi obrigada a deixar o país após ser acusada de adultério. Quando George IV ocupou o trono em 1820, Caroline retornou exigindo os seus direitos de rainha, mas o Parlamento iniciou o processo de divórcio, baseando-se em novas acusações de adultério. O povo esteve do lado de Caroline.

dado pela controvérsia Bullion e seguidos, por sua vez, pelas exposições e comentários de meu pai e McCulloch — cujos escritos na *Edinburgh Review* durante aqueles anos foram de grande valor — haviam atraído a atenção geral sobre o assunto, conseguindo aliados, ainda que parciais, entre os próprios membros do gabinete. E Huskisson, apoiado por Canning, havia iniciado a gradual demolição do sistema protecionista, demolição que foi virtualmente concluída por um dos seus colegas em 1846, embora os últimos vestígios só tenham sido removidos em 1860, por Mr. Gladstone. Mr. Peel, então *Home Secretary*,[9] estava entrando cautelosamente nos novos e peculiares caminhos da reforma legal benthamista. Neste período, quando o liberalismo parecia se tornar o tom dominante da época, quando o aperfeiçoamento das instituições era apregoado nas mais altas esferas e uma mudança completa da constituição do Parlamento era reclamada aos brados pelas classes mais baixas, não é estranho que chamasse a atenção o aparecimento, na controvérsia, do que parecia ser uma nova escola de pensadores, que se consideravam a si mesmos legisladores e teóricos dessa nova tendência. O ar de forte convicção com que escreviam, quando quase ninguém dava a impressão de possuir uma fé igual em nenhum outro credo determinado; a ousadia que revelavam na luta contra os dois partidos políticos existentes; sua incondicional profissão de oposição a muitas das opiniões geralmente aceitas e a suspeita geral de que tinham idéias ainda mais heterodoxas por baixo daquelas que declaravam; o talento e a eloqüência, pelo menos dos artigos de meu pai, e a aparição de um corpo que o seguia e era capaz de levar adiante uma revista; e, finalmente, o fato de que a revista foi comprada e lida, fez com que a chamada escola de Bentham, em economia e política, ocupasse na opinião pública um lugar muito maior do que o ocupado até então ou do que o que veio a ser ocupado por outras escolas de pensamento, igualmente importantes, nascidas na Inglaterra. Por eu estar no grupo principal, sabia de quais

---

9) Ministro para os Assuntos Internos.

elementos se compunha essa escola e sendo um dos mais ativos de seus poucos componentes, posso dizer, sem presunção indevida, *quorum pars magna fui*,[10] e cabe a mim, mais do que a outros, dar algum relato dessa escola.

Esta suposta escola não tinha outra existência do que aquela conferida pelo fato de que os escritos e conversas de meu pai haviam reunido em torno dele um certo número de jovens que já haviam assimilado, ou que dele começavam a assimilar, uma parte maior ou menor de suas bem definidas opiniões políticas e filosóficas. A idéia de que Bentham estava cercado por um grupo de discípulos que recebiam de seus lábios os seus ensinos é uma fábula a qual meu pai fez a devida justiça em seu *Fragmento sobre Mackintosh* e que, para todos os que conheciam os hábitos de vida e o tipo de conversa de Mr. Bentham, é simplesmente ridícula. Bentham exerceu sua influência mediante seus escritos. Por meio deles produziu e continua produzindo efeitos na condição da humanidade que, sem dúvida, são mais extensos e profundos do que os que podem ser atribuídos a meu pai. Na história, seu nome é muito maior. Mas meu pai exerceu uma ascendência pessoal consideravelmente mais vasta. Ele era solicitado por sua conversa vigorosa e instrutiva, que utilizava como instrumento para difundir suas idéias. Jamais conheci outro homem que pudesse expressar tão bem os seus melhores pensamentos em uma conversa informal. Seu perfeito domínio sobre seus enormes recursos mentais, a concisão e expressividade de sua linguagem, a firmeza moral e intelectual de seu modo de falar, faziam dele um dos polemistas mais notáveis. Sabia muitas anedotas, ria com prazer e, quando estava com pessoas de que gostava, era uma companhia animada e divertida. Estas características não se manifestavam única ou principalmente quando meu pai difundia suas convicções meramente intelectuais, mas ainda mais mediante a influência de uma qualidade cuja extrema raridade aprendi, desde então, a estimar: aquele exaltado espírito cívico e o respeito, acima de qualquer outra

---

10) "Fui um elemento importante entre eles" (*Eneida*, II, 6).

coisa, pelo bem da comunidade, espírito e respeito que davam vida e punham em ação os germes de virtudes similares existentes no espírito daqueles com quem entrava em contato; o desejo que neles suscitava de merecer sua aprovação e a vergonha de merecer sua censura; o apoio moral que sua conversa e sua própria existência davam àqueles que almejavam os mesmos objetivos e o alento que proporcionava aos desanimados e desesperados, graças à firme confiança que possuía nos poderes da razão — embora não fosse otimista quanto aos resultados que podiam ser esperados em cada caso particular —, no progresso dos aperfeiçoamentos e no bem que os indivíduos podiam fazer por meio de um esforço ponderado.

Foram as opiniões de meu pai que deram um caráter distintivo ao propagandismo utilitarista ou benthamista daquele tempo. Brotavam dele uma por uma, dispersando-se em muitas direções, mas fluíam em uma corrente contínua que se canalizou em três vias principais. Uma era eu mesmo, a única mente formada diretamente por seus ensinamentos, via mediante a qual exerceu considerável influência em vários jovens que, por sua vez, se tornaram propagandistas. A segunda era formada por alguns contemporâneos de Charles Austin, em Cambridge , os quais, iniciados pelo próprio Austin ou pelo impulso espiritual geral dado por este, haviam adotado muitas opiniões aparentadas com as de meu pai. Alguns dos mais destacados entre estes buscaram depois a amizade de meu pai e freqüentaram sua casa, como por exemplo Strutt — que viria a ser Lord Belper — e o atual Lord Romilly, cujo eminente pai, Sir Samuel, havia tido amizade com o meu há muito tempo. A terceira era constituída por uma geração mais jovem de estudantes de Cambridge, contemporâneos, não de Austin, mas de Eyton Tooke, atraídos para este estimável homem pela afinidade de opiniões e por ele apresentados a meu pai. O mais notável deste grupo era Charles Buller. Houve várias outras pessoas que receberam individualmente e transmitiram depois parte considerável da influência de meu pai, como Black — antes mencionado — e Fonblanque, embora muitos desses considerávamos apenas aliados parciais; Fonblanque, por exemplo, sempre divergia de nós em muitos pontos essenciais. É certo, entretanto, que nunca houve total unanimidade em nenhum de nossos grupos, nem tampouco havíamos adotado implicitamente todas as opiniões de meu pai. Por exemplo, embora seu *Ensaio sobre o governo*[11] fosse provavelmente estimado por todos como uma obra-prima do conhecimento político, nossa adesão não se estendia ao parágrafo em que ele sustentava que as mulheres poderiam ser excluídas do sufrágio, sem prejuízo para o bom governo, porque o interesse destas coincidiriam com o dos homens. Eu e todos aqueles que eu havia escolhido como associados discordávamos frontalmente desta doutrina. Mas cabe dizer que meu pai assegurou que não havia tentado sustentar que as mulheres *deveriam* ser excluídas, nem tampouco os homens com menos de quarenta anos, em relação aos quais mantinha, no parágrafo seguinte, uma tese exatamente similar. Ele não estava discutindo, como ele mesmo disse sinceramente, se seria melhor restringir o sufrágio, mas apenas, supondo que precisasse ser assim, qual seria o limite máximo da restrição para que esta não implicasse sacrifício algum das garantias do bom governo. Mas eu pensei na ocasião, e segui pensando o mesmo desde então, que tanto a opinião que ele aceitava como a que recusava constituíam um erro tão grave quanto aquelas contra as quais o *Ensaio* era dirigido: que os interesses das mulheres estão incluídos nos dos homens na mesma medida e não mais do que os interesses dos súditos estão incluídos nos dos reis; e que a mesma razão que existe para conceder o sufrágio a todo o mundo exige que a mulher não seja privada dele. A mesma opinião geral era compartilhada pelos prosélitos mais jovens, e me agrada poder dizer que Mr. Bentham estava, nesta importante questão, inteiramente do nosso lado.

Mas embora nenhum de nós, provavelmente, estivesse em total acordo com meu pai, suas opiniões, como já disse antes, constituíram o principal elemento que deu cor e caráter ao pequeno grupo de jovens que formaram os primeiros propagadores do que depois se

---

11) No suplemento da *Encyclopaedia Britannica* de 1820.

chamou o "radicalismo filosófico". Seu modo de pensar não era caracterizado pelo Benthamismo em nenhum sentido que tenha relação com Bentham como chefe ou guia, mas sim por uma combinação dos pontos de vista de Bentham com os da moderna economia política e com os da metafísica de Hartley. O princípio da população de Malthus era uma bandeira e um laço de união entre nós na mesma medida em que o era qualquer outra opinião sustentada especialmente por Bentham. Esta grande doutrina, originalmente proposta como um argumento contra a perfectibilidade indefinida das coisas humanas, foi adotada por nós com ardente zelo, mas em um sentido contrário, isto é, como indicação de que os únicos meios de realizar aquele aperfeiçoamento consistiam em assegurar pleno emprego com altos salários a toda a população trabalhadora, mediante uma restrição voluntária do aumento de seu número. As outras características principais do credo que sustentávamos em comum com meu pai podem ser formuladas da seguinte maneira:

Em política, uma confiança quase ilimitada na eficácia de duas coisas: o governo representativo e a absoluta liberdade de expressão. Era tão grande a confiança que meu pai depositava na influência da razão sobre a mente dos homens, sempre que esta influência pudesse alcançá-los, que parecia a ele que tudo estaria ganho se a população inteira aprendesse a ler, se todos tivessem acesso, pela palavra ou pela escrita, a toda classe de opiniões, e se os homens pudessem, mediante o sufrágio, eleger um corpo legislativo que pusesse em prática as opiniões por eles adotadas. Ele acreditava que quando a legislatura não mais representasse o interesse de uma classe ela trabalharia, com honestidade e com um conhecimento adequado, pelo interesse geral, já que o povo, orientado-se por uma inteligência educada, estaria capacitado para escolher com acerto as pessoas que o representariam e, feito isso, poderia deixar então que essas pessoas tomassem decisões livres segundo seu próprio discernimento. De acordo com isto, o regime aristocrático, o governo dos poucos em qualquer uma de suas formas, era alvo da sua mais enérgica reprovação, já que era a seus olhos a única coisa que impedia a humanidade de administrar seus assuntos aplicando a melhor competência que nela existir. O sufrágio democrático era assim o principal artigo de seu credo político, e não estava baseado na liberdade, nos direitos do homem nem em nenhuma das frases mais ou menos significativas pelas quais a democracia havia sido defendida até então, mas nas mais essenciais "garantias do bom governo". Também nisto meu pai aderia apenas ao que ele considerava essencial, sendo-lhe comparativamente indiferente que a forma de governo fosse monárquica ou republicana, algo que não era exatamente a posição de Bentham, para quem um rei, dado seu caráter de "corruptor geral",[12] era necessariamente pernicioso. Depois da aristocracia, abominava a Igreja estabelecida, ou corporação de sacerdotes, pois estes, por sua posição, eram os grandes corruptores da religião e estavam interessados em se opor ao progresso do espírito humano. Mas não desprezava nenhum clérigo que não o merecesse, e mantinha uma sincera amizade com vários. Em ética, seus sentimentos morais eram enérgicos e rígidos em todos os pontos que considerava importantes para o bem-estar da humanidade, e era indiferente — embora não mostrasse essa indiferença em sua conduta pessoal — a todas as doutrinas da moralidade comum que, segundo ele, não tinham outro fundamento do que o ascetismo e o interesse sacerdotal. Ele aspirava, por exemplo, um aumento considerável da liberdade nas relações entre os sexos, embora não pretendesse definir com exatidão quais seriam, ou quais deveriam ser, as condições dessa liberdade. Esta opinião não estava nele vinculada a nenhum tipo de sensualidade, seja teórica ou prática. Previa, pelo contrário, que um dos efeitos benéficos da crescente liberdade seria fazer com que a imaginação não se detesse tanto na relação física e seus acidentes, e não convertesse esse assunto em um dos principais objetivos da vida. Isto era uma perversão da imaginação e dos sentimentos que ele considerava como um dos

---

12) Caracterização que aparece na obra de Bentham, *Plano de reforma parlamentar* (1817).

males mais profundamente arraigados e difundidos no espírito humano. Em psicologia, sua doutrina fundamental era a formação do caráter pelas circunstâncias, segundo o princípio universal da associação, e, como corolário, a ilimitada possibilidade de aperfeiçoar, mediante a educação, a condição moral e intelectual da humanidade. Nenhuma de suas doutrinas foi tão importante como esta, e não há outra sobre a qual devemos insistir mais. Infelizmente, não há nenhuma outra que seja mais contrária às tendências especulativas dominantes, tanto em seu tempo como depois.

Todas essas opiniões foram apropriadas com juvenil fanatismo pelo pequeno grupo de jovens do qual eu fazia parte; e pusemos nelas um espírito sectário do qual meu pai, ao menos em intenção, sempre esteve livre. Nós, ou talvez o fantasma que haviam posto em nosso lugar, éramos chamados às vezes, com ridículo exagero, de "escola", algo que alguns dos nossos realmente haviam aspirado a ser por algum tempo. Os *philosophes* franceses do século XVIII eram o exemplo que tentávamos imitar, e esperávamos obter resultados não menos importantes. Nenhum membro do grupo levou esta ambição infantil até os extremos em que eu a levei, algo que poderia ser mostrado por muitos exemplos, não fosse isso uma inútil perda de tempo e de espaço.

Tudo isso, entretanto, é apenas a parte externa de nossa existência, ou, pelo menos, unicamente a parte intelectual, e não mais do que um dos seus aspectos. Ao tentar penetrar na parte interna e dar alguma indicação do que éramos como seres humanos, deve-se entender que falo somente de mim mesmo, pois só de mim posso falar com suficiente conhecimento de causa; e não creio que o quadro que apresentarei se ajuste aos meus companheiros sem sofrer numerosas e significativas modificações.

Penso que a descrição dada usualmente de um benthamista como uma mera máquina de raciocinar, embora claramente inaplicável à maioria daqueles designados com este nome, não era completamente inadequada no que diz respeito a mim, durante dois ou três anos de minha vida. Talvez fosse aplicável a mim como poderia sê-lo a qualquer um que acabasse de se iniciar na vida e para quem todos os objetos de desejo possuem, quando menos, a atração da novidade. Não há nada de extraordinário neste fato: não se pode esperar que nenhum jovem da idade que eu então tinha seja mais do que uma coisa, e foi isso o que aconteceu comigo. Sobravam-me ambição e desejo de distinção, e o entusiasmo pelo que eu considerava ser o bem da humanidade era meu sentimento mais forte, que se misturava e dava cor a todos os demais. Mas, naquele período de minha vida, este entusiasmo não era mais do que um ardor pelas opiniões especulativas. Não tinha suas raízes em uma genuína benevolência ou simpatia para com o gênero humano, embora estas qualidades encontrassem seu devido lugar em meu critério moral. Tampouco estava vinculado a um elevado anseio de nobreza ideal, ainda que, no plano da imaginação, eu fosse muito suscetível de abrigar tal sentimento. Mas faltava então a este sentimento seu alimento natural, a cultura poética, e havia uma superabundância da disciplina oposta, a lógica e a análise. Acrescente-se a isto que, como já mencionei, os ensinamentos de meu pai tendiam a subestimar o sentimento. Não que meu pai fosse frio de coração ou insensível, pois creio que possuía as qualidades opostas. Mas pensava que o sentimento podia cuidar de si mesmo e que se a ação fosse realizada com prudência haveria nela sentimento suficiente. Injuriado pela freqüência com que nas controvérsias éticas e filosóficas se fazia do sentimento a razão última e a justificação da conduta, em vez de se exigir do sentimento uma justificação, e desgostoso com a prática costumeira de se invocar as exigências do sentimento para a defesa de ações que afetam negativamente a felicidade humana, assim como com a tendência de se atribuir mérito ao caráter de pessoas sentimentais, quando o mérito só deveria, segundo ele, ser atribuído às próprias ações, meu pai se irritava diante das exaltações do sentimento ou diante de qualquer referência a este para a avaliação das pessoas ou a discussão das coisas. Além da influência que esta característica de meu pai teve em mim e nos demais, é preciso acrescentar que todas as opiniões mais caras a nós eram constantemente atacadas por motivos de sentimento: a utilidade era denunciada como frio cálculo, a economia política como dura de coração e as doutrinas contra o crescimento da população como repulsivas aos sentimentos naturais da humanidade. Replicávamos usando como termos de opróbrio: "sentimentalismo", "retórica" e "vagas generalidades". Embora estivéssemos em geral com a razão frente a nossos oponentes, o efeito de nossa atitude foi que o cultivo dos sentimentos — exceto os sentimentos de dever público e privado — não obteve grande estima entre nós e ocupou pouco lugar em nossos espíritos, em particular no meu.[13] Pensávamos principalmente em modificar as idéias das pessoas, fazer com que suas crenças estivessem em conformidade com a evidência e com que soubessem quais eram os seus verdadeiros interesses, interesses que, uma vez reconhecidos, seriam, segundo pensávamos, mutuamente respeitados mediante o instrumento da opinião. Embora aceitássemos plenamente a excelência superior da bondade desinteressada e do amor pela justiça, não esperávamos a regeneração da humanidade da ação direta sobre estes sentimentos, mas sim como resultado da inteligência educada que esclareceria os sentimentos egoístas. Ainda que isto seja de importância prodigiosa como meio de aperfeiçoamento nas mãos daqueles que são impulsionados por princípios de ação mais nobres, não creio que nenhum dos herdeiros dos benthamistas ou dos utilitários daquela época sigam confiando nisto como a principal base para a reforma geral da conduta humana.

Dessa deficiência, tanto teórica como prática, no cultivo do sentimento, resultava naturalmente, entre outras coisas, um menosprezo da poesia e da imaginação em geral como elementos da natureza humana. É, ou era, opinião corrente acerca dos benthamistas que estes são inimigos da poesia, opinião parcialmente correta quando aplicada ao próprio Bentham, que costumava dizer: "toda

---

13) No manuscrito original Mill escreveu nesse ponto e, depois, suprimiu: "E, portanto, não possuíamos, nessa época, nenhuma idéia autêntica de cultura. Em nossos projetos para aperfeiçoar os assuntos humanos, negligenciávamos os seres humanos" (*The early draft*, op. cit., p. 103 nota).

poesia é uma falsa representação".[14] Mas no sentido em que ele dizia isto, o mesmo poderia ser dito de todo discurso destinado a impressionar, de toda representação ou ensinamento cujo caráter fosse mais retórico do que uma simples soma aritmética. Um artigo de Bingham no primeiro número da *Westminster Review* em que o autor oferecia uma explicação do porquê havia algo em Moore que o desagradava, dizendo que isso se devia ao fato de que "Moore era um poeta e, portanto, não sabia argumentar", contribuiu em grande medida para fomentar a noção de que os colaboradores da *Review* odiavam a poesia. Mas a verdade era que muitos de nós éramos grandes leitores de poesia. O próprio Bingham havia escrito poesia e, quanto a mim — e o mesmo pode ser dito de meu pai —, o correto seria dizer que não me desgostava, mas que, teoricamente, eu era indiferente a ela. Desagradava-me em poesia os mesmos sentimentos que teriam me desagradado em prosa, e isto incluía muita coisa. Eu era completamente cego para perceber o lugar que a poesia podia ocupar na cultura humana, como meio de educar os sentimentos, mas era pessoalmente muito sensível a algumas de suas formas. No período mais sectário de meu benthamismo, li o *Ensaio sobre o homem*, de Pope, e embora as opiniões aí contidas fossem contrárias às minhas, recordo bem como afetaram poderosamente a minha imaginação. Talvez naquele tempo não produzisse efeitos semelhantes em mim nenhuma composição poética que fosse mais além da eloqüente dissertação em verso. Seja como for, raras vezes dei a oportunidade para que isso acontecesse. Mas isso tudo foi um estado passageiro. Muito antes de eu haver ampliado em grau considerável a base de meu credo intelectual, havia adquirido, no curso de meu progresso mental, uma cultura poética da mais valiosa

---

14) Cf. a obra de Bentham *The rationale of reward* (1825), Livro III, capítulo I: "Entre a poesia e a verdade há uma oposição natural: a moral falsa e a natureza fictícia daquela. O poeta sempre precisa de algo falso. Mesmo quando ele aspira assentar seus alicerces na verdade, os ornamentos de sua superestrutura são ficções; sua tarefa consiste em estimular nossas paixões e excitar nossos preconceitos. A verdade, a precisão de qualquer tipo, é fatal para a poesia. O poeta deve perceber tudo de forma parcial, e se esforçar para que todos façam o mesmo".

espécie, mediante a admiração reverente pelas vidas e caracteres das pessoas heróicas, especialmente dos heróis da filosofia. O mesmo efeito inspirador que tantos benfeitores da humanidade atribuem à leitura que fizeram das *Vidas* de Plutarco, tiveram em mim a leitura das descrições de Sócrates feitas por Platão e de algumas biografias modernas, sobretudo a *Vida de Turgot*, de Condorcet, livro bem pensado para suscitar entusiasmo da melhor qualidade, pois contém a narração de uma das vidas mais sábias e nobres que existiram, contada por um dos homens mais sábios e nobres. A virtude heróica desses gloriosos representantes das idéias com que eu simpatizava me afetou profundamente, e eu recorria a eles constantemente, como outros recorrem a seu poeta favorito, quando necessitava ser levado para as regiões mais elevadas do sentimento e do pensamento. Posso dizer que esse livro de Condorcet me curou de minhas loucuras sectárias. As duas ou três páginas que começam com *Il regardait toute secte comme nuisible*,[15] e a explicação do porquê Turgot sempre se diferenciou dos enciclopedistas, penetraram profundamente em meu espírito. Deixei de designar a mim e a outros como utilitaristas, e com o pronome "nós" ou qualquer outra designação coletiva eu deixei de *afficher*[16] sectarismo. Mas de meu sectarismo interior só me livrei muito mais tarde e de modo muito mais gradual.

No final de 1824 ou começo de 1825, Mr. Bentham havia recolhido seus manuscritos sobre a *Evidência judicial* que estavam com M. Dumont — cujo *Traité des preuves judiciaires*, baseado nos trabalhos de Bentham, acabava de ser concluído e publicado — e decidiu imprimir a obra no original. Ele pensou em mim como a pessoa indicada para preparar os manuscritos para a impressão, do mesmo modo como antes havia encarregado Bingham da edição do seu *Livro das falácias*. Com gosto assumi a tarefa e a ela dediquei quase todo o meu tempo livre durante um ano, sem contar o tempo que precisei empregar depois para corrigir as provas dos cinco

---

15) Em francês no original: "Ele considerava toda seita como algo pernicioso".
16) Em francês no original: ostentar, vangloriar-se.

volumosos tomos. Mr. Bentham havia iniciado este tratado em três ocasiões diferentes, a cada vez de uma forma distinta e sem fazer referência às precedentes. Em duas das três ocasiões havia reescrito quase por inteiro toda a obra. Minha tarefa consistia em condensar esses três extensos manuscritos em um único tratado, adotando o último como base e incorporando dos outros dois manuscritos tudo o que não havia sido incluído no terceiro. Tinha também que aclarar aquelas frases complicadas e marginais de Bentham cuja complexidade parecia exigir dos leitores um esforço de compreensão maior do que estes estariam dispostos a empregar. Além disso, foi desejo especial de Mr. Bentham que eu tentasse preencher aquelas *lacunae*[17] que ele havia deixado em sua obra; li assim, a seu pedido e com esse propósito, os mais autorizados tratados de direito inglês sobre o tema da evidência judicial, e comentei alguns pontos discutíveis da lei inglesa que haviam escapado a Bentham. Também respondi às objeções a algumas de suas doutrinas, objeções apresentadas pelos críticos do livro de Dumont, e acrescentei comentários suplementares às partes mais abstratas do assunto, tais como a teoria da inverossimilitude e da impossibilidade. A parte polêmica desses acréscimos editoriais foram redigidas em um tom mais pretensioso do que conviria a uma pessoa jovem e inexperiente como eu, mas, na verdade, não era minha intenção apresentar aquelas observações como minhas; e, como editor anônimo de Bentham, imitei o tom do próprio autor, sem pensar que fosse inadequado para ele ou para o tema, ainda que pudesse sê-lo para mim. Uma vez impresso o livro, meu nome foi acrescentado como editor da obra, seguindo um desejo expresso de Mr. Bentham, a quem em vão tentei dissuadir da idéia.

O tempo empregado neste trabalho editorial foi extremamente útil para o meu próprio progresso. A *Teoria da evidência judicial* [*Rationale of judicial evidence*] é uma das obras de Bentham mais ricas em conteúdo. A teoria da evidência é em si mesma um dos

---

17) Lacunas.

temas mais importantes em Bentham, desdobrando-se em muitas outras questões, razão pela qual o livro contém, plenamente desenvolvidos, grande parte dos melhores pensamentos do autor. Entre outras coisas de especial interesse, contém a mais elaborada exposição, que pode ser encontrada em suas obras, dos vícios e virtudes da lei inglesa, tal como esta era então. O livro não se limita unicamente ao tema da evidência judicial, mas inclui também, como uma digressão em forma de ilustração, todos os procedimentos ou práticas da Corte de Westminster. Assim, o conhecimento direto que obtive desse livro, e que ficou gravado em mim muito mais profundamente do que uma mera leitura teria proporcionado, constituiu em si mesmo uma aquisição nada desprezível. Mas, além disso, essa ocupação me serviu para o que menos se podia esperar dela: um grande impulso inicial para minhas faculdades de escritor. Tudo o que escrevi após esse trabalho editorial foi notavelmente superior a qualquer coisa que eu havia escrito antes. O estilo tardio de Bentham, como todos sabem, era carregado e complicado, por excesso de uma boa qualidade: o amor pela precisão, que o fazia introduzir cláusulas e subcláusulas no interior de cada proposição, a fim de que o leitor pudesse registrar em sua mente todas as modificações e qualificações simultaneamente com a proposição principal. Este hábito se desenvolveu nele até o ponto em que seus enunciados se tornaram de uma leitura extraordinariamente penosa para os que não estavam acostumados com eles. Mas seu estilo anterior, presente em obras como *Fragmento sobre o governo*, *Plano para uma instituição judiciária*, e outras, é um modelo de vivacidade e fluência, combinado com uma densidade de conteúdo, raras vezes superado. Havia muitos exemplos notáveis deste primeiro estilo em seus manuscritos sobre a evidência, e tratei de conservar todos eles. Um trato tão longo com estes admiráveis escritos teve um efeito considerável em meu próprio modo de escrever. A eles acrescentei a leitura assídua de outros escritores franceses e ingleses que aliavam, em grau extraordinário, vigor e fluência, tais como Goldsmith, Fielding, Pascal, Voltaire e Courier. Graças a estas influências minha escrita perdeu a aridez das primeiras composições, as ossaturas e cartilagens começaram a se revestir de carne, e o estilo chegou, por vezes, a ser vivo, quase ameno.

Esse progresso se revelou pela primeira vez em um novo campo. Mr. Marshall, de Leeds, pai da atual geração de Marshalls, o mesmo que foi levado ao Parlamento pelo condado de Yorkshire quando a representação perdida por Grampound foi transferida para esta região, vigoroso reformador no Parlamento e homem de grande fortuna — a qual empregava generosamente — havia ficado muito impressionado com o *Livro das falácias*, de Bentham. Ocorreu-lhe assim que seria útil publicar anualmente os debates parlamentares, não na ordem cronológica de Hansard,[18] mas classificados de acordo com os assuntos e acompanhados por comentários assinalando as falácias dos oradores. Com esta intenção, ele se dirigiu, naturalmente, ao editor do *Livro das falácias*, e Bingham se encarregou do projeto, sendo auxiliado por Charles Austin. O anuário se intitulou *História e resenha parlamentar*. Sua venda não foi suficiente e a publicação durou apenas três anos. Porém, suscitou certo interesse entre parlamentares e pessoas ligadas à política. Os melhores esforços do partido se concentraram nesta publicação, cuja realização deu aos radicais muito mais crédito do que o proporcionado pela *Westminster Review*. Bingham e Charles Austin escreveram muito nela, assim como Strutt, Romilly e vários outros juristas liberais. Meu pai escreveu um artigo em seu melhor estilo e o mais velho dos Austin contribuiu com outro. Coulson escreveu um de grande mérito. Coube a mim abrir o primeiro número com um artigo sobre o principal assunto da sessão parlamentar de 1825: as associações católicas e a incapacidade política dos católicos.[19] No segundo número escrevi um ensaio muito elaborado a respeito da crise comercial de 1825 e dos debates sobre política monetária. No

---

18) Os *Debates parlamentares de Hansard*, registro oficial dos debates das duas casas parlamentares, publicação iniciada em 1803.

19) Desde 1673 os católicos e os protestantes dissidentes estavam legalmente impedidos de ocupar cargos públicos. A lei foi revogada em 1828.

terceiro apareceram dois artigos meus: um dedicado a um tema menor e outro sobre o princípio da reciprocidade no comércio, *à propos*[20] de uma célebre correspondência diplomática entre Canning e Gallatin. Esses trabalhos não eram meras reproduções e aplicações das doutrinas ensinadas a mim, pois continham um pensamento original, até onde esta palavra pode ser aplicada a velhas idéias expostas em formas e conexões novas. Creio que não exagero ao dizer que havia neles maturidade e uma boa assimilação das idéias, algo ausente em meus escritos anteriores. Na execução, portanto, esses escritos não eram em absoluto juvenis. Mas eles perderam sua atualidade, pois os assuntos de que tratavam, ou já não interessam mais hoje, ou foram abordados muito melhor depois. Tais trabalhos devem pois permanecer encerrados no esquecimento junto com minhas colaborações da primeira época da *Westminster Review*.

Enquanto estive assim ocupado em escrever para o público, não abandonei outros modos de ir cultivando minha própria formação — foi nesta época que aprendi alemão, seguindo no início o método de Hamilton.[21] Com esse propósito, eu e vários amigos meus nos reunimos em uma classe. Por vários anos, após esse período, nossos estudos sociais assumiram uma forma que muito contribuiu para meu progresso intelectual. Ocorreu-nos a idéia de realizar, mediante a leitura e o debate, um estudo coletivo dos diversos ramos da ciência que desejávamos dominar. Reunimos um grupo de doze ou mais. Mr. Grote nos cedeu uma sala de sua casa na Threadneedle Street para esta finalidade, e seu sócio, Prescott, um dos três primeiros membros da Sociedade Utilitarista, se uniu a nós. Nos encontrávamos pela manhã duas vezes por semana, das oito e meia às dez, hora em que a maioria de nós devia desempenhar suas ocupações cotidianas. Nosso primeiro tema de estudo foi economia política. Escolhemos como livro de texto um tratado sistemático sobre a matéria; o

---

20) Em francês no original: a propósito.

21) Sistema de aprendizagem de idiomas em que o estudante inicia traduzindo palavra por palavra da língua estrangeira em questão, ignorando a gramática até atingir uma etapa posterior.

primeiro foi os *Elementos*, de meu pai. Um de nós lia um capítulo em voz alta ou algum fragmento menor do livro. Abria-se então a discussão e aquele que tivesse uma objeção ou observação a fazer poderia fazê-lo. Nossa regra era discutir a fundo cada questão suscitada, fosse esta importante ou secundária, e prolongar o debate até que todos os participantes estivessem satisfeitos com a conclusão a que haviam chegado individualmente. Seguíamos também as questões marginais sugeridas pelo capítulo lido ou pelo debate, não abandonando-as até haver desatado todos os nós encontrados. Em muitas ocasiões prolongávamos, durante semanas, a discussão a respeito de algum problema, pensando nele deliberadamente durante o intervalo de nossas reuniões e tratando de encontrar soluções para as novas questões suscitadas na sessão da manhã anterior. Quando terminamos dessa forma os *Elementos*, fizemos o mesmo com os *Princípios de economia política*, de Ricardo, e com a *Dissertação sobre o valor*, de Baley. Essas minuciosas e vigorosas discussões não apenas contribuíram em muito para a formação dos participantes como também revelaram novos aspectos sobre certos tópicos de economia política abstrata. A teoria dos valores internacionais, que publiquei mais tarde, surgiu dessas discussões, assim como a versão modificada da teoria dos lucros de Ricardo, exposta em meu *Ensaio sobre o lucro e os juros*. Aqueles entre nós que deram origem a novas especulações foram Ellis, Graham e eu, embora outros também prestassem valiosa ajuda nas discussões, especialmente Prescott, por seu conhecimento, e Roebuck, por sua penetrante dialética. As teorias dos valores internacionais e dos lucros foram pensadas e elaboradas, aproximadamente na mesma proporção, por mim e por Graham; se nosso projeto original houvesse sido realizado, meus *Ensaios sobre algumas questões não resolvidas da economia política* teriam aparecido com alguns trabalhos seus, em um volume assinado pelos dois. Mas quando dei forma escrita a minha exposição, descobri que eu havia exagerado meu acordo com ele. Graham discordava a tal ponto do mais original dos meus ensaios, aquele que tratava dos valores internacionais, que me vi obrigado a considerar a teoria como exclusivamente minha, e como tal ela foi publicada vários anos depois. Posso mencionar ainda que, entre as alterações que meu pai introduziu em seus *Elementos* ao revisá-lo para uma terceira edição, muitas se basearam nas críticas sugeridas por essas discussões. Em particular, ele modificou suas opiniões — embora sem chegar a coincidir com nossas novas especulações — nos dois pontos que assinalei.

Quando nos cansamos da economia política, passamos para a lógica silogística, procedendo da mesma forma. Grote havia agora se juntado a nós. Nosso primeiro livro de texto foi *Aldrich*.[22] Mas desgostosos com sua superficialidade, copiamos um dos mais completos manuais de lógica escolástica, que meu pai, grande colecionador desse tipo de livro, possuía: o *Manuductio ad logicam*, do jesuíta Du Trieu. Terminado este, começamos a *Lógica* de Whately, que acabava de ser reimpressa da *Encyclopaedia Metropolitana* e, por fim, a *Computatio sive logica* de Hobbes. Estes livros, estudados da nossa maneira, proporcionavam ampla base para especulações metafísicas originais. A maior parte do que constitui o Livro Primeiro de meu *Sistema de lógica* — uma racionalização e correção dos princípios e distinções dos lógicos escolásticos e o aperfeiçoamento da teoria do significado das proposições — teve sua origem nessas discussões. Graham e eu propúnhamos a maior parte das novidades, enquanto Grote e outros constituíam um excelente tribunal que punha à prova nossas idéias. Foi então que planejei escrever um livro sobre lógica, mas em uma escala muito mais humilde da que de fato acabei por compor.

Terminada a lógica, nos lançamos ao estudo da psicologia analítica. Escolhemos Hartley como livro de texto, fazendo com que a edição da Priestley alcançasse um preço extravagante ao buscá-la por toda Londres para que cada um tivesse o seu exemplar. Quando terminamos o livro de Hartley, suspendemos nossas reuniões. Mas com a publicação, pouco depois, do livro de meu pai, *Análise da*

---

22) *Artis Logicae Compendium* (1691).

mente, voltamos a nos reunir para lê-lo. Após esta leitura nossos exercícios se encerraram. Sempre considerei essas discussões como o momento que marca meu verdadeiro início como pensador original e independente. Foi também graças a elas que adquiri ou fortaleci o hábito ao qual atribuo tudo o que realizei desde então, ou tudo o que poderei vir a realizar futuramente, no campo da especulação: o hábito de jamais aceitar como completas as soluções parciais aos problemas; de nunca abandonar uma dificuldade, mas voltar a ela uma e outra vez até clarificá-la; de não deixar as partes obscuras e remotas de nenhum assunto inexploradas por não parecerem importantes; de não acreditar que eu havia compreendido perfeitamente uma parte de um problema até haver compreendido o todo.

Nossas atividades de 1825 até 1830 no que se refere a falar em público ocuparam um lugar considerável em minha vida durante aqueles anos. E como tiveram efeitos importantes em meu desenvolvimento, algo deve ser dito a respeito delas.

Houve por algum tempo uma sociedade de owenitas,[23] chamada *Sociedade Cooperativa [Cooperative Society]*, que se reunia semanalmente para debates públicos na Chancery Lane. No início de 1825, após entrar em contato, casualmente, com vários de seus membros, Roebuck assistiu a duas ou três reuniões e tomou parte, contra o owenismo, no debate. Alguns dos nossos lançaram então a idéia de assistir, em grupo, àquelas reuniões e realizar um confronto geral. Charles Austin e alguns amigos seus que normalmente não participavam de nossos exercícios conjuntos aderiram ao projeto. Para sua realização, entramos em acordo com os principais membros da *Sociedade*, que não se mostraram relutantes, já que, naturalmente, preferiam uma controvérsia com seus oponentes a uma inofensiva discussão interna. O problema da população foi proposto como tema do debate. Charles Austin apresentou nossa posição com um

---

23) Seguidores de Robert Owen (1771-1858), pioneiro das sociedades cooperativas de produção e consumo na Inglaterra.

brilhante discurso e a luta se prolongou durante cinco ou seis reuniões semanais, diante de um numeroso auditório que incluía, além dos membros da *Sociedade* e dos seus amigos, muitos ouvintes e alguns oradores da *Inns of Court*.[24] Quando este debate terminou, começou outro sobre os méritos gerais do sistema de Owen, confronto que durou cerca de três meses. Foi uma *lutte corps-a-corps*[25] entre os owenitas e os economistas políticos, a quem os owenitas consideravam como seus inveterados oponentes. Mas foi uma disputa perfeitamente amistosa. Nós, que representávamos a economia política, tínhamos os mesmos objetivos que eles e nos esforçamos para demonstrar isso. O principal defensor dos owenitas era um homem muito estimável, a quem eu conhecia bem: Mr. William Thompson, de Cork, autor de um livro sobre a distribuição da riqueza e de um *Apelo* em defesa das mulheres, contra a passagem que se referia a elas no *Ensaio sobre o governo*, de meu pai. Ellis, Roebuck e eu participamos ativamente do debate e, entre os membros da *Inns of Court* que se juntaram a nós, recordo de Charles Villiers. Nossos oponentes também contaram, nos debates sobre o problema da população, com poderosa ajuda externa. O reputado Gale Jones, homem já de idade, pronunciou um dos seus vistosos discursos. Mas o orador que mais me impressionou, embora eu discordasse de quase todas as suas palavras, foi Thirlwall, o historiador, anteriormente bispo de *Saint David* e naquele momento advogado da corte de justiça [*Chancery*[26]], desconhecido exceto por sua reputação de eloqüência adquirida na *Cambridge Union* antes da época de Austin e Macaulay. Seu discurso foi uma réplica a um dos meus. Antes mesmo dele concluir as dez primeiras frases notei que era o melhor orador que eu já havia ouvido e, desde então, jamais ouvi outro que conseguiu superá-lo.

---

24) Associações que detêm o direito exclusivo de admitir candidatos para o Colégio de Advogados da Inglaterra.

25) Em francês no original: luta corpo a corpo, confronto acirrado.

26) A mais alta corte de justiça na Grã-Bretanha após a Câmara dos Pares [*House of Lords*].

O grande interesse despertado por esses debates predispôs alguns participantes a aceitar uma sugestão de McCulloch, o economista político, para que se estabelecesse em Londres uma sociedade semelhante a *Sociedade Especulativa* [*Speculative Society*], de Edinburgh, na qual Brougham, Horner e outros cultivaram sua oratória. Nossa experiência na *Sociedade Cooperativa* parecia justificar um otimismo quanto à classe de homens que poderiam ser reunidos em Londres com esse propósito. McCulloch mencionou o assunto a vários jovens de influência para os quais ele dava então lições particulares de economia política. Alguns destes aderiram com entusiasmo ao projeto, especialmente George Villiers, depois conde de Clarendon. Villiers, seus irmãos Hyde e Charles, Romilly, Charles Austin e eu, além de alguns outros, nos reunimos e elaboramos um plano. Decidimos que as reuniões aconteceriam quinzenalmente, de novembro a junho, na *Freemason's Tavern*, e logo aprontamos uma esplêndida lista de participantes que continha, além de vários membros do parlamento, quase todos os oradores mais eminentes da *Cambridge Union* e da *Oxford United Debating Society*. É uma curiosa ilustração das tendências da época o fato de que a principal dificuldade que enfrentamos no momento de recrutar participantes para a *Sociedade* foi a de não encontrar um número suficiente de oradores do partido *Tory*. Quase todos os que conseguimos atrair eram liberais de diferentes classes e graus. Além dos que já mencionei, tivemos Macaulay, Thirwall, Praed, Lord Howick, Samuel Wilberforce (depois bispo de Oxford), Charles Poulett Thomson (depois Lord Sydenham), Edward e Henry Lytton Bulwer, Fonblanque e muitos outros que não recordo agora, mas que mais tarde alcançaram maior ou menor notoriedade na vida pública ou literária. Nada parecia mais promissor. Mas quando chegou o momento de atuar e foi necessário designar um presidente e encontrar alguém que abrisse o primeiro debate, nenhuma de nossas celebridades consentiu em desempenhar esses papéis. Muitos foram solicitados, mas o único que conseguimos persuadir foi um homem de quem eu sabia muito pouco, exceto que se graduara em Oxford com louvores e que, segundo se dizia, adquirira aí uma grande reputação como orador, chegando a ser mais tarde um membro *Tory* do parlamento.[27] Ele foi designado assim para ocupar a presidência e fazer o discurso de abertura. O grande dia havia chegado: a sala estava repleta e todos os nossos grandes oradores estavam presentes, mas para julgar e não para nos auxiliar em nossos esforços. O discurso do orador de Oxford foi um completo fracasso, o que amorteceu todo o interesse pelo evento: os oradores que se seguiram foram poucos e nenhum deles esteve no seu melhor. O evento foi um completo fiasco e os oradores de renome com os quais contávamos desapareceram para não retornar mais, coisa que me serviu, pelo menos, como lição de conhecimento do mundo. Este inesperado malogro alterou minha relação com o projeto. Eu não havia planejado desempenhar um papel proeminente ou discursar com freqüência, especialmente no início. Mas agora me dava conta de que o êxito da empreitada dependia dos mais jovens e, assim, decidi me empenhar ao máximo. Abri a segunda sessão e, a partir de então, intervi em quase todos os debates. Foi, por algum tempo, um trabalho árduo. Os três Villiers e Romilly permaneceram conosco por mais algum tempo, mas a paciência de todos os fundadores da sociedade acabou por esgotar-se, exceto a minha e a de Roebuck. Na temporada seguinte — 1826-1827 — as coisas começaram a melhorar. Conseguimos dois excelentes oradores do partido *Tory*, Hayward e Shee (mais tarde *Sergeant*[28] Shee). O lado dos radicais foi reforçado com a presença de Charles Buller, Cockburn e outros da segunda geração de benthamistas de Cambridge. Assim, com sua ajuda, e outras ocasionais, além dos dois *Tories* e Roebuck e eu como oradores regulares, quase todos os debates se tornaram uma *bataille rangé*[29] entre os "filósofos radicais" e os juristas *Tories*. Nossos confrontos começaram então a ser comentados e várias pessoas de distinção e

---

27) Seu nome era Donald Maclean.
28) Membro de uma ordem superior de advogados da qual, até 1873, eram escolhidos os juízes.
29) Em francês no original: batalha acirrada.

consideração vieram ouvir-nos. Isto se reforçou ainda mais nas temporadas seguintes — 1828 e 1829 — quando os seguidores de Coleridge, representados por Maurice e Sterling, fizeram sua aparição na sociedade na qualidade de um segundo partido liberal e, até mesmo, radical, mas baseados em fundamentos diferentes do benthamismo, ao qual se opunham com veemência. Eles trouxeram a essas discussões as doutrinas gerais e os modos de pensamento da reação européia contra a filosofia do século dezoito, acrescentando assim um terceiro partido beligerante, e muito importante, aos nossos confrontos. Tais confrontos eram agora uma amostra razoável do movimento de opinião entre a parte mais preparada da nova geração. Nossos debates diferiam muito daqueles que ocorriam nas sociedades usuais, pois compreendiam habitualmente os mais vigorosos argumentos e os princípios mais filosóficos que ambas as partes eram capazes de produzir, lançados em densa e *serré*[30] refutação contra o lado oposto. A prática foi muito útil para nós e principalmente para mim. Nunca adquiri, é certo, fluência oratória e sempre me expressei de forma deselegante, mas consegui me fazer ouvir. E como sempre escrevia meus discursos quando os sentimentos que envolviam ou a natureza das idéias a desenvolver sugeriam que o modo de expressão era importante, aumentei consideravelmente minhas faculdades para escrever eficazmente. Não só adquiri ouvido para a fluidez e o ritmo, mas também um sentido prático para *dizer* frases e um critério imediato para avaliar a propriedade expressiva destas, baseando-me no efeito que produziam em uma audiência variada.

A *Sociedade*, os preparativos exigidos por ela e pelas discussões matinais que ocorriam simultaneamente, ocupavam grande parte de meu tempo livre. Senti assim um alívio quando, na primavera de 1828, deixei de escrever para a *Westminster*. A revista havia entrado em um período difícil. Embora animadora a venda do primeiro número, creio que as vendas nunca bastaram para cobrir os gastos exigidos pelo padrão em que a revista havia sido montada. Esses

---

30) Em francês no original: cerrada, agressiva.

gastos foram consideravelmente reduzidos, mas não suficientemente. Um dos editores, Southern, foi demitido e vários colaboradores, inclusive meu pai e eu, que haviam recebido, como os demais, por seus primeiros escritos, passaram a escrever sem nada ganhar. Não obstante, os fundos originais com os quais a revista contava estavam agora quase completamente esgotados e assim, para dar continuidade à revista, era indispensável reorganizar as coisas. Meu pai e eu tivemos várias conversas com Bowring sobre esse assunto. Estávamos dispostos a fazer o máximo para manter a revista como um órgão de nossas opiniões, mas não sob a direção de Bowring. Como não era possível sustentar por mais tempo um diretor remunerado, tivemos a ocasião para dizer a Bowring, sem ofendê-lo, que devíamos prescindir dos seus serviços. Nós e alguns de nossos amigos estávamos dispostos a conduzir a revista como colaboradores não remunerados, procurando entre nós um diretor que não cobrasse ou repartindo a direção entre nós. Mas ao mesmo tempo em que essas negociações se desenvolviam, com a aparente aquiescência de Bowring, este também negociava por sua conta e havia entrado em contato com o coronel Perronet Thompson. Disto fomos avisados em uma carta de Bowring que, na qualidade de diretor, nos informava, sem maiores explicações, que havia obtido um arranjo e nos convidava a escrever para o próximo número, com a promessa de que seríamos remunerados. Não contestamos o direito que Bowring tinha de tentar obter, se pudesse, um arranjo que fosse mais favorável a ele do que aquele proposto por nós, mas nos pareceu uma afronta o modo dissimulado como agiu, dando-nos a impressão de aceitar nossos planos. E ainda que não tivéssemos considerado isso uma afronta, não estávamos dispostos a perder mais tempo e a sofrer mais aborrecimentos tentando colaborar com a revista, estando ela sob sua direção. Assim, meu pai deixou de escrever, embora, dois ou três anos mais tarde, e submetido a grandes pressões, tenha colaborado com mais um artigo político. Quanto a mim, recusei definitivamente, e assim terminou minha relação com a *Westminster* original. O último artigo que escrevi para ela me custou mais trabalho do que os anteriores, mas foi um trabalho de amor: uma defesa dos primeiros revolucionários franceses contra as tendenciosas interpretações de cunho *Tory* feitas por Sir Walter Scott na introdução de sua obra *Vida de Napoleão*. A quantidade de livros que li com este propósito, tomando notas e fazendo resumos, e até mesmo a quantidade de livros que precisei comprar (pois naqueles dias não havia bibliotecas públicas das quais se podia retirar livros de referência para estudar em casa), excederam em muito o valor daquele objetivo imediato. Mas eu tinha, naquela época, a intenção de escrever uma história da Revolução Francesa, e embora jamais a tenha realizado, meus materiais foram depois muito úteis para Carlyle executar um propósito similar.[31]

---

31) *A Revolução Francesa* (1837), de Thomas Carlyle.

CAPÍTULO V
UMA CRISE EM MINHA HISTÓRIA MENTAL
UM PASSO ADIANTE

Por alguns anos após esse tempo, escrevi muito pouco e sem regularidade com vistas à publicação. As vantagens que obtive dessa interrupção foram grandes. Foi muito importante para mim, nesse período, poder digerir e amadurecer meus pensamentos para o meu próprio proveito, sem a urgência de precisar publicá-los imediatamente. Caso eu houvesse continuado a escrever, teria sido perturbada a importante transformação que estava ocorrendo, durante aqueles anos, em minhas opiniões e em meu caráter. A origem dessa transformação, ou, ao menos, o processo que me preparava para ela, só pode ser explicada recuando um pouco no tempo.

Desde o inverno de 1821, quando li Bentham pela primeira vez, e, especialmente, desde o começo da *Westminster Review*, eu tinha o que pode ser chamado, com verdade, uma meta na vida: ser um reformador do mundo. A concepção de minha própria felicidade se identificava por inteiro com esta meta. As afinidades pessoais que eu ansiava eram daqueles companheiros que trabalhavam neste empreendimento. Tentei colher todas as flores que pude pelo caminho, mas quando se tratava de encontrar uma séria e permanente satisfação pessoal na qual me apoiar, toda minha confiança estava depositada naquela meta. E assim eu me parabenizava pela certeza de haver encontrado um modo feliz de viver, ao situar minha felicidade em algo durável e distante, em algo que sempre admitia a realização de novos progressos, mas que jamais poderia ser esgotado pela consumação definitiva. Isto caminhou muito bem durante vários anos, ao longo dos quais a melhora que ia ocorrendo na condição geral do mundo e a idéia de que eu e outros estávamos engajados na luta para promover essa melhora pareciam suficientes para propiciar uma existência animada e interessante. Mas chegou um momento em que despertei disso como de um sonho. Foi no outono de 1826. Eu me encontrava[1] em um estado de apatia, ao qual todas as pessoas estão, ocasionalmente, sujeitas: insensível aos estímulos de prazer ou alegria, um desses estados de ânimo em que o outrora agradável torna-se insípido e indiferente, estado em que, segundo creio, se encontram habitualmente os convertidos ao Metodismo quando são atingidos por sua primeira "convicção do pecado". Nesse estado de espírito ocorreu-me dirigir a mim mesmo a seguinte pergunta: "Suponha que todas as tuas metas na vida fossem realizadas, que todas as transformações que tu persegues nas instituições e opiniões pudessem ser efetuadas neste instante mesmo: seria isto motivo de grande alegria e felicidade para ti?" E minha consciência, sem poder se reprimir, respondeu: "Não!". Meu coração então se abateu: todo o fundamento sobre o qual eu erguera a minha vida havia ruído. Toda minha felicidade consistia na permanente busca daquela meta, e esta meta já não me atraía. Como então os meios poderiam me interessar? Parecia-me que não restava mais nada por quê viver.

No início acreditei que a nuvem desapareceria por si mesma. Mas não foi assim. Uma noite de sono, soberano remédio para os pequenos desgostos da vida, não produziu efeito neste caso. Despertei com uma consciência renovada do angustiante fato. Trazia-a comigo quando estava na companhia de outros e quando me ocupava em qualquer trabalho. Dificilmente algo tinha o poder de me fazer esquecê-la, ainda que fosse por alguns minutos. Durante alguns meses

---

1) No manuscrito original Mill escrevera: "Eu me encontrava, provavelmente em virtude de causas físicas (relacionadas talvez com a época do ano)..." (*The early draft*, op. cit., p. 117 nota).

a nuvem pareceu se tornar cada vez mais espessa. Os versos do poema de Coleridge intitulado "Abatimento" [*"Dejection"*] — desconhecidos para mim naquele momento — descrevem exatamente o meu caso:

> *A grief without a pang, void, dark and drear,*
> *A drowsy, stifled, unimpassioned grief,*
> *Which finds no natural outlet or relief*
> *In word, or sigh, or tear.*[2]

Em vão busquei consolo em meus livros favoritos, naquelas memórias de nobreza e grandeza passadas, das quais eu sempre havia extraído força e ânimo. Agora eu as lia sem sentimento, ou com o sentimento habituado mas *desprovido* de todo encanto. Cheguei a me persuadir de que meu amor pelo gênero humano e pelo ideal de sua excelência havia se esgotado. Não busquei alívio falando aos outros a respeito do que eu sentia. Se eu amasse alguém o bastante para achar necessário confidenciar-lhe minhas aflições, não haveria chegado à situação em que estava. Sentia, além disso, que meu pesar não era nem interessante nem respeitável. Não havia nada nele que atraísse a simpatia. Um conselho, se eu soubesse onde solicitá-lo, teria sido muito valioso. As palavras de Macbeth ao médico vinham com frequência em meus pensamentos[3]. Mas não havia uma só pessoa de quem, nem sequer remotamente, eu podia esperar essa ajuda. Meu pai, a quem seria natural recorrer para resolver dificuldades práticas, era a última pessoa a quem eu pediria auxílio num caso como este. Tudo me levava a crer que ele não conhecia o estado mental de que eu padecia e que, ainda que pudesse compreendê-lo, não era ele o médico que poderia curá-lo. Minha educação, que era

---

2) Uma aflição sem dor, vazia, obscura e lúgubre, / Uma aflição adormecida, sufocada, desapaixonada, / Que não encontra saída nem alívio / Na palavra, suspiro ou lágrima.

3) *Canst thou not minister to a mind diseased, / Pluck from the memory a rooted sorrow, / Raze out the written troubles of the brain, / And with some sweet oblivious antidote / Cleanse the stuff'd bosom of that perilous stuff / Which weighs upon the heart?* (*Macbeth*, V, III).
   [Não podes atender um espírito enfermo, / Extirpar da memória uma profunda tristeza, / Apagar os pesares gravados no cérebro, / E com algum doce antídoto que faça esquecer / Esvaziar-lhe o peito oprimido por essa perigosa carga / Que lhe pesa sobre o coração?]

obra inteiramente sua, havia sido conduzida sem contar com a possibilidade de que pudesse dar este resultado. E eu não via nenhum proveito em fazer meu pai sofrer pensando que seus planos haviam fracassado, quando o fracasso era algo provavelmente irremediável, e que estava, de qualquer forma, fora do alcance dos remédios que *ele* poderia fornecer. De outros amigos meus não identificava nenhum, naquela época, em quem pudesse abrigar a esperança de que compreendesse a minha condição. Entretanto, eu a compreendia plenamente e, quanto mais me demorava nela, mais desesperada me parecia.

O curso de meus estudos me levara a acreditar que todos os sentimentos e qualidades morais e mentais, fossem de boa ou má espécie, resultavam da associação: graças ao efeito da educação e da experiência, que vincula idéias prazerosas ou dolorosas a certas coisas, passamos a amar algumas coisas e odiar outras, a nos comprazer com ações e contemplações de um tipo e sofrer com outras de tipo diverso. Como corolário disso, algo que eu sempre ouvira meu pai sustentar e estava eu mesmo convencido, o objetivo da educação era formar associações, as mais fortes possíveis, do tipo salutar: associações de prazer com todas as coisas benéficas para o todo e de dor com as coisas que pudessem prejudicá-lo. Esta doutrina aparentava ser inexpugnável. Mas agora me parecia, em retrospecto, que meus mestres só se ocuparam superficialmente com os meios de formar e conservar essas associações salutares. Parecia-me que eles confiaram inteiramente nos velhos e conhecidos instrumentos de elogio e censura, de recompensa e castigo. Eu não duvidava de que, utilizando esses meios desde o princípio e sem interrupção, intensas associações de prazer e dor — especialmente de dor — podiam ser criadas e podiam ser produzidos desejos e aversões capazes de durar inalteráveis até o fim da vida. Mas sempre há algo artificial e casual nas associações assim produzidas. As dores e os prazeres associados assim fortemente com certas coisas não estão conectadas com elas mediante qualquer elo natural. Assim, eu pensava que era essencial para a durabilidade dessas associações que elas fossem intensas e firmemente estabelecidas a ponto de serem praticamente indissolúveis, e que tivessem adquirido essas características antes do início do exercício habitual do poder de análise. Pois eu percebia agora, ou acreditava que percebia, o que sempre havia recebido com incredulidade: que o hábito de análise tem uma tendência a corroer os sentimentos quando não se cultiva outro hábito mental e quando o espírito de análise fica sem seus complementos e corretivos naturais. O próprio valor da análise, eu argumentava, é que ela tende a debilitar e a minar tudo o que é resultado do preconceito, ao permitir que, mentalmente, separemos idéias que só estão unidas casualmente. Nenhuma associação, qualquer que esta fosse, poderia resistir a essa força dissolvente, pois devemos à análise o conhecimento mais seguro que possuímos a respeito das seqüências permanentes da natureza, das conexões reais entre as coisas, que independem de nossa vontade e de nossos sentimentos, e das leis naturais em virtude das quais uma coisa é, em muitos casos, de fato inseparável de outra; leis naturais que, à medida que são percebidas claramente e absorvidas em nossa imaginação, fazem com que nossas idéias das coisas que sempre estão unidas na natureza, também se unam de forma cada vez mais estreita em nosso pensamento. Assim, os hábitos analíticos podem inclusive fortalecer as associações entre causas e efeitos, entre meios e fins, mas tendem a debilitar todas aquelas que são, para empregar a linguagem comum, *mera* questão de sentimento. Esses hábitos analíticos são, portanto (pensava eu), favoráveis para a prudência e a clarividência, mas são também como um verme que destrói pela raiz as paixões e as virtudes, e que, sobretudo, minam de maneira terrível todos os desejos e todos os prazeres que são efeito da associação, isto é, todos — segundo a teoria que eu sustentava — exceto os puramente físicos e orgânicos, de cuja absoluta insuficiência para fazer da vida algo desejável ninguém estava mais convencido do que eu. Essas eram as leis da natureza humana que, segundo eu pensava, me haviam levado ao meu presente estado. Todos aqueles a quem eu admirava eram da opinião de que as maiores e mais seguras fontes de felicidade eram o prazer de simpatizar com os seres humanos e os sentimentos que faziam do bem dos demais e, especialmente, da humanidade, o objetivo da existência. Da verdade disso estava eu convencido, mas saber que um sentimento me tornaria feliz, caso eu o tivesse, não produzia em mim o sentimento. Minha educação, pensava eu, havia fracassado no momento de criar esses sentimentos com vigor suficiente para resistir à influência dissolvente da análise, e todo o curso de minha formação intelectual havia feito da análise precoce um hábito impregnado em meu espírito. Estava, pois — como eu dizia a mim mesmo — encalhado no começo de minha viagem: equipado com um bom barco e um bom leme, mas sem velas, sem um verdadeiro desejo de alcançar os fins para os quais eu havia sido cuidadosamente preparado para tentar alcançar. Não me comprazia nem na virtude, nem no bem geral, nem tampouco em nenhuma outra coisa. As fontes da vaidade e da ambição pareciam haver secado por completo dentro de mim, assim como as da benevolência. Dei-me conta, refletindo, de que minha vaidade havia sido gratificada em uma idade muito prematura: havia obtido alguma distinção e me sentido importante antes que o desejo de me distinguir e ser importante houvesse se tornado uma paixão. E embora fosse pouco o que eu havia conseguido, o fato de tê-lo obtido muito cedo — como ocorre com todos os prazeres usufruídos prematuramente — havia me deixado enfastiado e indiferente para continuar. Assim, nem os prazeres egoístas nem os generosos eram prazeres para mim. E parecia não haver na natureza nenhum poder suficiente para formar de novo o meu caráter e criar, em uma mente já irremediavelmente analítica, novas associações de prazer com qualquer dos objetos do desejo humano.

Tais eram os pensamentos que se misturavam com o insípido e pesado abatimento do melancólico inverno de 1826-1827. Durante esse tempo não estive incapacitado de continuar com minhas ocupações usuais. Prossegui com elas mecanicamente, impulsionado pela mera força do hábito. Estava tão adestrado em um certo tipo de exercício mental que eu podia levá-lo adiante ainda que seu sentido houvesse desaparecido. Cheguei inclusive a compor e pronunciar vários discursos na sociedade de debates. Como consegui fazê-lo e com que êxito são coisas que ignoro. Dos quatro anos de contínuas intervenções naquela sociedade, este é o único ano do qual não recordo quase nada. Dois versos de Coleridge, único autor em quem encontrei uma verdadeira descrição do que eu sentia, vinham com freqüência em meu pensamento, não naquele momento (pois não os havia lido então), mas em um período posterior da mesma enfermidade espiritual:

> *Work without hope draws nectar in a sieve,*
> *And hope without an object cannot live.*[4]

Provavelmente meu caso não era, de modo algum, tão peculiar quanto eu imaginava, e não duvido de que muitos outros passaram por um estado similar. Mas as idiossincrasias de minha educação haviam dado ao fenômeno geral um caráter especial que o fazia parecer um efeito natural cujas causas o tempo dificilmente poderia eliminar. Com freqüência eu me perguntava se podia ou estava obrigado a seguir vivendo passando a vida toda nessa situação. E, geralmente, eu respondia que não seria capaz de agüentar nessas condições mais de um ano. Entretanto, quando não havia transcorrido ainda a metade desse tempo, um débil raio de luz irrompeu entre as trevas. Estava lendo, casualmente, as *Memórias* de Marmontel, e cheguei na passagem em que o autor relata a morte de seu pai, a penosa situação da família, e a inspiração repentina mediante a qual ele, então apenas um rapaz, sentiu e fez sentir aos seus que ele seria tudo para eles e que preencheria o vazio deixado por todas as perdas. Uma vívida representação da cena e de suas emoções me dominou e me comovi a ponto de chorar. A partir deste momento, meu fardo se tornou mais leve. A opressão produzida pelo pensamento de que todo sentimento estava morto dentro de mim, havia desaparecido. Já não estava desesperado:

---

4) Trabalhar sem esperança é lançar o néctar em uma peneira, / E a esperança sem objeto não pode viver.

não era um lenho ou uma pedra. Parecia que eu ainda conservava algo daquela substância com que se forma todo caráter valioso e toda aptidão para a felicidade. Aliviado da minha constante sensação de irremediável desgraça, fui descobrindo aos poucos que os acontecimentos ordinários da vida podiam voltar a me proporcionar algum prazer, que podia voltar a encontrar alegria, não intensa, mas suficiente para me dar satisfação, na luz do sol, no céu, nos livros, nas conversas e nos assuntos públicos. Eu voltava a sentir emoção, embora moderada, ao trabalhar por minhas idéias e pelo bem público. Assim, a nuvem foi se desvanecendo pouco a pouco e de novo pude desfrutar da vida. Apesar de sofrer várias recaídas, algumas das quais duraram muitos meses, nunca voltei a ser tão infeliz como havia sido.

As experiências desse período produziram dois efeitos marcantes em minhas opiniões e em meu caráter. Em primeiro lugar, levaram-me a adotar uma teoria da vida muito diferente daquela que eu antes havia posto em prática, e que tinha muito em comum com a teoria da renúncia de si mesmo, de Carlyle,[5] da qual então eu não tinha todavia a menor notícia. É certo que jamais foi abalada a minha convicção de que a felicidade é o critério de todas as regras de conduta e o fim que se persegue na vida. Mas eu agora pensava que este fim só pode se alcançado não fazendo dele o objetivo imediato. Só são felizes (eu pensava) os que têm a mente fixada em algum objeto que não seja a sua própria felicidade: na felicidade de outros, na melhora da humanidade, ou, inclusive, em alguma arte ou projeto que não se busque como um meio, mas como uma meta em si mesma ideal. Assim, apontando para outra coisa, encontra-se casualmente a felicidade. As satisfações da vida (tal era agora minha nova teoria) são suficientes para fazer dela algo prazeroso quando são tomadas *en passant*,[6] sem fazer delas o objetivo principal. No momento em que lhes damos a máxima importância, percebemos imediatamente

---

5) Teoria que Carlyle expõe em seu ensaio *Characteristics* (1831) e em seu livro *Sartor resartus* (1833-1834), Livro II, capítulo IX.
6) Em francês no original: de passagem.

que são insuficientes. Não poderão sustentar-se se as submetemos a um exame rigoroso. Pergunta se és feliz e deixarás de sê-lo. A única opção é considerar, não a felicidade, mas algum outro fim externo a ela, como o propósito de nossa vida. Faze com que tuas reflexões, teu escrutínio, tua introspecção se esgotem nisso. E se tiveres a fortuna de vê-los rodeados por outras circunstâncias favoráveis, inalarás felicidade com o ar que respiras, sem deter-te a pensar nela, sem deixar que ocupe tua imaginação e sem afugentá-la com interrogações fatais. Essa teoria se converteu no fundamento de minha filosofia de vida. E ainda me aferro a ela, pois considero que é a melhor para todos aqueles que possuem um grau moderado de sensibilidade e de capacidade para o gozo, ou seja para a grande maioria do gênero humano.

A outra mudança importante que naquela época as minhas opiniões experimentaram foi que eu, pela primeira vez, dei um lugar apropriado, como uma das primeiras necessidades do bem-estar humano, ao cultivo interno do indivíduo. Cessei de atribuir importância quase exclusiva à ordenação das circunstâncias externas e à preparação do ser humano para a especulação e a ação. Eu havia aprendido, agora por experiência, que as sensibilidades passivas precisam ser cultivadas tanto quanto as capacidades ativas, e que necessitam ser alimentadas e enriquecidas, além de guiadas. Nem por um instante descuidei ou menosprezei aquela parte da verdade que eu havia percebido antes: nunca reneguei a cultura intelectual ou deixei de considerar o poder e a prática da análise como uma condição essencial do aperfeiçoamento individual e social. Mas pensava que isso tinha conseqüências que deviam ser corrigidas mediante o cultivo simultâneo de outros tipos de cultura. A manutenção de um equilíbrio entre as faculdades parecia-me agora de primeira importância. O cultivo dos sentimentos se converteu em um dos pontos primordiais de meu credo ético e filosófico. E meus pensamentos e inclinações se orientaram cada vez mais para tudo que pudesse contribuir para esse objetivo.

Comecei então a encontrar sentido em coisas que eu havia lido ou ouvido acerca da importância da poesia e da arte como instrumentos da cultura humana. Mas passou ainda algum tempo antes de eu chegar a conhecer isso por experiência própria. A única arte imaginativa que desde criança havia me proporcionado grande prazer era a música, cujo melhor efeito (e nisso supera talvez todas as demais artes) consiste em excitar o entusiasmo, em elevar até o seu ponto mais alto os sentimentos de ordem superior já existentes no caráter, aos quais empresta um brilho e um fervor que, embora transitórios em seu ponto mais excelso, são preciosos para sustentar aqueles sentimentos em outras ocasiões. Eu havia experimentado muitas vezes esse efeito da música, algo que foi interrompido durante meu período sombrio, junto com minhas outras aptidões para sentir o prazer. Mais de uma vez busquei alívio nesse refúgio, mas não encontrei nenhum. Quando a maré mudou e entrei no caminho da recuperação, a música me ajudou, mas de modo muito menos elevado. Foi nessa época que conheci a ópera *Oberon*, de Weber, e o extremo prazer que experimentei com suas deliciosas melodias me fez bem, mostrando-me uma fonte de satisfação a qual eu seguia sendo tão sensível como sempre fora. Entretanto, o bem foi enfraquecido pelo pensamento de que o prazer da música (o que é verdade de um prazer que, como este, é puramente melódico) debilita-se com a familiaridade, e precisa ser reavivado pela intermitência ou alimentado pela contínua novidade. E é muito característico, tanto do meu estado de ânimo como de minha atitude mental geral durante todo aquele período de minha vida, o fato de que eu fiquei seriamente atormentado com a idéia de que as combinações musicais poderiam ser esgotadas. A oitava consiste apenas em cinco tons e dois semitons, que só podem ser combinados em um número limitado de formas, das quais poucas são belas. A maioria dessas, pensava eu, já deviam estar descobertas, e não poderia haver assim uma longa sucessão de Mozarts e Webers capazes de encontrar, como estes fizeram, filões inteiramente novos e ainda mais ricos de beleza musical. Talvez se pense que a fonte dessa ansiedade seja semelhante àquela dos filósofos da Laputa, que temiam que o sol se consumisse.[7] Todavia, essa preocupação procedia da melhor qualidade de meu caráter e do único lado bom em minha nada romântica e nada honrosa desgraça. Pois embora minha melancolia, julgada sinceramente, não pudesse ser chamada senão de egoísta, produzida, segundo eu pensava, pela ruína do edifício de minha felicidade, também o destino da humanidade em geral estava em meus pensamentos e não podia ser separado do meu próprio. Sentia que a falha em minha vida era uma falha na vida mesma e que a questão era a de saber se os prazeres da vida continuariam sendo prazeres no momento em que os reformadores da sociedade e do governo tivessem êxito em seus objetivos, em que todas as pessoas da comunidade alcançassem a liberdade e um estado de bem-estar físico, e quando, assim, os prazeres não estivessem mais sustentados pela luta e pela privação. Compreendi que, a menos que eu encontrasse uma esperança melhor do que esta para a felicidade humana em geral, minha melancolia continuaria, mas que, se eu lograsse perceber uma saída, olharia o mundo com prazer, contentando-me, no que se referia a mim, com uma justa participação no quinhão geral.

Tal estado de meus sentimentos e pensamentos converteu a primeira leitura de Wordsworth que fiz (no outono de 1828) em um episódio importante de minha vida. Eu abri uma coletânea de seus poemas por curiosidade, sem esperar deles consolo espiritual, embora antes houvesse recorrido à poesia com essa esperança. No pior período de meu abatimento eu havia lido toda a obra de Byron (então nova para mim), para ver se um poeta cuja particularidade especial se supunha que fosse a maior intensidade dos sentimentos, podia suscitar algum em mim. Como se poderia esperar, não tirei nenhum proveito dessa leitura, pelo contrário. O estado de espírito do poeta era muito parecido com o meu. Seu lamento era o de um homem que havia exaurido todos os prazeres e que parecia crer que

---

7) *Viagens de Gulliver*, Parte III, capítulo II.

a vida, para todos os que possuem o que ela pode oferecer de bom, deve ser necessariamente essa coisa insípida e carente de interesse que eu havia descoberto. Seus personagens Harold e Manfred carregavam o mesmo fardo que eu, e meu estado de ânimo não permitia obter nenhum alívio da veemente paixão sensual de um Giaour, nem da sombria melancolia de um Lara. Mas se Byron era exatamente o que menos convinha a meu estado de ânimo, Wordsworth era justamente o que eu precisava. Havia folheado sua *Excursion* dois ou três anos antes, mas encontrei pouco nesta obra, e provavelmente não haveria encontrado mais se a tivesse lido nesse momento. Mas a miscelânea de poemas, na edição em dois volumes publicada em 1815 (a qual pouco de valor foi acrescentado em etapas posteriores da vida do autor), revelou-se apropriada para minhas necessidades espirituais naquela conjuntura particular.

Em primeiro lugar, esses poemas afetavam poderosamente uma das minhas sensibilidades mais prazerosas: o amor pelas coisas rurais e pela paisagem natural, ao qual eu devia não apenas grande parte do prazer de minha vida, mas também, muito recentemente, algum alívio para uma das minhas mais longas recaídas depressivas.[8] Esse poder que a beleza rural exercia sobre mim era a base para que a poesia de Wordsworth pudesse me agradar, e tanto mais quanto suas paisagens eram paisagens de montanhas, um cenário que, desde minha excursão aos Pirineus, eram meu ideal de beleza natural. Mas Wordsworth não haveria produzido um grande efeito sobre mim se houvesse me oferecido apenas belas descrições de paisagens naturais. Scott faz isso ainda melhor do que Wordsworth e um paisagista de

---

8) No manuscrito original há a seguinte passagem suprimida: "No solstício de verão daquele mesmo ano de 1828, realizei uma breve excursão a pé. Estivera, nos meses anteriores, mergulhado em meu antigo estado de melancolia sombria, embora, como já mencionei, sem a mesma intensidade da primeira experiência. Esse estado prosseguiu durante a maior parte do primeiro dia, mas a caminhada às margens do Tâmisa, de Reading até Pangbourne, diante de uma das tardes de verão mais encantadoras, com o céu ocidental em seu mais esplêndido colorido, o calmo rio, as ricas campinas e colinas à minha volta, alterou imperceptivelmente o meu estado. Salvo um curto intervalo de tempo dois dias após, não houve nenhum retorno da depressão durante aquela excursão nem por vários meses depois" (*The early draft*, op. cit., p. 125 nota).

segunda categoria é capaz de fazê-lo com mais eficácia do que qualquer poeta. O que tornou os poemas de Wordsworth um bálsamo para meu estado de ânimo foi que eles expressavam não apenas uma beleza exterior, mas estados de sentimento e estados mentais tingidos de sentimentos, sob o estímulo da beleza.[9] Eles pareciam ser o próprio cultivo dos sentimentos que eu buscava. Neles eu acreditei encontrar uma fonte de alegria interior, de prazer criador e compassivo que poderia ser compartilhado por todo ser humano. Um prazer que não tinha relação com o esforço ou a imperfeição, mas que poderia se enriquecer mediante qualquer aperfeiçoamento na condição física ou social da humanidade. Nesses poemas acreditei aprender quais seriam as fontes perenes da felicidade quando todos os grandes males da vida houvessem desaparecido. Sob essa influência me senti melhor e mais feliz. Houve certamente, inclusive em nosso próprio tempo, poetas superiores a Wordsworth. Mas uma poesia de sentimentos mais profundos e mais sublimes não haveria feito por mim o que os seus poemas fizeram. Eu precisava de algo que me fizesse sentir que havia uma felicidade real e permanente na contemplação serena. Wordsworth me ensinou isso, não apenas sem me afastar dos sentimentos comuns e do destino comum do gênero humano, mas favorecendo um crescente interesse nestes. O deleite que esses poemas me proporcionaram foi uma prova de que com uma cultura desse tipo não havia nada a temer do mais tenaz hábito de análise. Ao final daquela coletânea de poemas vinha a famosa ode, erroneamente classificada como platônica, "Vislumbres da imortalidade" ["*Intimations of immortality*"], na qual, junto com uma doçura de melodia e ritmo ainda maiores do que a usual no poeta, e junto com as duas passagens de grande poder imaginativo mas de pouca filosofia, tantas vezes citadas, descobri que Wordsworth também havia tido uma experiência similar à minha. Também ele havia sentido que o primeiro frescor do gozo juvenil da vida não era

---

9) Mill parafraseia o quinto parágrafo do prefácio de Wordsworth para as *Baladas líricas* (1800).

duradouro, e havia buscado e encontrado uma compensação mediante a forma que agora ensinava a mim. O resultado foi que eu consegui, de forma gradual, emergir completamente da minha depressão habitual, e nunca mais voltei a sofrê-la. Durante muito tempo continuei apreciando Wordsworth, menos por seus méritos intrínsecos do que pelo que ele havia feito por mim. Comparado com os grandes poetas, pode-se dizer que ele é o poeta dos espíritos prosaicos que possuem gostos serenos e contemplativos. Mas as naturezas prosaicas são precisamente as que necessitam de um cultivo poético. Wordsworth é mais adequado para proporcionar esse cultivo do que outros poetas que são, intrinsecamente, muito mais poetas do que ele.

Assim, os méritos de Wordsworth foram o pretexto para a primeira declaração pública de meu novo modo de pensar e do afastamento em relação aos meus companheiros habituais que não haviam experimentado uma transformação similar. Roebuck era a pessoa com quem, durante aquela época, eu estava mais habituado a trocar impressões sobre tais assuntos e, assim, animei-o a ler Wordsworth. No começo, ele também descobriu na obra desse poeta muitas coisas admiráveis. Mas eu, assim como muitos partidários de Wordsworth, desenvolvi um forte antagonismo contra Byron, tanto pela qualidade deste como poeta como pela influência que exercia no caráter. Roebuck, cujos instintos estavam todos voltados para a ação e a luta, nutria, ao contrário, uma forte simpatia e grande admiração por Byron, cujos escritos eram por ele considerados como a poesia da vida humana, enquanto a de Wordsworth era, segundo ele, a poesia das flores e das borboletas. Concordamos assim em confrontar nossas opiniões na *Debating Society*, e dedicamos duas tardes a discutir e comparar os méritos de Byron e Wordsworth, defendendo e ilustrando com longas declamações nossas respectivas teorias acerca da poesia.[10] Também Sterling, em um brilhante

---

10) O rascunho do principal discurso de Mill nesse debate foi publicado em *Literary essays*. ALEXANDER, Edward (ed.). *John Stuart Mill: Literary essays*. Indianapolis, Bobbs-Merril, 1967, pp. 344-55.

discurso, expôs sua própria teoria. Este foi o primeiro debate sobre um assunto de certa importância em que Roebuck e eu mantivemos posições antagônicas. A partir desse momento, a cisão entre nós aumentou cada vez mais, embora continuássemos sendo, durante alguns anos, companheiros. No início, nossa principal divergência se referia ao cultivo dos sentimentos. Roebuck diferia, em muitos aspectos, do que comumente se entende por um benthamista ou utilitarista.[11] Era um amante da poesia e de quase todas as belas artes. Tinha grande gosto pela música, pelo teatro e, especialmente, pela pintura, e ele mesmo pintava e desenhava paisagens com grande facilidade e beleza. Mas nunca foi possível fazê-lo perceber que essas coisas possuem algum valor para a formação do caráter. Pessoalmente, em vez de ser, como se supõe que os benthamistas sejam, um homem vazio de sentimentos, possuía uma sensibilidade muito viva e forte. Mas, como a maioria dos ingleses que têm sentimentos, pensava que os seus sentimentos eram um estorvo considerável. Era muito mais suscetível de simpatizar com a dor do que com o prazer, e, buscando a sua felicidade por outros meios, preferia que seus sentimentos fossem amortecidos e não avivados. Na verdade, o caráter inglês e as condições sociais inglesas tornam tão difícil obter a felicidade pela prática das simpatias, que não é de admirar que estas contem pouco no modo de vida de um inglês. Na maioria dos outros países a importância suprema das simpatias, como elemento da felicidade individual, é um axioma que se dá por suposto e que não necessita de nenhuma exposição formal. Mas quase todos os pensadores ingleses parecem considerá-las como males necessários, exigidos para conservar a benevolência e a compaixão nas ações humanas. Roebuck era, ou parecia ser, um inglês desse tipo. Não via

---

11) A breve caracterização de Roebuck apresentada é um resumo da versão original; nessa última, vemos um triste retrato da decadência pela qual Roebuck, casado e enredado nas "pequenas vaidades e intrigas do que é chamado de sociedade", tornou-se gradualmente "um panegirista da Inglaterra e das coisas inglesas, um conformista em relação à Igreja, fundindo-se a seguir no rebanho comum dos liberais conservadores" (*The early draft*, op. cit., pp. 127-31). O próprio Roebuck atribuía a cisão à sua reprovação declarada da relação que Mill mantinha com Harriet Taylor (*The early draft*, op. cit., p. 14).

quase nenhum bem no cultivo dos sentimentos e menos ainda se este cultivo fosse feito mediante a imaginação, que, segundo ele, só alimentava ilusões. Em vão tentei persuadi-lo de que a emoção imaginativa que uma idéia excita em nós quando é concebida de forma vívida, não é uma ilusão, mas um fato tão real como qualquer outra qualidade dos objetos; e que longe de implicar algo errôneo e ilusório em nossa apreensão mental do objeto, é consistente com o conhecimento mais exato e com o reconhecimento prático mais perfeito de todas as suas leis e relações físicas e intelectuais. O sentimento mais intenso da beleza de uma nuvem iluminada pelo sol poente não é um obstáculo ao meu conhecimento de que a nuvem é constituída por vapor de água e que está sujeita a todos as leis dos vapores em estado de suspensão. E estou tão capacitado para aceitar e agir conforme estas leis, sempre que houver ocasião para isso, quanto se eu fosse insensível à distinção entre a beleza e a feiúra.

Conforme ia diminuindo minha intimidade com Roebuck, mantinha relações cada vez mais amigáveis com os nossos adversários coleridgeanos da *Sociedade*, Frederick Maurice e John Sterling, que chegaram a ser depois muito conhecidos; o primeiro por seus escritos, o segundo pelas biografias devidas a Hare e a Carlyle. Destes dois amigos, Maurice era o pensador, e Sterling o orador e apaixonado expositor das idéias que, nesse período, eram quase inteiramente formuladas para ele por Maurice. Eu havia me relacionado com este último durante algum tempo através de Eyton Tooke, que o conhecia de Cambridge. Embora minhas conversas com Maurice fossem quase sempre discussões, extraí delas muitas coisas que me ajudaram a construir um novo edifício de pensamento, da mesma forma que extraí muito de Coleridge e das obras de Goethe e de outros autores alemães que li durante esses anos. Tenho um respeito tão profundo pelo caráter e pelos propósitos de Maurice, assim como por suas estupendas qualidades mentais, que é com certa relutância que digo algo que pode parecer colocá-lo em um lugar menos proeminente do que aquele que eu gostaria de conceder-lhe. Mas sempre pensei que em Maurice foi desperdiçado mais poder intelectual do que em qualquer outro de meus contemporâneos. Poucos destes, certamente, possuíam tanto para desperdiçar. Seus grandes poderes de generalização, sua engenhosidade e sutileza pouco comuns, e sua ampla percepção de verdades importantes e pouco evidentes, não foram usadas por ele para substituir por algo melhor o vasto caudal das desprezíveis opiniões legadas a respeito dos grandes temas do pensamento, mas para provar a si mesmo que a Igreja Anglicana conhecia tudo desde sempre, e que todas as verdades com as quais a Igreja e a ortodoxia haviam sido atacadas — muitas das quais ele via com tanta clareza quanto qualquer outro — não apenas eram consistentes com os *Trinta e nove artigos*,[12] mas eram ainda melhor compreendidas e expressas nesses artigos do que por qualquer um que os recusasse. Nunca pude encontrar uma explicação para essa atitude, a não ser atribuindo-a àquela timidez de consciência que, combinada com uma sensibilidade inata de temperamento, levou tantos homens bem dotados ao catolicismo, impulsionados pela necessidade de um apoio mais firme do que aquele que podem encontrar nas conclusões independentes de seus próprios juízos. Ninguém que conheceu Maurice pensaria em atribuir-lhe qualquer outro tipo mais vulgar de timidez, e mesmo que ele não tivesse dado provas públicas de que estava livre dela, como testemunham sua oposição posterior a algumas das opiniões normalmente consideradas ortodoxas e seu nobre empenho em criar o movimento Socialista Cristão. Do ponto de vista moral, Coleridge é aquele que mais se compara a Maurice, e penso que este é decididamente superior àquele se levarmos em conta apenas a capacidade intelectual e deixarmos de lado o gênio poético. Nessa época, entretanto, ele pode ser descrito como um discípulo de Coleridge, e Sterling como um discípulo de Coleridge e dele. As modificações que ocorriam em minhas antigas idéias propiciaram alguns pontos de contato entre eles e eu. Tanto Maurice como Sterling foram de considerável utilidade em meu desenvolvimento. Logo me tornei íntimo de Sterling, e minha

---

12) The *thirty-nine articles*. Aprovados em 1571, condensam o credo da Igreja Anglicana.

amizade com ele foi mais estreita do que a que mantive com qualquer outro homem antes. Era realmente um dos homens mais amáveis. Seu caráter franco, cordial, afetuoso e expansivo; seu amor pela verdade, que se manifestava com a mesma veemência tanto nas coisas mais importantes como nas mais humildes; sua natureza ardente e generosa que se entregava impetuosamente às opiniões que adotava, mas que revelava a mesma disposição para fazer justiça às doutrinas e aos homens aos quais se opunha como para combater o que considerava serem seus erros; e sua idêntica devoção aos dois pontos fundamentais da Liberdade e do Dever, tudo isso formava uma combinação de qualidades que atraía a mim e a todos aqueles que o conheciam tão bem quanto eu. Com sua abertura de pensamento e de coração, não teve dificuldade em estender-me as mãos por cima do abismo que ainda separava nossas opiniões. Contou-me como ele e outros haviam me considerado, pelo que ouviam dizer a meu respeito, um homem "fabricado", em quem uma certa maneira de opinar fora incutida e que se limitava a reproduzi-la. Contou-me ainda a mudança que se operou em seus sentimentos quando descobriu, no debate sobre Wordsworth e Byron, que Wordsworth e tudo o que este nome implica "pertencia" a mim tanto quanto a ele e seus amigos. A precariedade de sua saúde logo frustrou todos os seus planos de vida, obrigando-o a viver longe de Londres. Assim, um ou dois anos após nos conhecermos, só nos víamos eventualmente. Mas (como ele mesmo disse em uma de suas cartas a Carlyle) quando nos reuníamos era como se fôssemos irmãos. Embora não fosse, no pleno sentido da palavra, um pensador profundo, a amplitude de sua mente e sua bravura moral, aspectos em que era muito superior a Maurice, fizeram com que superasse o domínio que este e Coleridge haviam exercido sobre sua inteligência, ainda que tenha conservado até o fim uma grande, mas judiciosa, admiração pelos dois, e um cálido afeto por Maurice. Exceto durante aquela curta e transitória fase de sua vida em que ele cometeu o erro de se tornar um clérigo, sua mente foi sempre progressiva. E os avanços que ele mostrava a cada vez que eu o via após um intervalo, faziam-me aplicar a ele o que Goethe dizia de Schiller: *Er hatte eine fürchterliche Fortschreitung.*[13] Eu e ele partimos de posições intelectuais quase tão distante quanto os pólos, mas a distância entre nós diminuía sempre. Se eu me aproximei de algumas posições suas, ele, durante sua breve vida, se aproximava cada vez mais de várias posições minhas e, se tivesse vivido e desfrutado de saúde e vigor para prosseguir aquele assíduo cultivo pessoal, não sabemos até onde haveria chegado essa espontânea assimilação.

Após 1829 deixei de freqüentar a *Debating Society*. Estava farto de fazer discursos e me alegrou poder continuar com meus estudos e reflexões pessoais sem a necessiade imediata de formular seus resultados publicamente. Descobri que o edifício de minhas velhas opiniões recebidas estava cedendo em muitos pontos, mas nunca deixei que ele se desfizesse em pedaços, ocupando-me incessantemente em reconstruí-lo com novos materiais. Jamais, no curso dessa transição, me conformei em permanecer, ainda que por um curto período, confuso e vacilante. Quando havia incorporado uma nova idéia, não podia sossegar sem antes ajustar sua relação com minhas antigas opiniões e determinar exatamente até que ponto seu efeito podia modificar e anular estas.

Os conflitos que muitas vezes fui obrigado a enfrentar ao defender a teoria do governo expostas nos escritos de Bentham e de meu pai, bem como a familiaridade que eu havia obtido com outras escolas de pensamento, fizeram-me perceber que havia muitas coisas que essa doutrina, que pretendia ser uma teoria geral do governo, deveria ter incorporado e não o havia feito. Mas essas coisas permaneciam ainda para mim muito mais como correções que deveriam ser feitas no momento de aplicar a teoria na prática do que como defeitos da própria teoria. Eu achava que a política não podia ser uma ciência de experiência específica e que as críticas dirigidas contra a teoria de Bentham, acusando-a de *ser* uma teoria, de proceder *a priori* mediante raciocínios gerais e não por meio da experimentação baconiana,

---

13) Em alemão no original: Progredia em ritmo assombroso.

mostravam uma completa ignorância dos princípios de Bacon e das condições necessárias para a aplicação da investigação experimental. Nesse momento apareceu na *Edinburgh Review* o famoso ataque de Macaulay contra o *Ensaio sobre o governo*, de meu pai. Este artigo me deu muito o que pensar. Eu considerava errônea a concepção que Macaulay tinha da lógica da política, que ele defendia, contra a abordagem filosófica, o modo empírico de tratar os fenômenos políticos, e que, inclusive no domínio da ciência física, sua noção do que era o filosofar poderia reconhecer Kepler, mas excluiria Newton e Laplace. Mas eu não podia deixar de sentir que, embora o tom do artigo fosse impertinente — erro para o qual o autor, posteriormente, deu amplas e nobres desculpas — havia verdade em várias das críticas dirigidas ao tratamento que meu pai dava ao tema; que as premissas de meu pai eram muito limitadas e incluíam só um pequeno número das verdades gerais das quais, em política, dependem as conseqüências importantes. A identidade de interesses entre os governantes e a comunidade não é, em nenhum sentido prático que pode ser dado a ela, a única coisa de que depende o bom governo. Tampouco essa identidade de interesses pode ser assegurada apenas pelas condições da eleição. Eu não fiquei satisfeito com o modo pelo qual meu pai respondeu às críticas de Macaulay. Ele não se justificou, como eu pensava que deveria, dizendo: "Eu não estava escrevendo um tratado científico sobre política, mas um argumento em favor da reforma parlamentar". Tratou o argumento de Macaulay como se fosse simplesmente irracional, como se fosse um ataque contra a faculdade de raciocinar, como um exemplo daquele dito de Hobbes segundo o qual quando a razão está contra um homem, o homem estará contra a razão. Isto me fez pensar que havia algo mais fundamentalmente errôneo na concepção que meu pai tinha do método filosófico, em sua aplicação à política, do que eu supunha haver até então. Mas, no início, não pude ver claramente qual era o erro. Por fim este se manifestou por inteiro durante o curso de outros estudos que eu realizava. No início de 1830 eu comecei a pôr no papel as idéias sobre lógica — principalmente as que se referiam às distinções entre os termos e ao significado das proposições — que haviam sido sugeridas e em parte elaboradas nas conversas matutinas já mencionadas. Uma vez seguro de que esses pensamentos não se perderiam, avancei em outras partes do tema, tratando de ver se eu podia fazer algo mais para elucidar a teoria da lógica em geral. Enfrentei imediatamente o problema da indução, deixando para mais tarde o do raciocínio, pois considerei que é necessário obter primeiro as premissas antes de raciocinar a partir delas. Ora, a indução é principalmente um processo para estabelecer as causas dos efeitos. Ao tentar entender o modo pelo qual, na ciência física, as causas e os efeitos são identificados, logo percebi que, na mais perfeita das ciências, o que fazemos é ascender, mediante a generalização de casos particulares, às tendências das causas consideradas isoladamente; e que, depois, raciocinamos partindo dessas tendências separadas até chegar ao efeito dessas mesmas causas quando estão combinadas. Perguntei-me então qual era a análise última deste processo dedutivo, já que, evidentemente, a teoria comum do silogismo não lançava nenhuma luz sobre o assunto. Como a minha prática (aprendida de Hobbes e de meu pai) era estudar os princípios abstratos baseando-me nos melhores exemplos concretos que podia encontrar, ocorreu-me que a Composição de Forças, dentro da Dinâmica, era o exemplo mais completo do processo lógico que eu estava investigando. De acordo com isto, ao examinar o que faz a mente quando aplica o princípio da Composição de Forças, descobri que realiza um simples ato de adição. Acrescenta o efeito separado de uma força ao efeito separado de outra e põe como efeito resultante a soma destes efeitos separados. Mas é legítimo este processo? Em Dinâmica, e em todos os ramos matemáticos da Física, sim, é legítimo, mas em outros casos, como na Química, não. Recordei então que algo semelhante havia sido apontado como uma das distinções entre fenômenos químicos e mecânicos, na introdução daquele livro favorito de minha adolescência, o *Sistema de Química*, de Thomson. Esta distinção permitiu que eu visse claramente o que me deixava perplexo na filosofia da Política.

Entendi então que uma ciência é ou dedutiva ou experimental conforme, na área a que se refere, a união dos efeitos das causas seja ou não a soma dos efeitos que essas mesmas causas produzem quando estão separadas. Disso se seguia que a Política tinha que ser uma ciência dedutiva e que tanto Macaulay como meu pai estavam equivocados: Macaulay, por assimilar o método de filosofar em Política ao método puramente experimental da Química, e meu pai, embora correto ao adotar um método dedutivo, havia se equivocado ao selecionar um em particular, escolhendo como modelo de dedução, não o processo apropriado — que é o dos ramos dedutivos da filosofia natural — mas o inadequado da Geometria pura, ciência que, não sendo em absoluto uma ciência de causação, não exige nem admite nenhuma adição de efeitos. Estabeleceu-se assim em meu pensamento uma base para os principais capítulos que publiquei depois sobre a Lógica das Ciências Morais. E minha nova posição com respeito ao meu velho credo político ficou agora perfeitamente definida.

Se me perguntarem por qual sistema de filosofia política foi substituído aquele que, como filosofia, eu havia abandonado, responderei que nenhum sistema: só a convicção de que o sistema verdadeiro era algo muito mais complexo e multifário do que eu havia imaginado até então, e que sua função não era proporcionar uma série de instituições modelo, mas princípios dos quais poderiam ser deduzidas aquelas instituições adequadas a determinadas circunstâncias. As influências do pensamento europeu, isto é, do pensamento continental, e especialmente aquelas que representavam uma reação do século XIX contra o XVIII, exerciam agora pressão sobre mim. Elas vinham de vários lados: dos escritos de Coleridge que eu havia começado a ler com interesse antes mesmo de minha mudança de opiniões; dos coleridgianos com quem eu mantinha relações pessoais; do que eu havia lido de Goethe; dos primeiros artigos de Carlyle na *Edinburgh* e na *Foreign Review*, embora por muito tempo não visse neles nada além de uma insana rapsódia — opinião que meu pai manteve até o fim. Dessas fontes e de meu conhecimento da literatura francesa da época, derivei, entre outras idéias postas em evidência pela mudança geral de opiniões dos pensadores europeus, estas em particular: que a mente humana possui uma ordem determinada de progresso possível, em que algumas coisas devem proceder a outras, ordem que os governos e os que dirigem a opinião pública podem modificar em alguma medida, mas nunca de forma ilimitada; que todas as questões referentes às instituições políticas são relativas, não absolutas, e que os diferentes estágios do progresso humano não só *terão* mas *deverão* ter instituições diferentes; que o governo sempre está nas mãos ou passa pelas mãos do poder mais forte da sociedade e que a natureza deste poder não depende das instituições, mas as instituições dependem dele; que qualquer filosofia ou teoria geral da política supõe uma teoria prévia do progresso humano ou, o que é o mesmo, uma filosofia da história. Estas opiniões, verdadeiras no essencial, eram sustentadas de maneira exagerada e violenta pelos pensadores com os quais eu comparava agora habitualmente minhas impressões, pensadores que, como é usual em toda reação, ignoravam a parte da verdade que os filósofos do XVIII haviam visto. E embora, em um período de minha evolução, tenha deprezado por algum tempo este grande século, nunca me uni à reação contra ele, aferrando-me sim e com a mesma firmeza aos dois lados da verdade. O antagonismo entre o século XIX e o XVIII me recordava sempre aquela batalha sobre o escudo que tinha um lado branco e o outro negro.[14] Assombrava-me a ira cega com que os combatentes se lançavam uns contra os outros. Eu aplicava a eles, e ao próprio Coleridge, muitos dos ditos de Coleridge sobre as meias-verdades, e com gosto haveria adotado, nesse período, o lema de Goethe: "multiplicidade de aspectos".[15]

---

14) Alegoria medieval em que dois cavaleiros discutem sobre a cor de um escudo que cada um vê de um ponto de vista diferente e começam depois a lutar. A batalha termina quando um terceiro cavaleiro surge e lhes mostra os dois lados do escudo em questão.

15) Em suas notas a um dos sermões de Donne, Coleridge escrevia que não há falsidade pior do que "as verdades mal compreendidas" e que "os erros mais prejudiciais de que se tem registro são as meias-verdades consideradas como a verdade integral" (COLERIDGE, Henry Nelson (ed.). *The literary remains in prose and verse of Samuel Taylor Coleridge*. Londres, W. Pickering, 1838, III, parte I, p. 145).

Os escritores pelos quais, mais do que quaisquer outros, um novo modo de pensamento político chegou a mim foram os da escola sansimoniana, da França. Em 1829 e 1830 conheci alguns de seus escritos. Eles estavam então nos primeiros passos de suas especulações e não haviam dado ainda a sua filosofia a aparência de uma religião nem elaborado seu projeto de socialismo. Apenas começavam a questionar o princípio da propriedade hereditária. Eu não estava, de forma alguma, preparado para acompanhá-los tão longe, mas fiquei muito impressionado com a visão que propunham, e que era apresentada a mim pela primeira vez, a respeito da ordem natural do progresso humano e, especialmente, com a divisão da história em períodos orgânicos e períodos críticos. Durante os períodos orgânicos, diziam, os homens aceitam com firme convicção algum credo positivo que reclama jurisdição sobre todos os seus atos e que contém mais ou menos verdade e propicia maior ou menor adaptação às necessidades da humanidade. Sob sua influência, os homens progridem de um modo compatível com seu credo até que finalmente chegam a superá-lo. Segue-se então um período de crítica e negação, em que a humanidade perde suas antigas convicções sem adquirir outras novas que tenham um caráter geral ou normativo, exceto a convicção de que as antigas são falsas. O período do politeísmo grego e romano foi, enquanto gregos e romanos cultos realmente acreditaram nele, um período orgânico, sucedido pelo período crítico ou cético dos filósofos gregos. Outro período orgânico veio com o Cristianismo. Seu período crítico correspondente começou com a Reforma, durando desde então, e não cessará por completo até que um novo período orgânico seja inaugurado mediante o triunfo de um credo mais avançado. Essas idéias, eu bem sabia, não eram exclusivas dos sansimonianos, mas pertenciam a toda a Europa, ou, pelo menos, a Alemanha e a França, porém, pelo que eu sabia, ninguém as havia sistematizado de forma tão completa quanto esses escritores, nem exposto com tanta força as características que distinguem um período crítico. Pois eu não conhecia então as conferências de Fichte sobre as "características da época atual". Em

Carlyle, é certo, encontrei amargas denúncias contra uma "época de descrença" e contra o nosso tempo como uma época desse tipo, denúncias que eu, assim como muitas outras pessoas, considerei como apaixonados protestos em favor de velhos modos de crença. Mas eu pensei que os sansimonianos formulavam, de forma mais serena e filosófica, tudo o que havia de verdade nessas denúncias. Entre as suas publicações houve uma que me pareceu muito superior às demais e em que a idéia geral havia se desenvolvido em algo muito mais definido e instrutivo. Tratava-se de uma obra inicial de Auguste Comte,[16] que então se considerava e inclusive se anunciava no frontispício do livro como um discípulo de Saint-Simon. Nesse tratado Comte expôs pela primeira vez a doutrina, fartamente ilustrada em sua obra posterior, da sucessão natural de três estados em todas as ordens do conhecimento humano: primeiro, o teológico, depois o metafísico e, por fim, o estado positivo. Ele sustentava ainda que a ciência social devia estar sujeita à mesma lei: o sistema feudal e católico era a fase final do estado teológico da ciência social, o Protestantismo era o começo e as doutrinas da Revolução Francesa a consumação do estado metafísico, e o estado positivo ainda estava por vir. Esta doutrina se harmonizava bem com as noções que eu tinha e parecia dar-lhes uma forma científica. Eu já considerava os métodos da ciência física como modelos adequados para a ciência política. Mas o principal benefício que extraí, nesse período, das tendências especulativas sugeridas pelos sansimonianos e por Comte, foi uma concepção mais clara do que eu possuía até então das peculiaridades de uma era de transição nas opiniões, graças a qual deixei de confundir as características morais e intelectuais de semelhante era com os atributos normais da humanidade. Por cima das acaloradas discussões e das débeis convicções da época atual, pude ver além, na direção de um futuro que unisse as melhores qualidades dos períodos críticos com as melhores qualidades dos

---

16) *Système de politique positive* (1824): não confundir com a obra de mesmo nome que Comte publicará em 1853 e que será mencionada por Mill no capítulo VI.

períodos orgânicos: plena liberdade de pensamento, irrestrita liberdade de ação individual desde que esta não assuma formas prejudiciais aos demais, mas, ao mesmo tempo, convicções a respeito do certo e do errado, do útil e do pernicioso, convicções estas profundamente gravadas nos sentimentos pela primeira educação e pela unanimidade geral de sentimento, além de firmemente fundamentadas na razão e nas verdadeiras exigências da vida, de tal forma que não precisassem ser, como os credos passados e presentes de tipo religioso, ético e político, periodicamente abandonadas e substituídas por outras.

Comte logo abandonou os sansimonianos e por vários anos eu o perdi de vista, assim como a seus escritos. Mas continuei a cultivar os sansimonianos. Mantinha-me *au courant*[17] dos progressos que faziam por meio de um de seus discípulos mais entusiastas, Gustave d'Eichtal, que então passava uma larga temporada na Inglaterra. Fui apresentado a seus líderes, Bazard e Enfantin, em 1830 e, enquanto duraram seus ensinos públicos e seu proselitismo, li quase tudo o que escreveram. Suas críticas às doutrinas correntes do Liberalismo me pareciam plenas de verdades importantes. Graças, em parte, aos seus escritos, meus olhos foram abertos para o valor limitado e provisório da velha economia política, que supõe como fatos inevitáveis a propriedade privada e a herança, e considera a liberdade de produção e de troca como *dernier mot*[18] do aprimoramento social. O plano gradualmente desenvolvido pelos sansimonianos, segundo o qual o trabalho e o capital da sociedade deveriam ser administrados no interesse geral da comunidade, exigindo-se, de cada indivíduo, que participasse no trabalho, seja como pensador, mestre, artista ou produtor, indivíduos que seriam classificados de acordo com suas capacidades e remunerados de acordo com suas obras, parecia-me uma descrição do Socialismo muito superior à de Owen. O objetivo que almejavam parecia-me

---

17) Em francês no original: a par.
18) Em francês no original: última palavra.

desejável e racional, ainda que seus meios pudessem ser ineficazes. E embora nunca acreditei nem na possibilidade prática nem no funcionamento benéfico de sua maquinaria social, sentia que a proclamação de um semelhante ideal de sociedade humana imprimiria uma direção benéfica aos esforços de outros para levar a sociedade, tal como está constituída no presente, mais próxima de um estado ideal. Estimava-os sobretudo por aquilo pelo qual mais haviam sido censurados: a ousadia e a ausência de preconceitos com que tratavam a mais importante de todas as questões, a da família, instituição social que necessita de mais alterações do que qualquer outra grande instituição, mas que quase nenhum reformador tem a coragem de enfrentar. Ao proclamar a perfeita igualdade entre homens e mulheres e um estado de coisas inteiramente novo no que se refere às suas relações mútuas, os sansimonianos, assim como Owen e Fourier, merecem a agradecida recordação das gerações futuras.

Ao narrar este período de minha vida, assinalei apenas aquelas novas impressões que se me apresentaram, então e depois, como pontos cruciais que marcaram um progresso definido em meu modo de pensar. Mas esses poucos pontos selecionados fornecem uma idéia muito insuficiente do muito que pensei sobre uma variedade de assuntos durante esses anos de transição. É certo que grande parte disso consistiu em redescobrir coisas conhecidas por todo o mundo, coisas nas quais eu antes não acreditava ou deixava de lado. Mas a redescoberta foi para mim uma descoberta, que me proporcionou a posse plena das verdades, não como trivialidades tradicionais, mas como algo fresco e original; e poucas vezes eu deixava de colocá-las sob uma nova luz, pela qual as reconciliava com as verdades menos conhecidas fundadas naquelas minhas antigas opiniões sobre as quais, em seus pontos essenciais, jamais hesitei, processo de reconciliação que parecia confirmar e ao mesmo tempo modificar estas antigas opiniões. Todo o meu novo pensamento não fez mais do que assentar os fundamentos destas opiniões de forma mais profunda e sólida, despojando-as dos erros e confusões de idéias que haviam pervertido o seu efeito. Assim, por exemplo, durante as últimas recaídas em meu estado de desalento, a doutrina denominada Necessidade Filosófica pesava sobre minha existência como um íncubo. Era como se estivesse cientificamente provado que eu era um escravo desamparado, à mercê das circunstâncias antecedentes, como se o meu caráter e o de todos os demais houvesse sido formado para nós por fatores sobre os quais não tínhamos controle e estivesse completamente fora do alcance de nosso próprio poder. Dizia muitas vezes a mim mesmo: "que alívio eu sentiria se pudesse deixar de acreditar na doutrina da formação do caráter pelas circunstâncias". E recordando o desejo de Fox a respeito da doutrina da resistência aos governos — seu anseio de que esta resistência nunca fosse esquecida pelos reis nem lembrada pelos súditos — eu dizia que seria uma benção se a doutrina da necessidade pudesse ser acreditada por todos *quoad*[19] ao caráter dos demais e desacreditada quanto ao próprio. Refleti penosamente sobre o assunto até que, pouco a pouco, vislumbrei alguma luz. Notei que o termo "necessidade", na qualidade de um nome para a doutrina da causa e do efeito aplicada às ações humanas, trazia consigo uma associação equivocada, e que esta associação era a força que produzia a influência depressiva e paralisante que eu havia experimentado. Percebi que, embora nosso caráter fosse formado pelas circunstâncias, nossos próprios desejos podem fazer muito para configurar estas circunstâncias, que a convicção de que temos um poder real sobre a formação de nosso próprio caráter era o que havia de verdadeiramente nobre e inspirador na doutrina do livre-arbítrio, e que a nossa vontade, influindo em algumas de nossas circunstâncias, pode modificar nossos hábitos futuros e nossas capacidades volitivas. Tudo isso era plenamente consistente com a doutrina das circunstâncias ou, melhor ainda, era a própria doutrina, entendida de forma correta. A partir de então, tracei, em minha mente, uma nítida distinção entre a doutrina das circunstâncias e o fatalismo, descartando de uma vez por todas o

---

19) Em latim no original: com respeito ao.

equívoco termo "necessidade". Dessa forma, a teoria, que eu entendia assim pela primeira vez de forma correta, deixou de ser desalentadora e, além do alívio que isso trouxe ao meu ânimo, deixei de suportar o fardo, excessivamente pesado para quem se propõe a ser um reformador de idéias, de considerar uma doutrina como verdadeira e o seu contrário como moralmente benéfico. Pareceu-me, anos depois, que o mesmo processo de pensamento que me havia livrado desse dilema poderia prestar aos demais um serviço semelhante, e ele está presente assim no capítulo "Liberdade e Necessidade", no último livro de meu *Sistema de lógica*.

O mesmo se deu em relação à política. Embora eu não mais aceitasse como teoria científica a doutrina contida no *Ensaio sobre o governo*, embora não mais considerasse a democracia representativa como um princípio absoluto, mas, em vez disso, como algo que dependia do tempo, do lugar e das circunstâncias, e embora eu estimasse agora que a escolha das instituições políticas era muito mais uma questão moral e educativa do que uma questão de interesses materiais, já que eu pensava que ela devia ser decidida levando-se em conta, sobretudo, qual é o maior e mais necessário aperfeiçoamento na vida e na cultura de um povo determinado como condição de seu progresso posterior e levando-se em conta quais instituições têm maior probabilidade de promover esse progresso, todas essas mudanças nas premissas de minha filosofia política não alteraram, todavia, meu credo político prático no que se referia ao meu próprio tempo e ao meu próprio país. Continuei sendo, como sempre fora, um radical e um democrata para a Europa e, especialmente, para a Inglaterra. Pensava que o predomínio das classes aristocráticas — nobres e ricos — na Constituição inglesa era um mal cuja eliminação merecia qualquer esforço, não em razão dos impostos ou de outros inconvenientes relativamente menores, mas por ser o grande agente desmoralizador do país. Era um agente desmoralizador porque, em primeiro lugar, fazia da conduta do governo um exemplo de grande imoralidade pública, ao permitir o predomínio no Estado dos interesses privados sobre os interesses públicos e o abuso do poderes legislativos para favorecer certas classes. Em segundo lugar, e em grau ainda maior, porque, dado o respeito que as massas têm por aquilo que, em uma situação social vigente, constitui o principal acesso ao poder, e dado o fato de que, sob as instituições inglesas, as riquezas, sejam estas adquiridas ou herdadas, são quase que as únicas fontes de importância política, as riquezas e os signos da riqueza se tornam assim as únicas coisas respeitadas, e vida do povo é orientada principalmente para a busca das riquezas. Eu considerava que enquanto as classes sociais mais altas e ricas detiverem o poder governante, a instrução e o aperfeiçoamento das massas populares seria algo contrário aos interesses dessas classes, pois tenderiam a tornar o povo mais forte para livrar-se do jugo. Mas se a democracia obtivesse uma participação ampla, e fosse talvez a principal parte, no poder governante, seria do interesse das classes opulentas promover a educação do povo para evitar assim graves erros, especialmente aqueles que conduzissem a violações injustas da propriedade. Com base nisso, não só continuei sendo um ardente defensor das instituições democráticas, mas esperava também ansiosamente que o owenismo, o sansimonismo e todas as demais doutrinas contrárias à propriedade se disseminassem amplamente entre as classes mais pobres, não porque eu pensasse que essas doutrinas fossem verdadeiras ou desejasse que fossem postas em prática, mas para que as classes mais altas pudessem assim perceber que tinham mais a temer dos pobres enquanto estes estiverem sem educação do que quando estiverem educados.

Nesse estado de espírito me encontrou a Revolução Francesa de julho.[20] O acontecimento despertou todo o meu entusiasmo e me deu, por assim dizer, uma nova existência. Parti imediatamente para Paris, onde fui apresentado a Lafayette e preparei o terreno para os contatos posteriores que mantive com vários dos líderes ativos do partido popular extremo. Quando retornei, participei ardorosamente, como escritor, das discussões políticas do momento,

---

20) 1830.

avivadas ainda mais com o advento do ministério de Lord Grey e com a proposta da Lei de Reforma[21] [*Reform Bill*]. Durante os anos subseqüentes escrevi abundantemente nos periódicos. Foi nessa época quando Fonblanque, que havia escrito por algum tempo artigos políticos no *Examiner*, tornou-se proprietário e editor do periódico. Não foi esquecida a verve, o talento e o engenho com que conduziu essa publicação durante todo o período do ministério de Lord Grey, e a importância que ela assumiu como principal representante, na imprensa periódica, das idéias radicais. O periódico recebeu seu caráter distintivo dos próprios artigos de Fonblanque, que constituíam pelo menos três quartos das colaborações originais nele contidas. Coube a mim, mais do que a qualquer outro naqueles anos, completar a quarta parte restante. Escrevi quase todos os artigos sobre assuntos franceses, incluindo um resumo semanal da política francesa, que por vezes eram bastante extensos. Além disso, escrevi muitos artigos de fundo sobre política geral, legislação comercial e financeira e outros assuntos variados que me interessavam e eram adequados para o periódico, inclusive ocasionais resenhas de livros. Artigos periodísticos sobre acontecimentos ou questões do momento não oferecem a oportunidade para desenvolver nenhuma forma geral de pensamento, mas eu tentei, no início de 1831, dar corpo, na uma série de artigos intitulados "O espírito da época", a algumas de minhas novas idéias, assinalando especialmente, dentro do caráter do nosso tempo, as anomalias e males característicos da transição de um sistema de opiniões esgotado para outro que estava em processo de formação. Suponho que esses artigos eram de estilo confuso, sem a vivacidade e o inesperado suficientes para que se tornassem aceitáveis aos leitores de periódicos de qualquer época. Mas mesmo que esses artigos tivessem sido mais atraentes, naquele momento particular, em que grandes mudanças políticas eram iminentes e

---

21) O ministério Whig de Lord Grey durou de 1830 até 1834. A Lei de Reforma foi aprovada em junho de 1832.

absorviam todas as atenções, minhas argumentações eram extemporâneas e carentes de fervor. O único efeito que produziram, pelo que sei, foi que Carlyle, vivendo então em uma parte isolada da Escócia, leu-os em sua solidão e disse a si mesmo (segundo me contou depois) "eis aí um novo místico", indagando depois, ao retornar a Londres naquele outono, quem era o autor, circunstância que foi a causa imediata de nossa posterior relação pessoal.

Eu já mencionei que os primeiros escritos de Carlyle foram um dos canais pelos quais recebi as influências que alargaram meu estreito credo anterior; mas não creio que esses escritos, por si mesmos, pudessem produzir qualquer efeito em minhas opiniões. As verdades que continham, embora da mesma espécie das que eu recebia de outras partes, eram apresentadas em uma forma e uma roupagem pouco adequadas para permitir o acesso a ela a uma mente de formação como a minha. Esses escritos de Carlyle pareciam uma mistura de poesia e de metafísica alemã, em que quase a única coisa clara era uma forte animosidade contra a maioria das opiniões que constituíam a base de meu modo de pensar: ceticismo religioso, utilitarismo, a doutrina das circunstâncias e a importância que eu atribuía à democracia, à lógica ou à economia política. Assim, não aprendi nada de Carlyle que este tivesse me ensinado pela primeira vez. Só à medida que ia percebendo as mesmas verdades expostas de formas mais adequadas para a minha constituição mental, é que eu as reconhecia em seus escritos. Então sim: a força maravilhosa com que ele as expôs me causou profunda impressão, e fui durante muito tempo um dos seus mais fervorosos admiradores. Mas o bem que me fizeram seus escritos não foi o da filosofia que ensina, mas o da poesia que dá vida. Na época em que se iniciou nossa amizade, eu não estava suficientemente adiantado em meus novos modos de pensar para apreciar Carlyle plenamente. Prova disso é que, quando me mostrou os manuscritos de *Sartor Resartus*, sua melhor e mais ambiciosa obra, que acabara de terminar, fiz pouco caso dela. Mas quando ela foi publicada dois anos depois, no *Fraser's Magazine*, li com entusiasta admiração e com grande deleite.[22] Apesar das fundamentais diferenças entre nossas respectivas filosofias, não deixei por isso de buscar e cultivar Carlyle. Ele logo descobriu que eu não era "outro místico" e quando, para preservar minha própria integridade, escrevi a ele relatando claramente todas as minhas opiniões que eu sabia que o desagradavam, respondeu-me que a principal diferença entre nós era que eu "não tinha ainda, de maneira consciente, nada de místico".[23] Não sei em que momento abandonou a idéia de que eu estava destinado a sê-lo. Mas embora tanto as suas opiniões como as minhas sofressem nos anos subseqüentes mudanças consideráveis, nunca nos aproximamos mais em nossos modos de pensar do que o fizemos durante os primeiros anos de nossa relação. Não me considero, entretanto, um juiz competente de Carlyle. Sentia que ele era um poeta e que eu não o era; que ele era um homem de intuição, algo que eu também não era, e que, como tal, não só percebia várias coisas muito antes de mim, coisas que eu só podia seguir com tateios e provas quando eram assinaladas a mim, mas que era também muito provável que ele poderia perceber muitas coisas que permaneceriam invisíveis para mim ainda que me fossem indicadas. Eu sabia que não podia ver em torno dele e que nunca poderia estar certo de ver além dele.[24] Nunca acreditei poder julgá-

---

22) No manuscrito original Mill escreveu nesse ponto a seguinte passagem que ele depois, seguindo as marcações de sua esposa, suprimiu: "Nesse período de minha vida eu estava de tal forma disposto a reagir contra o sectarismo de pensamento ou sentimento que eu não procurava julgar ou criticar aqueles em quem eu reconhecia qualquer tipo de superioridade. Eu procurava sim estimá-los pelo aspecto das suas qualidades ou realizações que eram admiráveis e valiosas para mim. E tudo o que me parecia haver neles de criticável não era um *per contra* a ser deduzido, mas simplesmente algo a ser desconsiderado" (*The early draft*, op. cit., p. 145 nota).

23) Para o relato das idéias de Mill, consultar a carta de 12 de janeiro de 1834 em *Earlier letters* (MINEKA, Francis e ROBSON, John M. (eds.). *The earlier letters of John Stuart Mill, 1812-1848. Collected works*, v. XII. Toronto/Londres, University of Toronto Press, 1962, pp. 204-209). A resposta de Carlyle está em *Letters of Thomas Carlyle to John Stuart Mill, John Sterling e Robert Browning* (CARLYLE, Alexander (ed.). Nova York, Frederick A. Stokes, 1923, pp. 90-96).

24) "*I could not see round him, and could never be certain that I saw over him*". Mill parafraseia o próprio Carlyle, *Sartor resartus*, Livro II, cap. I: "*what you see, yet cannot see over, is as good as infinite*".

lo com precisão até que me foi interpretado por alguém superior a nós dois, pessoa que era mais poeta do que ele e mais pensador do que eu, e cujo espírito e personalidade abarcavam as de Carlyle e infinitamente mais.[25]

Entre as pessoas de inteligência que eu conhecia dos velhos tempos, com uma eu tinha agora mais pontos de contato: era com o mais idoso dos Austin. Já mencionei que ele sempre se opôs ao nosso sectarismo de juventude. Mais tarde sofreu, como eu, novas influências. Após ser contratado como professor de Jurisprudência na Universidade de Londres (hoje *University College*), residiu por algum tempo em Bonn para estudar e preparar suas aulas. As influências da literatura alemã e do caráter e sociedade alemãs produziram uma mudança muito perceptível em sua visão da vida. Seu temperamento se suavizou muito, tornando-se menos combativo e polêmico, e seus gostos se orientaram para o poético e o contemplativo. Dava menos importância do que antes às mudanças externas, a não ser que fossem acompanhadas por um cultivo mais perfeito da natureza interior. Sentia forte repugnância pela mediocridade geral da vida inglesa, com sua ausência de pensamentos amplos e desejos generosos, e pela baixeza dos fins aos quais os ingleses de todas as classes dirigem suas faculdades. Não tinha em alta estima nem mesmo os interesses públicos com os quais os ingleses se preocupam. Considerava que sob a monarquia prussiana o governo prático era melhor do que sob o sistema representativo da Inglaterra e que havia naquele, o que é bastante certo, muito mais preocupação com a educação e o aperfeiçoamento intelectual de todos os níveis do povo. Sustentava ainda, com os economistas franceses, que a real garantia de um bom governo é um *peuple éclairé*,[26] coisa que nem sempre é fruto de instituições populares e que, se essa garantia pudesse ser atingida sem tais instituições, alcançaria melhores resultados. Embora aprovasse a Lei de Reforma [*Reform Bill*], previa — o que

---

25) Alusão a Harriet Taylor, esposa de Mill.
26) Em francês no original: povo esclarecido.

de fato ocorreu — que não produziria os grandes e imediatos aperfeiçoamentos no governo que muitos esperavam. Dizia que não havia no país homens capazes de realizar essas grandes tarefas. Nós concordávamos em muitos pontos, tanto no que se referia às novas idéias que ele havia adotado como nas antigas que ele havia conservado. Como eu, nunca deixou de ser um utilitarista e, apesar de şeu apreço pelos alemães e da satisfação que encontrava em sua literatura, nunca chegou a aceitar a metafísica dos princípios inatos. Cultivava cada vez mais uma espécie de religião alemã, uma religião de poesia e sentimento, com poucos dogmas positivos, se é que havia algum. Em política, aspecto em que eu mais diferia dele, adquiriu uma indiferença que beirava o desprezo pelo progresso das instituições populares, embora lhe agradasse o progresso do Socialismo, como o meio mais eficaz de obrigar as classes poderosas a educar o povo e inculcar neste o único modo real de melhorar permanentemente sua condição material: a limitação de seu número. Nesta época não se opunha fundamentalmente ao Socialismo em si, considerado como o resultado final do aperfeiçoamento. Professava uma grande falta de respeito pelo que ele chamava "os princípios universais da natureza humana dos economistas políticos", e insistia nas evidências que a história e a experiência diária forneciam como prova da "extraordinária maleabilidade da natureza humana" (frase sua de que me servi algumas vezes). Tampouco pensava que fosse possível estabelecer limites efetivos às capacidades morais que poderiam ser desenvolvidas na humanidade sob uma direção esclarecida das influências sociais e educativas. Não sei se conservou todas essas opiniões até o fim de sua vida. Certamente, seus modos de pensar em anos posteriores e, especialmente, os contidos em sua última publicação, foram de um caráter muito mais *Tory* do que aqueles que mantinha nessa época.

Eu sentia agora que estava muito distante dos sentimentos e do modo de pensar de meu pai, muito mais longe, de fato, do que uma plena explicação e uma revisão serena de ambas as partes poderia revelar existir na realidade. Mas meu pai não era uma dessas pessoas das quais se podia esperar explicações completas e serenas a respeito de questões fundamentais de doutrina, ou, pelo menos não se podia esperar que o fizesse para alguém que ele considerasse, de algum modo, como um desertor de seu campo. Felizmente, estávamos quase sempre de acordo em relação aos assuntos políticos do momento, que absorviam grande parte do seu interesse e da sua conversa. Quanto às questões de opinião sobre as quais diferíamos, falávamos muito pouco. Ele sabia que meu hábito de pensar por mim mesmo, fomentado por seu método educativo, me levava por vezes a sustentar opiniões diferentes das suas, e percebia ocasionalmente que nem sempre eu lhe dizia *quão* diferentes elas eram. Como eu não esperava nenhum bem da discussão de nossas diferenças, mas apenas sofrimento para ambos, nunca as manisfestei, exceto quando ele expressava alguma opinião ou sentimento repugnante para mim, caso em que seria hipócrita de minha parte permanecer em silêncio.

Resta-me falar do que escrevi durante esses anos, escritos que, pondo-se de lado minhas contribuições aos periódicos, foram consideráveis. Em 1830 e 1831 escrevi os cinco ensaios, publicados depois com o título de *Ensaios sobre algumas questões não resolvidas da economia política*, quase da forma como agora estão, exceto que em 1833 reescrevi parcialmente o quinto ensaio. Foram escritos sem o propósito imediato de publicação e quando, alguns anos depois, ofereci-os a um editor, ele recusou. Só foram impressos em 1844, após o êxito do *Sistema de lógica*. Também retornei a minhas especulações sobre este último tema, inquietando-me, assim como outros antes de mim, com o grande paradoxo da descoberta de verdades novas mediante o uso do raciocínio geral. Quanto ao fato da descoberta não cabia a menor dúvida, como tampouco era passível de dúvida que todo raciocínio pode ser analisado em silogismos e que em todo silogismo a conclusão está contida e implicada nas premissas. Mas como, estando assim contidas e implicadas, podiam ser verdades novas, e como os teoremas da geometria, aparentemente tão diferentes das definições e dos axiomas, podiam estar contidos nestes, era uma dificuldade que ninguém, creio eu, havia ponderado suficientemente e que, de qualquer modo, ninguém havia elucidado. As explicações oferecidas por Whately e outros, embora pudessem satisfazer temporariamente, sempre deixavam, para mim, uma neblina suspensa sobre o tema. Finalmente, lendo pela segunda ou terceira vez os capítulos sobre o raciocínio no segundo volume de Dugald Stewart, interrogando a mim mesmo a cada passo e seguindo tão longe quanto podia os tópicos de pensamento sugeridos pelo livro, deparei-me com uma idéia do autor a respeito do uso dos axiomas no raciocínio, idéia que não recordava haver notado antes, mas que agora, meditando sobre ela, me parecia verdadeira não só dos axiomas, mas de todas as proposições gerais, e a chave para aclarar toda a perplexidade. Deste germe surgiu a teoria do silogismo proposta no segundo livro de meu *Sistema de lógica*, teoria que fixei imediatamente escrevendo-a. Assim, com maiores esperanças de poder produzir uma obra sobre lógica que tivesse alguma originalidade e valor, comecei a escrever o primeiro livro, partindo do imperfeito esboço que eu já havia elaborado. O que escrevi então se tornou a base dessa parte do tratado, com a exceção de que não continha a teoria das espécies, que foi um acréscimo posterior sugerido pelas dificuldades — de outro modo inextricáveis — com que me deparei em minha primeira tentativa de tratar os assuntos correspondentes aos capítulos finais do terceiro livro. No ponto em que eu havia então alcançado, fiz uma pausa que durou cinco anos. Estava esgotado e não podia, nesse momento, elaborar nada de satisfatório a respeito da indução. Continuei lendo livros que pareciam prometer lançar alguma luz sobre o assunto, apropriando-me, tanto quanto pude, dos resultados. Mas durante muito tempo não encontrei nada que me abrisse uma via importante de meditação.

Em 1832 escrevi vários artigos para a primeira série do *Tait's Magazine* e um para uma publicação trimestral chamada *Jurist*, que havia sido fundada e dirigida durante um curto período por um grupo de amigos, todos advogados e reformadores da lei, alguns dos quais eu conhecia pessoalmente. O artigo em questão trata dos direitos e deveres do Estado com respeito à propriedade das corporações e da Igreja, e está agora incluído na coletânea *Dissertações e discussões*, em que outro de meus artigos da *Tait*, sobre a "falácia monetária", também aparece. De tudo o que escrevi antes dessas peças, não há nada que tenha um valor de permanência suficiente para justificar sua reimpressão. O artigo no *Jurist*, que ainda considero ser um comentário bastante completo dos direitos do Estado sobre as Fundações, mostrava os dois lados de minhas opiniões, afirmando, com a mesma firmeza com que eu sempre fizera, a doutrina de que todas as doações para atender finalidades públicas são propriedade nacional, que o governo pode e deve controlar; mas não afirmava, como antes havia feito, que essas doações eram em si mesmas condenáveis e que deviam se encarregar de pagar a dívida nacional. Pelo contrário, insistia vigorosamente na importância de que houvesse fundos para a educação que não dependessem da demanda do mercado, isto é, do conhecimento e discernimento dos pais, mas que estivessem calculados de tal modo que pudessem estabelecer e manter níveis de instrução mais elevados do que os consumidores desse artigo costumam exigir espontaneamente. Todas essas idéias foram confirmadas e fortalecidas pelo curso de minhas reflexões posteriores.

CAPÍTULO VI
COMEÇO DA MAIS VALIOSA AMIZADE
DE MINHA VIDA
A MORTE DE MEU PAI
ESCRITOS E OUTRAS ATIVIDADES ATÉ 1840

Foi durante o período assim alcançado de minha evolução mental que criei a amizade que foi a honra, a principal bênção de minha existência e a fonte de grande parte de tudo o que eu tentei fazer e espero realizar de agora em diante em favor do aprimoramento do gênero humano. Minha apresentação à dama que, depois de uma amizade de vinte anos consentiu em ser minha esposa, foi em 1830, quando eu tinha vinte e cinco anos e ela vinte e três. Renovava-se uma velha amizade com a família de seu marido, cujo avô vivera em uma casa vizinha a de meu pai em Newington Green. Quando eu era criança, fui convidado algumas vezes para brincar no jardim do velho senhor. Ele era um admirável exemplar do velho puritano escocês: austero, severo e vigoroso, mas muito amável com as crianças, sobre as quais homens desse tipo produzem uma impressão duradoura. Embora se passassem anos desde minha apresentação a Mrs. Taylor até que nossa amizade se tornasse íntima ou confidencial, senti imediatamente que era a pessoa mais admirável que eu havia conhecido. Não se pode presumir que ela, nem qualquer outra pessoa, na idade em que a conheci, já demonstrasse tudo o que se tornaria depois. Suposição que é ainda mais inadequada em relação a ela, pois em seu caso, o auto-aperfeiçoamento e o aprimoramento progressivo, no mais alto grau e em todos os sentidos, eram uma lei de sua natureza: uma necessidade que surgia tanto do ardor com que os buscava, como da espontânea tendência de faculdades que não podiam receber uma impressão ou uma experiência sem fazer delas uma fonte ou uma ocasião para adquirir sabedoria. Até a época em que a vi pela primeira vez, sua rica e poderosa natureza havia se desenvolvido principalmente de acordo com o modelo tradicional da índole feminina. Para o círculo de seus conhecidos, era uma mulher bela e perspicaz, com um ar de distinção natural percebido por todos os que se aproximavam dela. Para o círculo dos íntimos, era uma mulher de profundos e poderosos sentimentos, de inteligência penetrante e intuitiva, e de natureza eminentemente meditativa e poética. Casou-se muito jovem com um homem de máxima retidão, bravo e respeitável, de idéias liberais e boa educação, mas sem os gostos intelectuais ou artísticos que poderiam torná-lo um companheiro para ela, embora fosse um amigo constante e afetuoso pelo qual ela teve verdadeira estima e grande carinho por toda a vida, e cuja morte ela lamentou profundamente. Impossibilitada, além disso, pela condição social de mulher de exercer, agindo no mundo, suas mais elevadas faculdades, sua vida foi uma vida de meditação interior, alternada com o trato familiar de um reduzido círculo de amizades, das quais só uma, morta já há muito tempo,[1] foi pessoa de gênio ou de capacidades sentimentais ou intelectuais parecidas com as suas, embora todos os membros do grupo compartilhassem em maior ou menor grau seus sentimentos e opiniões. Tive a felicidade de ser admitido nesse pequeno círculo e logo me dei conta de que ela possuía uma combinação de todas aquelas qualidades que, com sorte, era possível encontrar isoladamente nas demais pessoas que eu havia conhecido. Nela, a completa emancipação de toda classe de superstição — inclusive a que atribui uma suposta perfeição para a ordem da natureza e do universo — e o enérgico protesto contra muitas coisas que ainda

---

1) A compositora musical Eliza Flower.

fazem parte da constituição estabelecida da sociedade, não resultavam de uma implacável inteligência, mas do vigor de sentimentos nobres e elevados, e coexistiam com uma natureza sumamente respeitosa. Comparei-a muitas vezes, por suas características espirituais gerais, bem como por seu temperamento e constituição, tal como estes eram então, com Shelley, porém, em pensamento e inteligência, Shelley, na medida em que pôde desenvolver suas faculdades durante sua curta vida, foi uma criança comparado com o que Mrs. Taylor veio a ser. Tanto nas mais elevadas regiões da especulação, como nas ocupações mais triviais da vida cotidiana, sua mente era o mesmo instrumento perfeito que penetrava até o coração e o núcleo das coisas, apreendendo sempre a idéia ou princípio essencial. A mesma precisão e rapidez de operação que impregnava tanto sua sensibilidade como sua inteligência, aliada a seus dotes de sentimento e imaginação, poderiam ter feito dela uma artista consumada; da mesma forma que sua alma ardente e terna e sua vigorosa eloqüência, uma grande oradora; assim como com seu profundo conhecimento da natureza humana, discernimento e sagacidade na vida prática, se esse tipo de *carrière*[2] fosse acessível às mulheres, teria sido um dos mais eminentes líderes da humanidade. Seus dotes intelectuais estavam a serviço de um caráter moral que era ao mesmo tempo o mais nobre e ponderado que já encontrei em minha vida. Seu altruísmo não resultava do aprendizado de um sistema de deveres, mas de um coração que se identificava plenamente com os sentimentos dos outros e que muitas vezes se excedia na consideração destes, pois sua imaginação dava aos sentimentos dos demais a mesma intensidade que os seus próprios possuíam. Poderíamos pensar que a paixão pela justiça era seu sentimento mais forte, mas ainda mais poderosas eram a sua ilimitada generosidade e amor, sempre dispostas a se derramar sobre qualquer ser humano que correspondesse com o mais leve sentimento. Suas outras características morais eram aquelas que acompanham naturalmente essas qualidades de espírito e

---

2) Em francês no original: carreira, ocupação.

coração: a modéstia mais genuína combinada com a mais sublime altivez; uma simplicidade e uma sinceridade que eram absolutas para com todos os que estavam preparados para recebê-las; o máximo desprezo por tudo o que fosse vil e covarde, e uma indignação ardente contra tudo aquilo que fosse brutal e tirânico, desleal ou desonroso na conduta e no caráter, embora fazendo uma profunda distinção entre o *mala in se* e o mero *mala prohibita*, isto é, entre os atos que evidenciam uma maldade intrínseca no sentimento e no caráter e os que são apenas violações de convenções boas ou más, violações que, acertadas ou errôneas em si mesmas, podem ser cometidas por pessoas amáveis ou admiráveis em todos os demais aspectos.

Poder manter relações espirituais, em qualquer grau, com um ser dessas qualidades produziu, como não poderia deixar de ser, as mais benéficas influências em meu desenvolvimento, embora o efeito fosse só gradual e muitos anos se passassem antes que o seu progresso mental e o meu chegassem à completa união que finalmente alcançaram. O benefício que recebi foi muito maior do que o que eu poderia dar, embora ela, que havia formado suas opiniões graças à intuição moral própria de um caráter de fortes sentimentos, pudesse sem dúvida obter ajuda e alento de alguém que havia obtido os mesmos resultados mediante o estudo e o raciocínio; e na rapidez de seu progresso intelectual, sua atividade mental, que convertia tudo em conhecimento, sem dúvida extraiu de mim, assim como de outras fontes, muitos de seus materiais. O que eu devo a ela, inclusive intelectualmente, é quase infinito em seus detalhes; quanto ao caráter geral dessa dívida, umas poucas palavras poderão dar, embora imperfeitamente, alguma idéia. Para aqueles que, como ocorre com os melhores e mais sábios homens, estão insatisfeitos com a vida humana tal como ela é, e cujos sentimentos estão plenamente voltados para sua reforma radical, há duas esferas principais do pensamento. Uma delas é a esfera dos fins últimos, dos elementos que constituem o mais alto ideal realizável da vida humana. A outra é a esfera do que é imediatamente útil e praticamente alcançável. Em ambas adquiri mais de seus ensinamentos do que de todas as demais fontes juntas. E, na verdade, é principalmente nesses dois extremos que reside a certeza autêntica. Minha própria força residia por completo em uma esfera intermediária, incerta e escorregadia, a esfera da teoria ou da ciência moral e política, cujas conclusões, em qualquer das formas em que eu as recebi ou criei, seja como economia política, psicologia analítica, lógica, filosofia da história, ou qualquer outra forma, aprendi dela a considerar com ceticismo, e esta não é a menor das minhas dívidas intelectuais para com ela, ceticismo que, entretanto, não me impediu de continuar o honesto exercício de meu pensamento, fossem quais fossem as conclusões obtidas, mas me colocou em guarda contra a tentação de sustentar ou anunciar essas conclusões com um grau de confiança que a própria natureza de tais especulações está longe de permitir, mantendo assim o meu espírito disposto não só a admitir, mas a receber com prontidão e a buscar com avidez, inclusive nas questões em que eu mais havia meditado, a possibilidade de obter percepções mais claras e evidências melhores. Muitas vezes recebi elogios, aos quais só tenho direito em parte, pelo maior sentido prático que, supostamente, pode ser encontrado em meus escritos quando comparados com os da maioria dos pensadores igualmente inclinados a grandes generalizações. Os escritos em que essa qualidade pôde ser observada não foram a obra de uma só mente, mas da fusão de duas, uma delas superiormente prática em seus juízos e percepções das coisas presentes, e elevada e audaciosa em suas antecipações de um futuro remoto.

Entretanto, no período de que agora falo, essa influência foi somente uma entre as muitas que contribuíram para moldar o caráter de meu desenvolvimento posterior. E inclusive quando essa influência chegou a ser, posso dizê-lo sinceramente, o princípio diretor de meu progresso mental, não alterou o meu caminho, mas apenas me ajudou a segui-lo com mais determinação e, ao mesmo tempo, com mais cautela. A única revolução efetiva que ocorreu em meus modos de pensar já estava completada. Minhas novas tendência precisavam ser confirmadas em alguns aspectos e moderadas em outros. E as únicas mudanças substanciais de opinião que ainda estavam por ocorrer em mim relacionavam-se com a política e consistiram, de um lado, em uma maior aproximação, no que se refere às perspectivas últimas da humanidade, a um Socialismo qualificado e, por outro lado, em alterar meu ideal político, que passou de uma democracia pura, tal como esta é normalmente entendida por seus partidários, para uma forma modificada dela, exposta em minhas *Considerações sobre o governo representativo*.

Esta última mudança, que ocorreu muito gradualmente, começou com minha leitura, ou melhor, estudo, da obra de Tocqueville, *Democracia na América*, que caiu em minhas mãos logo que foi publicada. Neste notável livro, os méritos da democracia estavam assinalados de modo mais conclusivo, porque estavam melhor especificados, do que em qualquer outro autor que eu havia conhecido, inclusive nos democratas mais entusiastas. E, ao mesmo tempo, os perigos específicos que cercam a democracia, considerada como governo da maioria numérica, eram expostos com a mesma força e submetidos a uma análise magistral, mas não como razões para resistir ao que o autor considerava como resultado inevitável do progresso humano, e sim como indicações dos pontos débeis do governo popular, das defesas que são necessárias para protegê-lo e dos corretivos que lhe devem ser acrescentados para que, ao mesmo tempo em que se dá livre curso a suas tendências benéficas, possam ser neutralizadas ou mitigadas as tendências que são de natureza diferente. Eu estava bem preparado para especulações deste teor e, a partir de então, meus próprios pensamentos caminharam cada vez mais na mesma direção, embora as conseqüentes modificações em meu credo político fossem se desdobrando ao longo de muitos anos, como se vê comparando minha primeira resenha da *Democracia na América*, escrita e publicada em 1835, com a de 1840 (reimpressa nas *Dissertações*) e esta última com as *Considerações sobre o governo representativo*.

Um assunto anexo a este, do qual extraí também grande benefício com o estudo de Tocqueville, foi a questão fundamental da centralização. A poderosa análise filosófica que ele aplicou às experiências americana e francesa levou-o a dar a máxima importância à realização, pelo próprio povo, das atividades sociais de ordem coletiva, sempre que estas puderem ser assim realizadas com segurança, descartando desse modo a intervenção do governo executivo, seja para substituir a atuação popular, seja para ditar o modo de seu exercício. Ele considerava esta atividade política e prática do cidadão individual como algo que não só constituía um dos meios mais eficazes para educar os sentimentos sociais e a inteligência prática do povo, coisas que são importantes em si mesmas e indispensáveis para o bom governo, mas também como remédio específico contra algumas das enfermidades próprias da democracia e como proteção necessária contra sua degeneração no único despotismo que constitui uma real ameaça para o mundo moderno: o governo absoluto do chefe do poder executivo sobre uma congregação de indivíduos isolados, todos iguais, mas todos igualmente escravos. Certamente, não havia perigo imediato de que isto sucedesse no lado britânico do Canal, onde nove em cada dez assuntos de ordem interna, que em outras partes eram controlados pelo governo, estavam nas mãos de agências independentes dele, onde a centralização era e segue sendo não só objeto de reprovação racional mas de um preconceito nada razoável, e onde o receio contra a interferência do governo era um sentimento cego que impedia e repelia até mesmo o exercício benéfico da autoridade legislativa destinado a corrigir os abusos do que, sob pretexto de ser um autogoverno local, é muitas vezes uma administração egoísta em favor de interesses locais por parte de uma oligarquia inescrupulosa e *borné*.[3] Mas quanto mais

---

3) Em francês no original: limitada, de horizonte estreito.

convicto estava o público em seu equívoco de opor-se à centralização, maior era o perigo de que os filósofos reformadores incidissem no erro contrário, não levando em conta aqueles males dos quais não haviam tido a penosa experiência. Eu mesmo estava ativamente empenhado, nessa época, em defender importantes medidas, tais como a *Reforma da Lei dos Pobres* [*Poor Law Reform*] de 1834, contra o irracional clamor baseado no preconceito da anticentralização. E se não fosse pelas lições de Tocqueville, não sei se não teria cometido, como muitos outros reformadores antes de mim, o excesso oposto àquele que eu me dedicava geralmente a combater, por ser o que prevalecia em meu país. Mas me mantive cuidadosamente entre os dois erros, e se consegui ou não traçar no lugar preciso a linha que separa os dois, pelo menos insisti com a mesma ênfase acerca dos males de ambos os lados e fiz dos meios de reconciliar as vantagens de um e outro um objeto de sério estudo.

Enquanto isso, ocorrera a eleição do primeiro Parlamento reformado, que incluía vários dos mais notáveis radicais amigos e conhecidos meus: Grote, Roebuck, Buller, Sir William Molesworth, John e Edward Romilly e vários outros, além de Warburton, Strutt e os que já estavam no Parlamento. Aqueles que se consideravam e eram chamados por seus amigos de "filósofos radicais", pareciam ter agora uma boa oportunidade, estando na posição mais vantajosa que já haviam ocupado, para mostrar o que afinal eles eram. Eu e meu pai depositamos neles grandes esperanças. Mas estas esperanças estavam destinadas a ser frustradas. Estes homens, no momento de votar, e apesar de muitas vezes intimidados, foram honestos e fiéis a suas idéias. Quando eram propostas medidas que estavam em flagrante contradição com seus princípios — tais como os projetos de lei formulados em 1837 para controlar a Irlanda ou aquele para controlar o Canadá — eles se pronunciaram com valentia, desafiando os preconceitos e as hostilidades sem jamais abandonar o caminho correto. Mas, considerando o total de sua atuação, fizeram muito pouco para promover quaisquer opiniões e revelaram pouca iniciativa e atividade.[4] Deixaram nas mãos dos mais velhos — de Hume e O'Connel — a liderança da parte radical da Câmara. Mas deve ser feita uma exceção parcial em favor de um ou dois dos mais jovens. E Roebuck sempre merecerá ser lembrado por haver promovido (ou por fazer ressurgir, após a tentativa fracassada de Mr. Brougham) o movimento parlamentar em favor da educação nacional, iniciativa que tomou logo no primeiro ano em que ocupou um assento no Parlamento; ele foi também o primeiro a iniciar a luta pela autodeterminação das colônias, causa que levou adiante praticamente sozinho durante anos. Nada parecido a estas duas coisas foi realizado por qualquer outro indivíduo, nem sequer por aqueles dos quais mais se esperava. Hoje, em sereno retrospecto, posso compreender que os homens tinham menos culpa do que supúnhamos e que havíamos esperado demasiado deles. Eles estavam rodeados de circunstâncias desfavoráveis. Sua atuação se desenrolou durante aqueles dez anos de inevitável reação, quando já havia passado o entusiasmo da Reforma e as poucas melhoras legislativas que o público exigia já haviam sido prontamente realizadas. O poder gravitava assim novamente em sua direção natural, rumo àqueles que preferiam deixar as coisas como estavam. Eles atuaram ainda numa época em que o espírito do povo desejava um descanso e estava menos disposto, se comparado a qualquer outro período depois da paz, a se deixar levar pelas tentativas de converter o sentimento reformista em novas atividades que dessem lugar a um novo estado de coisas. Teria sido necessário um grande

---

4) No manuscrito original, Mill se refere especificamente à decepção com a atuação de Grote: "Ninguém desapontou mais a meu pai e a mim do que Grote, pois nenhum outro tinha tanta capacidade quanto ele. Sabíamos, é certo, de sua timidez, de seu desânimo em relação às perspectivas de êxito, que o levavam a considerar todos os obstáculos como gigantescos; mas o entusiasmo despertado pela Lei de Reforma [*Reform Bill*] pareceu, por um tempo, fazer dele um novo homem: tornara-se esperançoso, quase enérgico. Porém, quando se viu diante de audiências que se opunham a suas idéias, quando foi instado a ir contra a corrente, ele esmoreceu... Se sua coragem e energia estivessem à altura das circunstâncias ou de seus conhecimentos e habilidades, a história daqueles dez anos de recaída *Tory* teria sido, talvez, diferente" (*The early draft*, op. cit., p. 155).

líder político, e não podemos censurar ninguém por não sê-lo, para realizar grandes tarefas mediante a discussão parlamentar num momento em que a nação experimentava tal estado de ânimo. Meu pai e eu esperávamos que algum líder capaz pudesse talvez surgir, algum homem de visão filosófica e apelo popular, capaz de entusiasmar os jovens ou os menos distintos que estivessem dispostos a segui-lo, colaborando, na medida de seus talentos, na tarefa de levar ao público idéias avançadas; um homem que usasse a Câmara dos Comuns como tribuna ou cátedra para instruir e impulsionar a mentalidade do povo, e que, ou forçasse os *Whigs* a receber dele as medidas, ou arrancasse das mãos destes a liderança do partido reformista. Haveria existido semelhante líder se meu pai estivesse no Parlamento. Na falta de um homem com essas características, os radicais instruídos se reduziram a uma mera *côté gauche*[5] do partido *Whig*. Com um ardente e, segundo penso agora, exagerado sentido das possibilidades que se ofereciam aos radicais se estes fizessem um esforço, ainda que mediano, em prol de suas idéias, empenhei-me, desde essa época até 1839, em incutir-lhes idéias na cabeça e propósitos no coração, usando para isso tanto minha influência pessoal sobre alguns deles como os meus escritos. Consegui alguns bons resultados com Charles Buller e com Sir William Molesworth, e ambos prestaram um valioso serviço, mas, infelizmente, foram neutralizados quando começavam a ser úteis. No geral, entretanto, meu empenho foi em vão. Para ter alguma chance de êxito, seria preciso estar em uma posição diferente da minha. Era uma tarefa para alguém que, estando no Parlamento, pudesse manter contato diário com os radicais e tomar iniciativas, e que, em vez de incitar os outros a liderar, os convocassem a segui-lo.

O que pude fazer escrevendo, o fiz. Durante o ano de 1833 continuei trabalhando no *Examiner* com Fonblanque, que nesse tempo se esforçava zelosamente para manter viva a luta em favor do radicalismo contra o ministério *Whig*. Durante a sessão parlamentar

---

5) Em francês no original: ala esquerda.

de 1834, escrevi comentários sobre os eventos que ocorriam, na forma de artigos periodísticos (sob o título de "Notas de Jornal"), para a *Monthly Repository*, uma revista dirigida por Mr. Fox, conhecido pregador e orador político, e mais tarde membro do Parlamento pelo distrito de Oldham. Havia feito amizade com ele recentemente e foi principalmente para agradá-lo que escrevi em sua revista. Colaborei para este periódico com vários outros artigos, o mais importante dos quais — a respeito da teoria da poesia — está publicado nas *Dissertações*. Os escritos que, além dos artigos para periódicos, escrevi entre 1832 e 1834, formam, tomados em conjunto, um grande volume. Mas há entre eles extratos resumidos de vários *Diálogos* de Platão, com notas introdutórias, que, embora não fossem publicados até 1834, haviam sido escritos muitos anos antes. Descobri depois, em numerosas ocasiões, que haviam sido lidos e que sua autoria era conhecida por muito mais gente do que qualquer outra coisa que eu escrevera até então. Para completar o relato de meus escritos neste período, devo acrescentar que em 1833, por solicitação de Bulwer — que estava concluindo sua *Inglaterra e os ingleses*, obra então muito avançada para a mentalidade do público — escrevi uma exposição crítica da filosofia de Bentham, uma pequena parte da qual ele incorporou ao seu texto, imprimindo-se o restante, com uma generosa nota de agradecimento, como apêndice ao volume. Publicou-se assim pela primeira vez minha avaliação, em parte favorável e em parte desfavorável, das doutrinas de Bentham, consideradas como um sistema filosófico completo.

Mas logo surgiu uma oportunidade para que, segundo todas as aparências, eu pudesse estimular e prestar uma ajuda mais efetiva ao partido "filosófico radical" do que eu havia feito até então. Um dos projetos que comentei ocasionalmente com meu pai e com alguns parlamentares e outros radicais que freqüentavam sua casa, era a fundação de um periódico que fosse órgão de expressão do radicalismo filosófico e que viesse a ocupar o lugar que a *Westminster Review* tencionara ocupar. Os planos foram longe a ponto de discutirmos sobre as contribuições financeiras que poderiam ser arrecadadas e a escolha de um diretor. Entretanto, nada chegou a se concretizar por algum tempo. Mas no verão de 1834, Sir William Molesworth, laborioso homem de estudo, arguto pensador metafísico capaz de contribuir para a causa não só com sua pena mas também com seu bolso, propôs espontaneamente fundar uma revista, contanto que eu consentisse em ser o diretor efetivo, caso não pudesse figurar abertamente como tal. Uma proposta assim não podia ser recusada, e a revista foi fundada, primeiro com o título de *London Review* e depois com o de *London and Westminster*, já que Molesworth comprara a *Westminster Review* de seu proprietário, o general Thompson, e as duas revistas foram fundidas em uma. Durante os anos de 1834 a 1840, a direção da revista ocupou a maior parte de meu tempo livre. No início ela não representava, no conjunto, as minhas opiniões, pois eu precisava conceder bastante aos meus associados. A revista fora fundada para representar os "filósofos radicais", com a maioria dos quais eu estava agora em desacordo sobre muitos pontos essenciais e entre os quais eu não podia nem sequer me considerar o homem mais importante. Todos estimávamos indispensável a colaboração de meu pai como escritor, e ele de fato escreveu bastante para a revista até que foi impedido por sua enfermidade derradeira. Muito mais do que a colaboração de quaisquer outros, foram os artigos de meu pai, por seus temas e pela força e decisão com que suas opiniões eram neles expressas, que deram, no início, o tom e o colorido da revista. Eu não podia exercer controle editorial sobre seus artigos e me vi obrigado, por vezes, a sacrificar partes dos meus próprios artigos em favor deles. As doutrinas da velha *Westminster Review*, ligeiramente modificadas, formavam assim o material principal da revista. Mas eu esperava introduzir, ao lado destas, outras idéias e outro tom, e conseguir que minhas próprias nuanças de opinião estivessem devidamente representadas junto com as dos outros membros do partido. Com este fim em vista, tornei uma das peculiaridades da revista que todo artigo fosse acompanhado pelas iniciais do autor ou por algum outro tipo de assinatura, para que fosse considerado assim exclusivamente como a expressão das opiniões de cada escritor em particular; o diretor se responsabilizava apenas pela qualidade dos artigos e pela harmonia destes com os objetivos que haviam dado origem à revista. A escolha de um tema para a minha primeira colaboração deu a oportunidade de pôr em prática meu plano de conciliação entre o velho e o novo "radicalismo filosófico". O professor Sedwick, homem de eminência em um ramo particular da ciência natural, mas que não devia ter invadido o território da filosofia, publicara recentemente seu *Discurso sobre os estudos de Cambridge*, em que se destacava uma severa investida contra a psicologia analítica e a ética utilitarista, na forma de um ataque a Locke e a Paley. O livro suscitara grande indignação em meu pai e outros, em minha opinião totalmente justificada. Pensei encontrar aí uma oportunidade para, a um só tempo, rechaçar um ataque injusto e inserir em minha defesa do hartleianismo e do utilitarismo uma série de opiniões que constituíam a minha visão desses assuntos, visão que diferia da dos meus antigos associados. Fui, em parte, bem-sucedido nessa tentativa, embora a relação com meu pai tornasse doloroso para mim, e impossível em uma revista para a qual ele escrevia, manifestar todo o meu pensamento sobre o assunto naquele momento.

Entretanto, tendo a pensar que meu pai não era tão oposto como parecia aos modos de pensar que, segundo eu acreditava, nos tornavam diferentes. Inclino-me a pensar que ele não fazia justiça a suas próprias opiniões, devido aos inconscientes exageros de uma mente enfaticamente polêmica como a sua, e que quando pensava sem visar um adversário, estava disposto a admitir grande parte das verdades que ele parecia negar. Observei muitas vezes que, na prática, fazia grandes concessões a pontos de vista que não pareciam se ajustar a sua teoria. Seu *Fragmento sobre Mackintosh*, que escreveu e publicou nessa época, embora me parecesse admirável em muitas partes, produziu em mim, no conjunto, mais desgosto que satisfação. Porém, ao relê-lo muito tempo depois, pouco encontrei em seu conteúdo que não me parecesse fundamentalmente acertado; e pude, até mesmo, simpatizar com sua aversão pela *verbiage*[6] de Mackintosh, embora a rispidez com que a expressava não fosse muito ponderada e ultrapassasse até mesmo as normas do que é justo. Algo que me pareceu, naquele tempo, sintoma de bom augúrio foi a acolhida bastante favorável que deu a *Democracia na América*, de Tocqueville. É verdade que ele comentou e pensou muito mais coisas sobre o que Tocqueville tinha a dizer em favor da democracia do que dizia acerca das suas desvantagens. Ainda assim, me animou bastante seu alto apreço por um livro que, em qualquer caso, exemplificava um modo de tratar a questão do governo que era quase o oposto do seu: totalmente indutivo e analítico, em vez de puramente argumentativo. Ele também aprovou um artigo que publiquei no primeiro número após a fusão das duas revistas, um ensaio reimpresso depois nas *Dissertações* com o título de "Civilização", em que expressava muitas das minhas novas opiniões e criticava, com bastante ênfase, as tendências morais e intelectuais da época, baseando-me em princípios e usando modos que certamente não havia aprendido de meu pai.

Entretanto, qualquer especulação sobre os possíveis desenvolvimentos futuros das opiniões de meu pai e sobre as possibilidades de uma cooperação permanente entre nós na divulgação de pensamentos comuns, estava destinada a ser interrompida. Durante todo o ano de 1835, sua saúde se debilitou. Os sintomas eram sem dúvida os de uma tuberculose pulmonar. Após suportar por muito tempo os últimos estágios da debilidade, morreu em 23 de junho de 1836. Até os últimos dias de sua vida, seu vigor intelectual não deu mostras de abatimento. Não diminuiu seu interesse por todas as coisas e pessoas que o haviam interessado ao longo de sua vida, nem tampouco a proximidade da morte provocou a menor vacilação — como era impossível que ocorresse em um espírito forte e firme como o seu — em suas convicções sobre a questão da religião. Sua principal satisfação, ao saber que seu fim estava próximo, parecia ser meditar sobre o que havia feito

---

6) Em francês no original: verborragia.

para tornar melhor o mundo, e seu maior pesar por não continuar vivendo, a impossibilidade de fazer mais.

Cabe a ele uma posição elevada na história literária e inclusive política de seu país. É desonroso para a geração que se beneficiou de seu valor o fato dele ser pouco mencionado e, comparado com homens inferiores a ele, pouco lembrado. Isto se deve provavelmente a duas causas principais. Em primeiro lugar, seu nome se associa excessivamente ao de Bentham, de fama merecidamente superior. Entretanto, meu pai não foi um mero seguidor ou discípulo de Bentham. Ele foi sim um dos mais originais pensadores de sua época e, precisamente por isso, um dos primeiros a apreciar e adotar o corpo de pensamento mais importante que a geração precedente havia produzido. Sua mente e a de Bentham eram de constituição essencialmente diferentes. Ele não possuía todas as altas qualidades da mente de Bentham, mas tampouco este possuía todas as suas. Seria, certamente, ridículo reclamar para ele o mérito de haver realizado em favor da humanidade os esplêndidos serviços prestados por Bentham. Não revolucionou, ou melhor, não criou um dos grandes setores do pensamento humano. Mas, deixando de lado toda aquela parte de seus trabalhos que se beneficiou do que Bentham fizera, e levando em conta apenas o que realizou em um campo no qual Bentham nada efetuara, a saber, o da psicologia analítica, ele passará para a posteridade como um dos grandes nomes desse importantíssimo ramo do saber, ramo em que, em última análise, se fundam todas as ciências morais e políticas, e será reconhecido como um dos que marcaram uma das etapas fundamentais de seu desenvolvimento. A segunda razão pela qual sua fama foi menor do que a merecida é que, não obstante o grande número de opiniões que, graças em parte aos seus próprios esforços, são agora geralmente adotadas, sempre existiu uma nítida oposição entre o seu espírito e o do tempo presente. Assim como Brutus foi chamado o último romano, pode-se dizer de meu pai que foi o último homem do século dezoito. Ele deu prosseguimento, no século dezenove, ao mesmo estilo de pensamento e sentimento (embora não sem modificações e aperfeiçoamentos) do século anterior, sem compartilhar das boas ou das más influências inerentes à reação contra o dezoito, e que foram a característica essencial da primeira metade do novo século. O século dezoito foi uma grande época, de homens firmes e valentes, e meu pai foi um digno companheiro para os mais firmes e valentes dentre eles. Por meio de seus escritos e sua influência pessoal, foi um potente foco luminoso para sua geração. Durante seus últimos anos foi o líder e a principal figura dos intelectuais radicais da Inglaterra, assim como Voltaire fora dos *philosophes* da França. É apenas um de seus méritos menores o haver originado toda uma acertada política para a Índia, nação à qual dedicou sua mais extensa obra. Sempre que escrevia sobre algum tema, enriquecia-o com pensamentos valiosos, e com exceção de seus *Elementos de economia política*, livro de suma utilidade quando foi escrito, mas que já cumpriu sua missão, passarão muitos anos antes que qualquer de seus livros seja completamente superado ou cesse de ser instrutivo para os que estudam as questões de que tratam. Seu poder de influenciar, pelo mero vigor de sua mente e caráter, as convicções e os propósitos dos demais, e o ardente exercício desse poder em prol da liberdade e do progresso, não foram igualados, pelo que sei, por nenhum outro homem; e, entre as mulheres, só há uma que se equipara a ele nesses aspectos.[7]

Embora ciente de minha inferioridade em relação às qualidades que deram a meu pai sua ascendência pessoal, eu precisava agora tentar realizar tudo o que me fosse possível sem ele. Confiei na revista como instrumento para exercer uma influência útil sobre o setor liberal e democrático da consciência pública. Se estava privado da ajuda de meu pai, estava também livre das restrições e renúncias que fora preciso pagar para obtê-la. Senti que não havia nenhum outro escritor ou político radical ao qual eu devia seguir para além do que fosse condizente com minhas próprias opiniões. Com a plena

---

7) Alusão a Harriet Taylor, esposa de Mill.

confiança de Molesworth, resolvi assim dar livre curso às minhas opiniões e modos de pensar, abrindo as páginas da revista a todos aqueles escritores que simpatizassem com minha idéia de progresso, ainda que isso me custasse perder o apoio dos antigos associados. Desde então, Carlyle se tornou um dos assíduos colaboradores e, pouco depois, Sterling começou a colaborar ocasionalmente. Embora cada artigo continuasse sendo apresentado como a expressão dos sentimentos de seu autor, o tom geral se conformava, em grau tolerável, com minhas opiniões. Para a direção da revista, admiti, como associado e subordinado, um jovem escocês chamado Robertson, que tinha certa habilidade e informação, grande capacidade de trabalho e uma cabeça organizadora, cheia de planos para aumentar as vendas da revista, rapaz em quem, por suas virtudes nesse sentido, havia eu posto grandes esperanças. Tanto assim que, quando Molesworth, no começo de 1837, cansou-se de acumular prejuízos com a revista e manifestou o desejo de se livrar dela (a verdade é que ele já havia feito a *sua* parte, de forma honrosa e com um desembolso pecuniário nada pequeno), eu, de modo imprudente para os meus próprios recursos financeiros, e confiando muito nos planos de Robertson, decidi continuar por minha conta e risco, até ver se seus planos davam resultado. Os planos eram bons e nunca tive motivos para julgá-los de outra forma. Mas não creio que plano algum pudesse cobrir os gastos de uma revista radical e democrática, gastos que incluíam o pagamento do diretor e do subdiretor além de generosas remunerações para os colaboradores. Eu mesmo e vários colaboradores assíduos trabalhamos sem cobrar nada, como havíamos feito para Molesworth; mas os colaboradores pagos continuavam sendo remunerados conforme a escala usual da *Edinburgh* e da *Quarterly Review*, coisa que não podia ser feita com os recursos obtidos das vendas.

Nesse mesmo ano de 1837, e em meio a essas ocupações, retomei a composição da *Lógica*. Durante cinco anos não havia lançado mão da pena para tratar do assunto, após interromper e dar uma pausa quando estava no limiar do tema da indução. Fora descobrindo, gradualmente, que o que faltava para superar as dificuldades desse ramo do assunto era uma visão compreensiva e, ao mesmo tempo, precisa, da ciência física como um todo, coisa que, eu receava, exigiria muito tempo de estudo, pois não conhecia nenhum livro ou manual que pudesse me apresentar as generalidades e os procedimentos das ciências; concluí assim que não me restava outra saída senão obtê-los por mim mesmo, tanto quanto fosse possível, partindo dos detalhes. Mas felizmente para mim, o Dr. Whewell publicou no início do ano a sua *História das ciências indutivas*. Li o livro com avidez e encontrei nele algo que se aproximava muito do que eu precisava. Muito, se não a maior parte, da filosofia presente na obra parecia-me suscetível de objeções, mas os materiais estavam lá, para que eu elaborasse sobre eles conforme os meus próprios pensamentos. Além disso, o autor dera a esses materiais aquele primeiro grau de elaboração que muito facilita e abrevia todo trabalho posterior. Havia, pois, obtido o que eu estivera esperando. Estimulado pelas idéias sugeridas pelo Dr. Whewell, voltei a ler o *Discurso sobre o estudo da filosofia natural*, de Sir J. Herschel, e pude então avaliar o progresso que se operara em minha mente, já que considerava agora essa obra de grande ajuda, embora a tivesse lido e, até mesmo, resenhado, vários anos antes, sem extrair dela maior proveito. Assim, apliquei-me vigorosamente no desenvolvimento do tema, pensando e escrevendo. O tempo que dediquei a isso precisou ser roubado de ocupações mais urgentes. Dispunha apenas de dois meses nesse período, nos intervalos deixados pelo trabalho da revista. Durante esses dois meses terminei o primeiro esboço do que viria a ser um terço do livro, o terço mais difícil. O escrito anteriormente completava mais um terço, de modo que me restava só mais um terço. O que escrevi nessa época foi o que restava para ser feito a respeito da doutrina do raciocínio (a teoria das séries de raciocínios e da ciência demonstrativa) e a maior parte do livro sobre a indução. Feito isso, pareceu-me que havia desatado todos os nós realmente difíceis, e que completar o livro era só uma questão de tempo. Quando cheguei nesse ponto, tive que deixar sua composição para escrever dois artigos para o próximo número da revista. Voltei ao livro após terminá-los, e foi então que chegou em minhas mãos pela primeira vez o *Curso de filosofia positiva*, de Comte, ou melhor, os dois volumes da obra publicados até esse momento.

Minha teoria da indução estava já substancialmente completa antes de eu ter conhecimento do livro de Comte, e foi talvez uma vantagem o fato de eu haver chegado a tal teoria por um caminho diferente do seu. Pois, em conseqüência disso, o meu tratado contém — coisa que, certamente, não existe no seu — uma redução do processo indutivo a regras e a uma comprovação científica, tal como o silogismo reduz a regras o raciocínio dedutivo. Comte é sempre preciso e profundo quando se trata dos métodos de investigação, mas não tenta fornecer nenhuma definição exata das condições da prova, e seus escritos mostram que nunca alcançou uma concepção adequada delas. Foi este, entretanto, o problema que, ao tratar da indução, eu me propusera resolver. Contudo obtive muitas coisas da leitura de Comte, com as quais enriqueci meus capítulos em uma redação posterior. E seu livro me prestou um serviço essencial em algumas partes sobre as quais ainda precisava refletir. Lia com avidez, conforme iam aparecendo, os volumes subseqüentes, mas, quando chegou o tema da ciência social, experimentei reações variadas. O quarto volume me desapontou, pois continha aquelas das suas opiniões sobre assuntos sociais com as quais eu mais discordava. Mas o quinto volume, que continha sua interpretação geral da história, reacendeu todo o meu entusiasmo, que o sexto e último volume não apagou completamente. De um ponto de vista estritamente lógico, o único conceito importante que devo a Comte é o do método dedutivo inverso, como o principal procedimento aplicável aos complexos assuntos da História e da Estática Social. Este procedimento difere da forma mais comum do método dedutivo pela seguinte razão: em vez de obter suas conclusões mediante o raciocínio geral e verificá-las por meio da experiência específica (conforme a seqüência que é natural em todos os ramos dedutivos da ciência física), obtém suas generalizações comparando as experiências específicas, que são depois verificadas mediante um exame que determina se elas são tais que resultariam de princípios gerais conhecidos. Esta era uma idéia inteiramente nova para mim quando a encontrei em Comte, e, se não fosse por ele, não teria chegado a ela tão cedo, ou talvez jamais.

Antes de me comunicar com Comte eu havia sido, durante muito tempo, um fervoroso admirador dos seus escritos. Jamais cheguei a vê-lo pessoalmente, mas mantivemos uma freqüente correspondência por alguns anos, até o momento em que começamos a polemizar e o nosso entusiasmo esfriou. Eu fui o primeiro a espaçar a correspondência e ele o primeiro a interrompê-la. Percebi, como provavelmente ele também, que eu não podia fazer nenhum bem ao seu espírito, e que todo o bem que ele podia me fazer já o fizera mediante seus livros. Isto não seria suficiente para cessar nossos vínculos se as diferenças entre nós dissessem respeito a meras questões de doutrina. Mas nossas discrepâncias eram referentes principalmente a pontos de opinião que, tanto no seu caso como no meu, se fundiam com nossos sentimentos mais profundos e determinavam todo o curso de nossas aspirações. Eu estava de pleno acordo com Comte quando ele sustentava que a grande massa da humanidade, incluindo seus dirigentes em cada setor prático da vida, deve necessariamente aceitar as opiniões sociais e políticas daqueles que possuem a autoridade conferida pelo maior estudo que dedicaram a essas questões, da mesma forma como o fazem quando se trata de questões de física. Esta lição ficara fortemente gravada em mim após a leitura das primeiras obras de Comte a que já me referi. Não houve nada que eu admirasse mais em seu grande tratado do que sua notável exposição dos benefícios que as nações da Europa moderna extrairam da separação, durante a Idade Média, entre o poder temporal e o espiritual, e sua constituição independente deste último. Concordava com ele ainda em que a ascendência moral e intelectual exercida anteriormente pelos sacerdotes deve, com o tempo, passar para as mãos dos filósofos, e que isso ocorrerá de modo natural quando estes alcançarem entre si uma suficiente unanimidade e forem dignos de possuir essa ascendência. Mas quando ele exagerava essa linha de pensamento, levando-a ao extremo de convertê-la em um sistema prático, em que os filósofos seriam organizados em um tipo de corporação hierárquica, investida com quase a mesma supremacia espiritual possuída anteriormente pela Igreja Católica (embora esta não possuísse o poder secular); quando percebi que ele confiava nessa autoridade espiritual como a única garantia do bom governo e como única defesa contra a opressão, esperando que, graças a ela, o despotismo no Estado e na família se tornaria algo inócuo e benéfico, não é surpreendente que, embora coincidíssemos em quase tudo na qualidade de lógicos, como sociólogos não poderíamos caminhar juntos por mais tempo. Comte viveu o suficiente para levar essas doutrinas às suas últimas conseqüências. Em sua última obra, o *Sistema de política positiva*, elaborou o mais completo sistema de despotismo espiritual e temporal que a mente humana já produziu, com exceção talvez do de Ignácio de Loyola: um sistema em que o jugo da opinião geral, articulado por um corpo organizado de mestres e dirigentes espirituais, teria o controle soberano de todas as ações e, desde que fosse humanamente possível, de todos os pensamentos de cada um dos membros da comunidade, tanto nas coisas que só dizem respeito ao indivíduo como nas que afetam o interesse dos demais. É certo que é preciso fazer justiça a essa última obra e dizer que ela representa, em muitos aspectos relativos ao sentimento, um considerável avanço em relação aos escritos anteriores de Comte sobre o mesmo tema. Mas, como contribuição para a filosofia social, o único valor que, segundo o meu juízo, ela possui é o de acabar com a noção de que não se pode sustentar uma autoridade moral efetiva sobre a sociedade sem a ajuda de uma crença religiosa. A obra de Comte não reconhece outra religião do que a Religião da Humanidade, porém, deixa a irresistível convicção de que quaisquer crenças morais compartilhadas pela comunidade em geral pode recair, com uma energia e uma força alarmantes, sobre a conduta e a vida dos indivíduos. O livro representa assim uma monumental advertência para os que pensam a sociedade e a política, pois revela o que acontece quando os homens perdem de vista, em suas especulações, o valor da individualidade e da liberdade.

Voltando agora a falar de mim mesmo: a revista me ocupou, durante mais algum tempo, quase todo o tempo que podia dedicar a escrever minhas próprias coisas ou a pensar com vistas a escrever. Os artigos da *London and Westminster Review* que estão reimpressos nas *Dissertações* constituem apenas uma quarta parte do que escrevi então. Na direção da revista eu me propusera dois objetivos principais. Um deles era livrar o radicalismo filosófico da acusação de benthamismo sectário. Mantendo a precisão na expressão da idéias, a clareza de sentido, o desprezo pelas frases declamatórias e as vagas generalidades, que eram honrosas características do estilo de Bentham e de meu pai, eu desejava dar uma base mais ampla e um tom mais livre e atraente para as especulações radicais, mostrando assim que havia uma filosofia radical melhor e mais completa do que a de Bentham, embora reconhecendo e incorporando todas as contribuições de Bentham que tivessem um valor permanente. Fui, em certa medida, bem-sucedido nesse primeiro objetivo. A outra meta a que me propusera fora incitar à ação os radicais cultos, que fossem ou não membros do Parlamento, induzindo-os a converter-se no que eu pensava que, fazendo uso dos meios adequados, poderiam chegar a ser: um partido poderoso, capaz de assumir o governo do país, ou, ao menos, de ditar os termos em que este seria compartilhado com os *Whigs*. Este objetivo foi, desde o início, quimérico, em parte porque os tempos não eram próprios, já que o fervor reformista atravessava um período de refluxo e as influências *Tory* voltavam a ganhar força; mas, ainda mais, porque, como disse Austin com acerto, "não havia no país os homens necessários". Entre os radicais do Parlamento vários eram os homens qualificados para ser membros úteis de um partido radical esclarecido, mas nenhum deles era capaz de formar e liderar semelhante partido. As exortações que dirigi a eles não encontraram resposta. Houve uma ocasião que pareceu oferecer a possibilidade de uma ofensiva decidida e vitoriosa em favor do radicalismo. Lord Durham havia deixado o ministério porque, segundo se pensou, este não era suficientemente liberal — e posteriormente aceitou a tarefa de descobrir e eliminar as causas da rebelião canadense. Ele havia revelado a disposição de cercar-se de conselheiros que pertencessem à ala radical. Uma de sua primeiras medidas, boa tanto em intenção como em seus efeitos, fora reprovada e anulada pelo governo e, por isso, ele renunciou a seu cargo e adotou uma posição de aberto confronto com os ministros. Tínhamos, pois, um possível chefe para o partido radical na pessoa de um homem de importância que era odiado pelos *Tories* e que acabava de ser ofendido pelos *Whigs*. Qualquer um que tivesse noções elementares de táticas partidárias tentaria aproveitar uma oportunidade dessas. Lord Durham era duramente atacado de todos os lados, injuriado pelos inimigos e abandonado por seus tímidos amigos, e os que estavam dispostos a defendê-lo não sabiam o que dizer. Segundo tudo indicava, ele retornaria do Canadá como um homem derrotado e desprestigiado. Eu acompanhara os acontecimentos relativos ao Canadá desde o início, e dera conselhos aos conselheiros de Lord Durham. A política que eu teria adotado era quase exatamente a mesma que a adotada por ele e, assim, eu estava em uma boa posição para defendê-lo. Escrevi e publiquei um manifesto na revista, em que tomei sua defesa alegando as mais elevadas razões e reclamando para ele, não a mera absolvição, mas louvores e honras. Imediatamente, outros escritores adotaram a mesma postura. Penso que havia algo de verdade no que Lord Durham, com delicado exagero, me disse depois: que a recepção quase triunfal que recebeu ao chegar na Inglaterra podia ser atribuída àquele artigo. Creio que minha defesa foi como a palavra oportuna que, dita no momento crítico, contribui em muito para decidir o resultado: o empurrão que determina em que direção uma pedra, posta em movimento no alto de uma montanha, vai rolar. Todas as esperanças depositadas em Lord Durham como político logo se desvaneceram, mas, no que se referia ao Canadá e à política colonial em geral, a causa estava ganha: o informe de Lord Durham, escrito por Charles Buller e em parte inspirado por Wakefield, inaugurou um nova era. Suas recomendações, que chegavam a propor o completo autogoverno interno das colônias, foram plenamente adotadas no Canadá dois ou três anos depois e, desde então, foram estendidas a todas as colônias de origem européia que tinham alguma aspiração à categoria de comunidades importantes. E posso dizer que ao defender, com êxito, a reputação de Lord Durham e de seus conselheiros em um momento da mais crítica importância, contribuí para esse resultado.

Houve outro caso, durante o tempo em que dirigia a revista, que também ilustra o efeito que pode ser obtido ao se tomar uma iniciativa rápida. Creio que o êxito e a fama da *Revolução Francesa*, de Carlyle, se deveram em grande parte ao que eu escrevi sobre o livro na revista. Imediatamente após a publicação da obra, e antes que os críticos vulgares, cujas regras e modos de julgar ela desafiava, tivessem tempo de predispor o público a reprová-la, escrevi e publiquei uma resenha celebrando a obra como uma dessas produções geniais que estão acima de qualquer norma estabelecida e que instauram suas próprias normas. Nem neste caso, nem no de Lord Durham, atribuo a impressão que, segundo penso, foi produzida pelo que escrevi, a qualquer mérito particular de execução; de fato, ao menos em um dos casos (o artigo sobre Carlyle) não creio que a execução fosse boa. E em ambos estou persuadido de que qualquer escritor conhecido, que expressasse a mesma opinião naquele momento preciso e utilizasse argumentos aceitáveis para justificar sua postura, teria produzido o mesmo efeito. Mas, após o completo fracasso de todas as esperanças que eu havia depositado na revista como meio de dar uma nova vida à política radical, alegra-me recordar esses dois exemplos do êxito de minha honesta tentativa de prestar um serviço imediato a coisas e pessoas que o mereciam.

Uma vez dissipada a última esperança de poder formar um partido radical, chegara a hora de pôr fim ao enorme gasto de tempo e de dinheiro que a revista me custava. Em certa medida, ela atendera ao meu propósito pessoal, sendo um veículo de expressão para minhas idéias. Ela me permitiu expressar em letras impressas muitas das alterações que haviam ocorrido em meu modo de pensar e assinalar claramente minha ruptura com o benthamismo intransigente que inspirara meus primeiros escritos. Isso foi obtido mediante o tom geral de tudo o que escrevi nela, incluindo vários artigos puramente literários, mas, sobretudo, por meio de dois artigos — reimpressos nas *Dissertações* — em que eu tentava fazer uma avaliação filosófica de Bentham e de Coleridge. No primeiro deles, ao mesmo tempo em que fazia plena justiça aos méritos de Bentham, assinalava o que eu considerava ser os erros e deficiências de sua filosofia. Ainda penso que aquela crítica segue sendo, no essencial, perfeitamente justa, mas por vezes desconfio que não foi oportuno publicá-la naquele momento. Pressinto que a filosofia de Bentham, como instrumento de progresso, foi de certa maneira desacreditada antes de haver cumprido sua missão e que, assim, contribuir para diminuir sua reputação foi mais um dano do que um serviço ao progresso. Entretanto, agora que parece estar ocorrendo uma contra-reação dirigida a revalorar o que há de bom no benthamismo, posso contemplar com mais satisfação minha crítica de seus defeitos, especialmente porque equilibrei-a mediante uma defesa dos princípios fundamentais da filosofia de Bentham, que foi reimpressa, junto com minha crítica, no mesmo volume. No artigo sobre Coleridge tentei caracterizar a reação européia contra a filosofia negativa do século XVIII. Se considerarmos somente o efeito desse artigo, poder-se-á pensar que me equivoquei ao dar excessiva importância ao que há de favorável em Coleridge, como havia me equivocado no caso de Bentham ao enfatizar os aspectos desfavoráveis. Em ambos os casos, o ímpeto com que eu me distanciava do que havia de insustentável nas doutrinas de Bentham e do século XVIII levou-me talvez, embora mais na aparência do que na realidade, demasiado longe na direção do lado oposto. Mas, no que se refere ao artigo sobre Coleridge, minha justificativa é que eu estava escrevendo para radicais e liberais, e era assim minha missão insistir mais naquelas coisas das quais, provenientes de autores que pertenciam a uma escola diferente, eles poderiam extrair maior proveito.

O número que continha o artigo sobre Coleridge foi o último que publiquei como proprietário da revista. Na primavera de 1840 transferi os direitos de propriedade para Mr. Hickson, que fora um assíduo e útil colaborador, não remunerado, quando eu era o diretor. Estipulei apenas que a mudança fosse assinalada com a retomada do antigo nome de *Westminster Review*. Com esse nome, Mr. Hickson dirigiu-a por dez anos, pagando aos colaboradores somente o que conguisse arrecadar com a revista e trabalhando ele próprio, como escritor e diretor, gratuitamente. Considerando a dificuldade de conseguir colaboradores criada por essa escassa remuneração, há que se creditar a Mr. Hickson o mérito de haver mantido, em grau tolerável, o caráter da revista como órgão do radicalismo e do progresso. Não deixei de escrever para a revista, continuando a enviar contribuiões ocasionais. Mas não escrevia exclusivamente para ela, pois a maior circulação da *Edinburgh Review* me induziu a contribuir também para esta, sempre que tinha algo a dizer cujo veículo adequado me parecesse ser outro. Justamente então apareceram os últimos volumes da *Democracia na América* e estreei assim como colaborador da *Edinburgh* com o artigo sobre essa obra que abre o segundo volume das *Dissertações*.

CAPÍTULO VII
PANORAMA GERAL
DO RESTO DE MINHA VIDA

Desde então, o que há em minha vida que merece ser relatado é muito pouco, pois não tenho mais mudanças espirituais para contar, mas somente, segundo espero, um contínuo progresso mental que não admite uma história e cujos resultados, caso sejam reais, poderão ser melhor apreciados em meus escritos. Assim, abreviarei bastante a crônica de meus anos posteriores.

O primeiro uso que fiz do tempo livre que consegui ao me desvincular da revista foi terminar a *Lógica*. Em julho e agosto de 1838 encontrei um intervalo durante o qual pude redigir o que ainda faltava do esboço original do Livro Três. Ao elaborar a teoria lógica das leis da natureza que não constituem leis de causação, nem corolários de tais leis, fui levado a reconhecer que as espécies [*Kinds*] são realidades naturais, e não meras distinções de conveniência, algo que eu não havia percebido quando redigira o Livro I e que me obrigou a ampliar e modificar vários capítulos deste. O Livro sobre a "Linguagem e a Classificação", bem como o capítulo sobre a "Classificação das Falácias", foram compostos no outono do mesmo ano e o restante da obra no outono de 1840. De abril do ano seguinte até o final de 1841 dediquei meu tempo livre a reescrever todo o livro, desde o seu início. Foi dessa forma aliás que compus todos os meus livros. Sempre foram escritos pelo menos duas vezes: um primeiro esboço da obra, incluindo toda a matéria, era concluído e, depois, tudo era iniciado de novo, mas incorporando, na segunda redação, todas aquelas frases ou partes de frases do primeiro esboço que me pareciam tão adequadas aos meus propósitos quanto quaisquer outras que eu poderia escrever no lugar delas. Descobri grandes vantagens nesse sistema de dupla redação. Ele combina, melhor do que outros modos de composição, o frescor e o vigor das primeiras concepções com a precisão e a visão mais completa que resultam do pensamento amadurecido. No meu caso, além disso, descobri que a paciência necessária para a cuidadosa elaboração dos detalhes de exposição e expressão custa menos esforço quando toda a matéria já foi tratada uma vez e quando a substância de tudo o que eu queria dizer já estava, de alguma maneira e ainda que imperfeitamente, posta no papel. A única coisa que tenho todo o cuidado de fazer com a maior perfeição possível no primeiro esboço é a organização geral. Se esta é ruim, todo o fio que amarrará as idéias torna-se emaranhado. As idéias dispostas em uma ordenação errônea não podem ser expostas de maneira adequada e um primeiro esboço que padeça desse vício original é quase inútil como base para uma elaboração final.

Quando eu estava reescrevendo a *Lógica*, apareceu a *Filosofia das ciências indutivas*, do Dr. Whewell, uma afortunada circunstância para mim, pois me proporcionou o que eu tanto desejava: um completo tratamento do assunto feito por um antagonista. Ao confrontar assim minhas idéias com uma teoria oposta e ao defendê-las contra objeções precisas, pude apresentá-las com maior clareza e ênfase, desenvolvendo-as também de forma mais ampla e variada. As controvérsias com o Dr. Whewell, bem como outras matérias derivadas de Comte, foram adicionadas ao livro no curso desta segunda redação.

No final de 1841, estando o livro pronto para ser impresso, ofereci-o a Murray, que o reteve por um tempo até que se tornou tarde demais para ser publicado naquela temporada e depois recusou-o, alegando razões que ele bem poderia ter me apresentado desde o início. Mas não tenho motivos para lamentar uma recusa que me levou a oferecer o livro a Mr. Parker, que o publicou na primavera de 1843. Minhas expectativas iniciais de êxito eram extremamente modestas. É certo que o arcebispo Whately havia reabilitado o nome da Lógica e do estudo das formas, regras e falácias do raciocínio, e que os escritos do Dr. Whewell começavam a despertar o interesse pela outra parte de meu tema, a teoria da indução. Entretanto, não se podia esperar que um tratado sobre uma matéria tão abstrata alcançasse êxito de público; era um livro para estudiosos, e estudiosos dessas matérias eram não apenas poucos (pelo menos na Inglaterra), mas, além disso, seguidores da escola metafísica oposta, a escola ontológica, defensora dos "princípios inatos". Assim, eu não esperava que o livro tivesse muitos leitores ou partidários, e não pretendia com ele outro resultado prático que o de manter ininterrupta uma tradição filosófica que, a mim, parecia a melhor. As únicas esperanças que eu tinha de que o livro suscitasse uma atenção imediata estavam baseadas principalmente nas inclinações polêmicas do Dr. Whewell. Pelo que eu sabia da sua conduta, observada em outros casos similares, ele provavelmente daria publicidade ao livro ao replicar prontamente os ataques contra suas opiniões. Ele de fato replicou, mas não antes de 1850, a tempo para que eu respondesse na terceira edição. Como um livro desse tipo chegou a alcançar tanto êxito e qual classe de pessoas compunham o grupo principal de seus compradores — não me atrevo a dizer: de seus leitores — é algo que nunca pude entender plenamente. Mas o fato se torna parcialmente inteligível se levarmos em conta as várias demonstrações de uma revitalização dos estudos especulativos e da especulação livre, que ocorriam em várias partes e, sobretudo, nas universidades (onde, em outros tempos, eu menos esperava que tal coisa acontecesse). Nunca alimentei ilusões de que o livro causasse impacto considerável na opinião filosófica. A visão alemã ou *a priori* do conhecimento humano e das faculdades cognitivas perdurará, provavelmente, por mais um tempo — embora possamos esperar que em grau decrescente — entre aqueles que se ocupam de tais investigações, tanto aqui como no continente. Mas o *Sistema de lógica* proporciona algo que faltava e era necessário: um livro de texto que defende a doutrina oposta, derivando todo conhecimento da experiência e toda qualidade moral e intelectual da direção dada às associações principalmente. Estimo de uma forma tão modesta quanto qualquer outra pessoa o que uma análise dos processos lógicos ou de outros possíveis cânones de evidência podem fazer, por si mesmas, para retificar ou orientar as operações do entendimento. Combinados com outros requisitos, creio, certamente, que podem ser de grande utilidade; porém, seja qual for o valor prático de uma filosofia verdadeira acerca dessas matérias, seria difícil exagerar os danos de uma falsa. A noção de que as verdades externas à mente podem ser conhecidas por intuição ou introspecção, independente da observação e da experiência, é, em nosso tempo, e disto estou persuadido, o grande apoio intelectual de falsas doutrinas e instituições perniciosas. Com a ajuda dessa teoria, toda crença inveterada e todo sentimento intenso cuja origem não é lembrada está dispensada da obrigação de justificar-se pela razão, sendo estabelecida como completa garantia e justificação de si mesma. Jamais havia sido inventado um semelhante instrumento para consagrar todos os preconceitos profundamente arraigados. A principal força que esta falsa filosofia possui em moral, política e religião apóia-se no apelo que ela está acostumada a fazer à evidência da matemática e dos ramos da ciência física que estão relacionados com esta. Expulsá-la destas ciências é expeli-la de sua fortaleza; e como isto nunca havia sido feito de um modo efetivo, a escola intuicionista possuía na aparência, e no que diz respeito aos escritos publicados, os melhores argumentos, mesmo após o que meu pai escrevera em sua *Análise da mente*. Na tentativa de elucidar a natureza real da evidência das verdades matemáticas e físicas, o *Sistema de lógica* enfrentava os filósofos intuicionistas no terreno mesmo em que eles eram considerados invencíveis. O livro dava sua própria explicação, partindo da experiência e da associação, do caráter peculiar das chamadas verdades necessárias, peculiaridade que é apresentada como prova de que sua evidência provém de uma fonte mais profunda do que a experiência. Se o livro logrou esse propósito de uma maneira efetiva é algo que ainda está *sub judice*;[1] e mesmo que tenha logrado, privar de seu mero apoio especulativo um modo de pensar que está fortemente arraigado nos preconceitos e preferências humanas contribui muito pouco para anulá-lo por completo. Mas ainda que isso seja só um passo, é um passo indispensável, pois, afinal, o preconceito só pode ser combatido com êxito pela filosofia, e nada pode ser feito realmente contra ele se não se demonstrar que a filosofia não está do seu lado.

Livre agora de qualquer vínculo ativo com as questões políticas do momento e de todas as ocupações literárias que exigiam uma comunicação pessoal com colaboradores e outros, pude limitar meu círculo social a umas poucas amizades, seguindo assim uma inclinação natural àquelas pessoas dadas a pensar e que já superaram a idade da vaidade juvenil. O convívio social, conforme é praticado hoje na Inglaterra, é algo insípido, inclusive para as pessoas mesmas que fazem dele o que é, de tal forma que a razão para que ele siga existindo deve ser qualquer uma, menos o prazer que proporciona. Porque toda discussão séria de assuntos controversos é considerada de má-educação e porque a carência nacional de vivacidade e sociabilidade impediu que se cultivasse a arte da agradável conversação sobre assuntos triviais — arte em que os franceses do século passado se destacaram — o único atrativo que a chamada sociedade apresenta para aqueles que não alcançaram o topo da escala é a esperança de que alguém os ajude a ascender um pouco; e para os que estão no topo trata-se principalmente de manter a conformidade com os costumes e de corresponder às supostas exigências de sua posição. Para uma pessoa mediana em inteligência e sentimento, e a menos que ela tenha objetivos pessoais que espera alcançar por esse meio, semelhante sociedade deve ser algo sumamente desagradável; e a maioria das pessoas que hoje em dia possuem verdadeira excelência intelectual mantêm com ela um

---

1) Em latim no original: sob juramento.

contato superficial e ocasional, e podem ser consideradas assim quase que como afastadas dela por completo. As pessoas de superioridade intelectual que não agem assim são, quase sem exceção, gravemente prejudicadas. Para não mencionar a perda de tempo, ocorre que o tom de seus sentimentos é rebaixado: elas vão perdendo a convicção em relação àquelas opiniões sobre as quais devem guardar silêncio nos círculos sociais que freqüentam, e começam a considerar que os seus mais elevados objetivos são pouco práticos ou são algo cuja realização é tão remota que eles se tornam então apenas uma fantasia ou uma teoria. E se aquelas que têm mais sorte conseguem conservar incólumes os seus princípios, isso não impedirá que, em relação aos homens e aos assuntos de seu tempo, elas adotem, sem se dar conta, modos de pensar e de julgar que podem trazer a simpatia dos demais. Uma pessoa de inteligência superior jamais deveria freqüentar círculos sociais incultos, a menos que o fizesse como um apóstolo, única condição em que uma pessoa de objetivos elevados pode participar de tais círculos sem correr riscos. As pessoas com aspirações intelectuais também fariam melhor, caso possam, procurar a companhia de seus iguais ou de indivíduos superiores a elas em conhecimentos, inteligência e sensibilidade. Além disso, uma vez que o caráter e a personalidade são formados com algumas poucas idéias humanas de fundamental importância, sempre se considerou que a conformidade de convicções e sentimentos em torno dessas idéias é um requisito essencial para fundar, entre espíritos verdadeiramente nobres, algo que mereça o nome de amizade. A combinação de todas essas circunstâncias reduziu o número das pessoas cuja companhia e, sobretudo, cuja intimidade eu buscava voluntariamente.

Entre essas, a principal foi a incomparável amiga de quem já falei. Nessa época ela vivia a maior parte do tempo em um tranqüilo lugar no campo, com uma jovem filha, e só ocasionalmente residia na cidade com Mr. Taylor, seu primeiro marido. Eu a visitava em ambos os lugares e era profundamente agradecido à força de seu caráter, que a permitia desprezar as falsas interpretações a que podiam dar lugar minhas freqüentes visitas quando ela estava distante de Mr. Taylor e o fato de que às vezes viajávamos juntos, ainda que, em todos os demais aspectos, nossa conduta durante aqueles anos não desse o menor fundamento para nenhuma outra suposição que não a verdadeira: que nossa relação era, então, unicamente de profundo afeto e confiante intimidade. Pois embora não considerássemos obrigatórias as convenções sociais em um assunto que era inteiramente pessoal, cuidávamos para que nossa conduta não resultasse desonrosa para o seu marido e nem, portanto, para ela mesma.[2]

Nesse que pode ser chamado o terceiro período de meu progresso mental,[3] que agora ia de mãos dadas com o dela, minhas opiniões ganhavam em amplitude e em profundidade. Eu compreendia mais coisas e compreendia de forma mais completa as coisas que já eram de meu conhecimento. Recusava agora os excessos de minha reação contra o benthamismo. Não há dúvida de que, durante o ponto culminante desta reação, eu me tornara mais indulgente com as opiniões correntes da sociedade e do mundo e mais disposto a me contentar em dar meu apoio aos aperfeiçoamentos superficiais que começavam a ocorrer naquelas opiniões comuns, muito mais do que conviria a alguém cujas opiniões diferiam destas fundamentalmente e em tantos pontos. Eu estava então inclinado

---

2) O manuscrito original prossegue assim: "e desdenhávamos, como deve fazer toda pessoa que não é escrava de seus apetites animais, a noção abjeta segundo a qual não pode existir, entre um homem e uma mulher, uma íntima e terna amizade sem que exista também uma relação sensual, ou a noção de que o respeito a terceiros ou, simplesmente, a prudência e a dignidade pessoal não podem controlar esses impulsos de caráter inferior" (*The early draft*, op. cit., p. 171).

3) Os três períodos são assim classificados na seguinte passagem suprimida do manuscrito original: "O êxito da *Lógica* levou à publicação, em 1844, dos *Ensaios de economia política*, escritos, como já mencionei, em 1830 e 1831. Com isto termina o que pode ser chamado o segundo período de minha produção escrita, considerando-se como primeiro o da antiga *Westminster Review*. Os *Princípios de economia política* e todos os escritos subseqüentes pertencem a uma terceira e diferente etapa de meu desenvolvimento mental, que foi caracterizada essencialmente pela influência do caráter e intelecto de minha esposa. Até essa época, falei de meus escritos e opiniões na primeira pessoa do singular (...). Mas no grande progresso que a partir de então experimentaram minhas idéias, fui inteiramente seu discípulo" (Idem, p. 169 nota).

— muito mais do que agora posso aprovar — a silenciar a parte decididamente herética de minhas opiniões, precisamente aquelas que agora considero como as únicas cuja declaração pode, de alguma forma, regenerar a sociedade. Mas, além disso, nossas opiniões eram agora muito *mais* heréticas do que haviam sido as minhas nos dias do meu mais extremado benthamismo. Naqueles dias, eu não enxergara mais além da velha escola dos economistas políticos quanto às possibilidades de aprimoramentos fundamentais da organização social. A propriedade privada, tal como é entendida hoje, e a herança pareciam, a eles e a mim, como a *dernier mot*[4] da legislação, e eu não aspirava mais do que abrandar as desigualdades decorrentes dessas instituições, eliminando a primogenitura e os vínculos restritivos da sucessão hereditária. Eu considerava quimérica a noção de que era possível ir mais além na luta contra a injustiça — pois há injustiça, admita-se ou não a possibilidade de sua completa eliminação, no fato de que alguns nascem ricos e a grande maioria vive na pobreza. Esperava apenas que, mediante uma educação universal que levasse a uma restrição voluntária da natalidade, a proporção de pobres diminuísse até atingir um nível tolerável. Em suma: eu era um democrata, mas de modo algum um socialista. Nós éramos agora muito menos democratas do que eu havia sido, pois temíamos a ignorância e, especialmente, o egoísmo e a brutalidade das massas enquanto a educação continuasse sendo deploravelmente imperfeita. Mas o nosso ideal de aperfeiçoamento definitivo ia muito além da democracia e nos classificava decididamente sob a denominação geral de socialistas. Embora repudiássemos com vigor a tirania da sociedade sobre os indivíduos que a maior parte dos sistemas socialistas supostamente encerra, esperávamos que chegaria um tempo em que a sociedade não estaria mais dividida entre os ociosos e os industriosos; em que a regra segundo a qual aqueles que não trabalham não poderão se alimentar aplicar-se-ia a todos de maneira imparcial e não apenas aos pobres; em que a repartição do produto

---

4) Em francês no original: a última palavra.

do trabalho, em vez de depender, como agora depende em grande medida, dos acidentes do nascimento, estaria baseada, por comum acordo, em um princípio reconhecido de justiça, e em que não fosse de fato impossível — nem se julgasse como tal — que os seres humanos se empenhassem em obter benefícios que não fossem exclusivamente seus, mas que fossem compartilhados com a sociedade a que pertencem. Considerávamos que o problema social do futuro seria o de unir a maior liberdade individual de ação com a propriedade comum de todas as matérias-primas do globo e com uma igual participação de todos nos benefícios do trabalho comum. Não tínhamos a presunção de supor que poderíamos antecipar a forma precisa das instituições que permitiriam alcançar esses objetivos do modo mais eficaz, nem se passaria muito ou pouco tempo antes de que eles fossem praticáveis. Víamos claramente que para tornar possível ou desejável semelhante transformação social, seria necessária uma mudança equivalente de caráter, tanto no populacho inculto que hoje compõe a massa trabalhadora como na imensa maioria de seus patrões. Ambas as classes devem aprender, na prática, a trabalhar e a se associar tendo em vista propósitos generosos ou, em todo caso, públicos e sociais, e não exclusivamente, como aconteceu até agora, guiados por interesses egoístas. A capacidade para agir dessa forma sempre existiu na humanidade e não se extinguiu nem, provavelmente, se extinguirá. A educação, o hábito e o aprimoramento dos sentimentos farão o homem comum arar ou tecer por seu país com a mesma determinação com que luta por ele. É certo que os homens só poderão ser elevados a este ponto gradualmente e mediante um sistema cultural que se prolongue durante várias gerações sucessivas. Mas o obstáculo não está na constituição essencial da natureza humana. Se o interesse pelo bem comum é hoje uma motivação débil na generalidade dos homens, isso não se dá porque não poderia ser de outra forma, mas porque a mente não está acostumada a se ocupar dele do mesmo modo como se ocupa, de manhã à noite, com coisas que tendem a trazer vantagens pessoais. O interesse próprio, quando é solicitado, como ocorre atualmente, pelo curso da vida diária, e quando é estimulado pelo afã de distinção e pelo temor da vergonha, é capaz de produzir, até mesmo nos homens comuns, empenho e sacrifícios heróicos. O arraigado egoísmo que dá forma ao caráter geral da sociedade em seu estado atual está *tão* profundamente arraigado somente porque a ordem das instituições hoje existentes tende a fomentá-lo. Em alguns aspectos, isto ocorre mais com as instituições modernas do que com as antigas, porque as ocasiões em que um indivíduo é solicitado a fazer algo pelo bem público sem que seja pago para isso são muito menos freqüentes na vida moderna do que nas pequenas comunidades da antiguidade. Estas considerações não nos impediam de notar a insensatez das prematuras tentativas de prescindir do estímulo do interesse privado nos assuntos públicos enquanto não fosse encontrado nenhum substituto para semelhante estímulo. Mas julgávamos que todas as instituições e arranjos sociais existentes eram (para empregar uma expressão que certa vez ouvi de Austin) "meramente provisórias", e recebíamos com a maior satisfação e interesse todos os experimentos socialistas postos em práticas por pessoas especiais (tais como as Sociedades Cooperativas). Fossem ou não bem-sucedidos, esses experimentos não podiam deixar de fornecer aos seus participantes um utilíssimo aprendizado, cultivando sua capacidade de atuar por motivos que apontavam diretamente para o bem geral ou ensinando-os a ver os defeitos que tornam eles mesmos e os demais incapazes de agir assim.

Nos *Princípios de economia política* essas opiniões foram expostas menos clara e incompletas na primeira edição; mais detalhadas na segunda, e de forma totalmente inequívoca na terceira. Esta diferença foi devida em parte à mudança dos tempos, pois a primeira edição foi escrita e enviada para impressão antes da Revolução Francesa de 1848, após a qual a mentalidade do público se tornou mais receptiva às novidades de opinião, e doutrinas que pouco tempo antes seriam consideradas subversivas pareciam agora moderadas. Na primeira edição, as dificuldades do socialismo foram formuladas de forma tão vigorosa que o tom geral resultante era de oposição a ele. Nos dois anos seguintes, pude dedicar muito tempo ao estudo dos melhores autores socialistas do Continente e à reflexão e discussão de todas as questões envolvidas na controvérsia. O resultado foi a supressão de grande parte do que fora escrito sobre o tema na primeira edição e sua substituição por argumentos e reflexões que representavam uma opinião mais avançada.

Princípios de economia política foi uma obra composta em muito menos tempo do que a *Lógica* e, na verdade, do que qualquer outra obra de importância que eu havia escrito antes. Foi iniciada no outono de 1845 e antes do final de 1847 já estava pronta para ser impressa. Nesse período de pouco mais de dois anos houve um intervalo de seis meses durante o qual não trabalhei na obra, pois estava escrevendo artigos para a *Morning Chronicle*, tarefa que inesperadamente despertou em mim um caloroso entusiasmo. Eu defendia, nesses artigos, a criação de assentamentos para os camponeses nas terras não cultivadas da Irlanda. Isto foi durante o período da fome, no inverno de 1846-47, quando as imperiosas necessidades do momento pareciam oferecer uma boa oportunidade para atrair a atenção sobre o que, segundo meu juízo, era o único modo de combinar um alívio imediato para a miséria com uma melhora permanente das condições sociais e econômicas do povo irlandês. Mas a idéia era nova e causava estranheza; semelhante procedimento não tinha precedente na Inglaterra, e a profunda ignorância dos políticos e do povo inglês em relação a todos os fenômenos sociais que não ocorriam na Inglaterra — ainda que fossem comuns em outras partes — condenaram meus esforços ao completo fracasso. Em vez de levar a cabo uma grande operação com as terras não cultivadas e de converter os *cottiers*[5] em proprietários, o Parlamento aprovou uma Lei dos Pobres, mantendo os indigentes em sua condição de indigentes. E se a nação irlandesa não enfrentou, desde então, dificuldades

---

5) Nome dado aos camponeses irlandeses que arrendavam, durante um ano, pequenas parcelas de terra.

insuperáveis ocasionadas pela ação conjunta de velhos problemas com falsos remédios, isto se deveu a um fato inesperado e supreendente: o despovoamento da Irlanda, provocado primeiro pela fome e, depois, pela emigração.

O rápido êxito dos *Princípios de economia política* revelou que o público ansiava e estava preparado para tal livro. Publicado no início de 1848, uma primeira edição de mil exemplares foi vendida em menos de um ano. Outra edição de mil exemplares foi publicada na primavera de 1849 e uma terceira, de mil e duzentas e cinqüenta cópias, no início de 1852. Desde sua publicação, o livro foi continuamente citado e considerado como uma autoridade, pois não era simplesmente um livro de ciência abstrata, mas continha aplicações e tratava a Economia Política não como algo em si mesmo, mas como um fragmento de um todo mais amplo, isto é, como um ramo da Filosofia Social, e de tal forma vinculado com vários outros ramos que suas conclusões, inclusive as que estão sob sua jurisdição particular, só são verdadeiras condicionalmente, já que estão sujeitas a interferências e reações contrárias provenientes de causas que não pertencem diretamente ao seu domínio. Assim, isolada de outras classes de considerações, a Economia Política não pode ter pretensões de guia prático. A rigor, esta disciplina nunca pretendeu dar conselhos à humanidade com os seus próprios recursos apenas; porém, as pessoas que não sabem mais do que Economia Política — e, portanto, a conhecem mal — encarregaram-se de dar conselhos por sua própria conta, algo que só puderam fazer com as luzes que possuíam. Mas os numerosos inimigos sentimentais da Economia Política e os inimigos ainda mais numerosos com interesses especiais disfarçados de sentimentos, obtiveram grande êxito em convencer a opinião desta imerecida acusação, entre outras imputadas contra ela. O *Princípios*, ao se tornar o tratado mais popular sobre o assunto — e a despeito da liberdade com que expressava muitas de suas opiniões — ajudou a desarmar os inimigos dessa importante disciplina. Cabe a outros, evidentemente, julgar o mérito do livro como exposição da ciência e o valor das diferentes aplicações que sugere.

Depois disso, passei muito tempo sem publicar nenhuma outra obra de magnitude, embora seguisse escrevendo ocasionalmente em periódicos e minha correspondência sobre questões de interesse público (mantida em grande parte com pessoas que me eram totalmente desconhecidas) alcançasse um volume considerável. Durante esses anos escrevi ou iniciei vários ensaios, para eventual publicação, sobre algumas das questões fundamentais da vida humana e social, escritos que submeti a uma severidade que ultrapassava em muito o preceito horaciano.[6] Continuei observando com profundo interesse o curso dos acontecimentos públicos. Mas, em conjunto, eles não me pareciam muito encorajadores. A reação européia após 1848 e o triunfo de um usurpador[7] sem princípios em dezembro de 1851, pareciam pôr um fim a toda esperança presente de liberdade e aprimoramento social na França e no resto do Continente. Na Inglaterra, eu havia visto e continuo vendo que muitas das idéias de minha juventude obtinham aceitação geral, e que muitas das reformas institucionais pelas quais eu lutara durante toda minha vida começavam a ser postas em prática ou estavam em vias de sê-lo. Mas essas mudanças foram acompanhadas de benefícios muito mais modestos em favor do bem-estar da humanidade do que eu previra, pois produziram uma escassa melhora em sua condição moral e intelectual, condição da qual depende todo real aprimoramento de seu destino; e caberia perguntar se as várias causas de degradação que estiveram atuando nesse ínterim não neutralizaram as tendências ao aperfeiçoamento. A experiência me havia ensinado que muitas opiniões falsas podem ser substituídas por outras verdadeiras sem que, por isso, sejam alterados os hábitos mentais que geram as falsas opiniões. O povo inglês, por exemplo, padece da mesma ignorância e imaturidade em relação a questões de economia política que padecia antes do país adotar o sistema de

---

6) Provável referência ao Livro I das *Sátiras*, em que Horácio condena a pressa em tornar público os escritos.
7) Luís Napoleão.

livre comércio; e ainda está longe de haver adquirido melhores hábitos de pensamento e sentimento ou de dispor de uma melhor proteção contra o erro em assuntos de caráter mais elevado. Pois, apesar de haver abandonado certos erros, a disciplina geral de seu espírito não se alterou nem intelectual nem moralmente. Estou agora convencido de que não serão possíveis grandes aprimoramentos no destino da humanidade sem que ocorra uma grande mudança na constituição fundamental de seu modo de pensar. As velhas opiniões em matéria de religião, de moral e de política estão desacreditadas para os espíritos mais intelectualizados e perderam, assim, a maior parte de sua eficácia para gerar o bem, mas ainda possuem vida suficiente para erguer um obstáculo que detém o desenvolvimento de melhores opiniões sobre estes assuntos. Quando as mentes filosóficas do mundo já não podem mais crer em sua religião, ou só podem aceitá-la com modificações que alteram essencialmente o seu caráter, começa um período de transição, de convicções débeis, de intelectos paralisados e de princípios cada vez mais frouxos, período que não poderá terminar sem que se opere uma renovação nas bases de suas crenças que conduza ao surgimento de uma nova fé, seja esta religiosa ou simplesmente humana, na qual possam realmente acreditar. E quando as coisas chegam nesse período de transição, todo pensamento ou escrito que não tende a promover semelhante renovação possui pouco valor perene. Posto que a condição aparente da opinião pública dava poucas indicações da existência de alguma tendência nessa direção, minha visão acerca das possibilidades imediatas de aprimoramento humano não era otimista. Mais recentemente, surgiu um espírito de livre especulação que oferece uma perspectiva mais alentadora da gradual emancipação mental da Inglaterra; a este espírito se uniu a renovação, agora em circunstâncias mais favoráveis, do movimento em defesa da liberdade política no resto da Europa, dando à situação atual dos assuntos humanos um aspecto mais favorável.[8]

---

8) Escrito em 1861 (nota da enteada de Mill, Helen Taylor).

Entre o tempo ao qual acabo de me referir e o momento presente, aconteceram os eventos mais importantes de minha vida privada. O primeiro destes foi meu matrimônio, em abril de 1851, com a dama cujo incomparável valor havia feito de minha amizade com ela a principal fonte de minha felicidade e de meu progresso durante os vários anos em que nem eu nem ela esperávamos que nossa relação pudesse se tornar mais íntima. Por ardente que fosse minha aspiração por esta completa união de nossas vidas, em qualquer momento de minha existência em que isso fosse realizável, tanto eu como minha esposa preferiríamos renunciar para sempre a este privilégio do que devê-lo à prematura morte de alguém por quem eu tinha o mais sincero respeito e ela o mais profundo afeto. Mas ela ocorreu em julho de 1849 e me foi assim concedido derivar desse mal o meu maior bem, acrescentando àquela comunhão de pensamentos, sentimentos e escritos que existira durante tanto tempo uma união que afetava a totalidade de nossas vidas. Durante sete anos e meio pude desfrutar dessa graça; apenas durante sete anos e meio! Sou incapaz de dizer algo que descreva, ainda que de forma vaga, o que foi e continua sendo para mim essa perda. Mas porque sei que ela assim desejaria, trato de empregar da melhor forma a vida que me resta, trabalhando por seus ideais com a força que puder me dar o pensar nela e o estar unido a sua memória.

Durante os anos que transcorreram entre o começo de minha vida conjugal e a catástrofe que a encerrou, os principais acontecimentos de minha existência se referem ao meu posto na Companhia das Índias Orientais (a menos que eu inclua uma primeira manifestação de uma enfermidade familiar e a conseqüente viagem de mais de seis meses para a Itália, a Sicília e a Grécia). Em 1856 fui promovido a chefe da instituição em que havia prestado meus serviços por mais de trinta e três anos. O cargo para o qual fui nomeado, o de *Examiner of India Correspondence*, era, depois do de Secretário, o mais alto da Companhia das Índias na Inglaterra. Minha tarefas consistiam em supervisionar toda a correspondência com os vários departamentos governamentais na Índia, exceto o militar, o naval e o financeiro. Conservei este posto por dois anos, até que ele deixou de existir. O Parlamento, isto é, Lord Palmerston, achou por bem fechar a Companhia das Índias como ramo do governo da Índia dependente da Coroa, e converter a administração daquele país na coisa pela qual lutavam os parlamentares ingleses de segunda e terceira categoria. Eu fui o principal organizador da resistência com que a Companhia tentou enfrentar sua extinção política. Minhas opiniões acerca da insensatez e das nefastas conseqüências dessa irrefletida mudança podem ser encontradas nas cartas e petições que escrevi aos políticos e no capítulo final de meu tratado sobre o governo representativo. Pessoalmente, eu me considerei beneficiado, já que dedicara bastante de minha vida a Índia e não era de se desprezar a generosa compensação econômica que eu assim ganharia. Depois que a mudança foi consumada, Lord Stanley, primeiro secretário de Estado para a Índia, me fez a honrosa oferta de um assento no Conselho, proposta que o próprio Conselho voltou a me fazer na primeira ocasião em que houve um lugar vago. Mas eu previa que as condições do governo da Índia sob o novo sistema só acarretariam inúteis aborrecimentos e esforços desperdiçados para aqueles que participassem dele. Nada do que aconteceu desde então me levou a lamentar minha recusa.

Durante os dois anos imediatamente anteriores ao término de minha vida na Companhia, minha esposa e eu estivemos trabalhando juntos na obra *Sobre a liberdade*. A obra fora planejada e escrita na forma de um breve ensaio em janeiro de 1854. Mas foi em janeiro de 1855, enquanto subia as escadas do Capitólio,[9] que me ocorreu pela primeira vez a idéia de convertê-la em um volume. Nenhum de meus escritos havia sido tão cuidadosamente composto e revisado quanto este. Depois de escrevê-lo, como de costume, duas vezes, conservamos o texto conosco e ocasionalmente o percorríamos *de novo*, lendo, ponderando e criticando cada frase. A revisão final

---

9) O Capitólio Romano. Stillinger aponta que nessa mesma escadaria Gibbon teve pela primeira vez a idéia de escrever sua obra *Declínio e queda do Império Romano*.

deveria ter sido realizada no inverno de 1858-59 — o primeiro após meu afastamento da Companhia —, que planejáramos passar no sul da Europa. Esta esperança, como todas as outras, foi frustrada devido à inesperada e amarga calamidade da morte de minha esposa, em Avignon, quando íamos para Montpellier, como resultado de um repentino ataque de congestão pulmonar.

Desde então, busco todo o alívio que minha situação permite levando um modo de vida que me ajuda a sentir minha esposa ainda próxima de mim. Comprei uma pequena casa de campo o mais próximo possível do lugar onde ela está enterrada, e aí, sua filha (minha companheira no sofrimento e agora o meu maior consolo) e eu vivemos durante grande parte do ano. Meus únicos objetivos na vida são os mesmos que foram de minha esposa, minhas metas e ocupações são as mesmas que ela compartilhava ou simpatizava, e estão indissoluvelmente associadas com sua pessoa. Sua memória é para mim uma religião e sua aprovação é o critério que, resumindo tudo o que há de valoroso, regula, ou eu me esforço para que regule, a minha vida.

Ao retomar minha pena alguns anos depois de haver escrito a narrativa anterior,[10] sou impulsionado pelo anseio de não deixar incompleto aquilo que constitui a principal razão de ser desse relato biográfico: expressar tudo o que devo àqueles que contribuíram essencialmente ao meu desenvolvimento espiritual ou que participaram diretamente da composição de meus escritos ou de qualquer outra atividade pública que realizei. Nas páginas precedentes, o que devo a minha esposa não foi expresso com o detalhe e a precisão que seriam desejáveis; e desde que a perdi, contei com outra ajuda que merece o mesmo reconhecimento.

Quando duas pessoas compartilham os mesmos pensamentos e especulações; quando todos os assuntos de interesse intelectual ou moral são comentados entre elas diariamente, e analisados com mais profundidade do que aquela que geralmente, e por conveniência, é

---

10) Mill escreve agora no inverno de 1869-70.

encontrada nas obras escritas para o público comum; quando estas duas pessoas partem dos mesmos princípios e chegam às suas conclusões mediante um processo comum, é de pouca importância, no que diz respeito à questão da originalidade, qual das duas empunhou a pena. A pessoa que menos contribuiu para a redação pode ter contribuído, e muito, para a concepção. Os escritos que resultam dessa colaboração são o produto conjunto de ambas as pessoas e é assim muitas vezes impossível distinguir suas respectivas contribuições e afirmar que tal parte pertence a uma e tal parte a outra. Neste amplo sentido, não só durante os anos de nosso matrimônio, mas durante os vários anos de amizade íntima que o precederam, todas as minhas publicações são tanto obra minha como dela. Sua participação aumentou constantemente com o passar dos anos. Mas em certos casos pode ser distinguido e especificamente identificado o que pertence a ela. Além e acima da influência geral que o espírito de minha esposa exerceu sobre o meu, as idéias e os aspectos mais valiosos nessas obras produzidas em comum — refiro-me àquilo que gerou os resultados mais importantes e que mais contribuíram para o êxito e a reputação dessas obras — provieram dela; foram emanações de sua mente e minha parte nelas não foi maior do que a que eu tive nas idéias encontradas e tomadas de autores anteriores, assimilando-as e incorporando-as a meu próprio sistema de pensamento. Durante a maior parte de minha vida literária desempenhei, em relação a ela, o papel que, desde muito cedo, considerei como o serviço mais útil que eu poderia prestar no domínio do pensamento: o de ser um intérprete de pensadores originais e um mediador entre eles e o público. Sempre tive uma opinião muito humilde de minhas capacidades como pensador original, exceto nas ciências abstratas (Lógica, Metafísica e os princípios teóricos da Política e da Economia Política), mas me considerei muito superior à maioria de meus contemporâneos em disposição e habilidade para aprender algo de todo o mundo. De fato, raras vezes encontrei pessoas que se importavam em examinar o que era dito em defesa de qualquer opinião, fossem estas novas ou velhas, com a convicção de que, embora sendo talvez errôneas, poderiam ocultar em seu fundo um substrato verdadeiro, e de que, em todo caso, a descoberta daquilo que as havia tornado plausíveis seria um auxílio para a verdade. Assim, fixei esta competência como um domínio no qual eu estava especialmente obrigado a permanecer ativo. Reforcei essa posição quando, familiarizado com as idéias da escola de Coleridge, dos pensadores alemães e de Carlyle, todos eles furiosos oponentes do modo de pensar em que eu me formara, convenci-me de que, junto com os erros de suas doutrinas, havia também muitas verdades veladas para espíritos que só eram capazes de recebê-las envoltas na fraseologia transcendental e mística com a qual estavam acostumados a encerrá-las, sem que eles se preocupassem ou soubessem como se desembaraçar dela. Não desanimei em meu intento de separar as verdades dos erros e de expressá-las em termos que fossem inteligíveis, e não repulsivos, para aqueles que compartilhavam de minha orientação filosófica. Com esta preparação, será fácil compreender que, quando entrei em comunhão intelectual com uma pessoa possuidora das mais relevantes faculdades, cujo gênio, conforme crescia e se desenvolvia, continuamente descobria verdades muito antes que eu, e nas quais não podia detectar, como fizera com outras, nenhuma mescla de erro, será fácil compreender, eu dizia, que a maior parte de meu desenvolvimento intelectual consistisse em estender pontes e abrir vias que conectassem essas verdades com meu sistema geral de pensamento.[11]

---

11) Os avanços em meu desenvolvimento espiritual que devo a ela não são os que uma pessoa desinformada sobre o assunto poderia suspeitar. Poder-se-ia supor, por exemplo, que adotei ou aprendi dela as fortes convicções que endosso acerca da completa igualdade legal, política, social e doméstica que deveria existir entre homens e mulheres. Isto está longe de ser verdade. Essas convicções estavam entre os primeiros resultados gerados pela aplicação de meu espírito aos assuntos políticos, e o vigor com que os sustentei foi, creio eu, e mais do que qualquer outra coisa, a causa original do interesse que ela sentiu por mim. O que sim é verdade é que, antes de conhecê-la, essas opiniões não eram para mim nada além de princípios abstratos. Não via razão mais poderosa para que as mulheres fossem legalmente submissas a outras pessoas do que a que pretendia ser aplicada aos homens. Estava convencido de que os seus interesses exigiam a mesma proteção do que o dos homens e que seria pouco provável obtê-la se as mulheres não tivessem igual voz para elaborar as leis que as obrigariam. Mas a percepção das enormes conseqüências

O primeiro livro meu em que ela teve uma notável participação foi o *Princípios de economia política*. O *Sistema de lógica* pouco deveu a ela, exceto em pequenos detalhes de composição e, nesse sentido, todos os meus escritos, tanto os extensos como os breves, se beneficiaram das suas precisas e iluminadoras críticas.[12] O capítulo da *Economia Política* que exerceu mais influência na opinião pública — intitulado "O Provável Futuro das Classes Trabalhadoras" — deveu-se inteiramente a ela. Este capítulo não existia no primeiro esboço do livro e ela apontou sua necessidade e a extrema imperfeição a que o livro estaria condenado sem ele. Assim, foi graças a ela que o escrevi. A parte mais geral do capítulo, onde são apresentadas e comentadas as duas teorias opostas acerca da condição das classes trabalhadoras, era integralmente uma exposição dos seus

---

práticas que trazia consigo essa incapacidade legal das mulheres, e que ficaram expressas no livro *A sujeição das mulheres*, foi adquirida principalmente mediante os ensinamentos de minha esposa. Se não fosse por seu raro conhecimento da natureza humana e sua compreensão das influências sociais e morais, eu teria uma percepção insuficiente — embora, sem dúvida, mantivesse minhas opiniões sobre o assunto — do modo pelo qual as conseqüências da situação de inferioridade das mulheres se entrelaçam com todos os males da sociedade existente e com todas os obstáculos que dificultam o progresso humano. Sou dolorosamente consciente de que não consegui reproduzir muitas das suas melhores idéias sobre a questão e de que esse pequeno tratado está muito aquém do que poderia ter sido se ela mesma houvesse escrito tudo o que pensava sobre o assunto ou se tivesse vivido o suficiente para revisar e aprimorar — como certamente o teria feito — meu imperfeito tratamento do tema (nota de Mill).

12) A única pessoa de quem recebi ajuda direta na preparação do *Sistema de lógica* foi Mr. Bain, desde então merecidamente celebrado por seus escritos filosóficos. Ele revisou cuidadosamente o manuscrito antes que fosse enviado para impressão, enriquecendo-o com grande número de exemplos e ilustrações adicionais tomadas das ciências; muitas delas, assim como muitos comentários seus que confirmavam minhas idéias sobre lógica, foram inseridos por mim no livro quase que com suas palavras.

Minhas dívidas com Comte se referem exclusivamente aos seus escritos, isto é, às partes de seu *Cours de philosophie positive* publicadas até então. Como deixei claro em outras partes deste relato, essas dívidas são menores do que algumas vezes se afirmou. O primeiro volume, que contém todas as doutrinas fundamentais do livro, estava substancialmente concluído antes que chegasse em minhas mãos o tratado de Comte. Dele aproveitei muitos pensamentos valiosos, sobretudo no capítulo que trata das Hipóteses e na postura que adoto em relação à Lógica da Álgebra. Mas é somente no último livro, que trata da Lógica das Ciências Morais, que devo a Comte aperfeiçoamentos radicais em minha concepção da aplicação dos métodos lógicos. Já me referi e já caracterizei este aperfeiçoamento em uma parte anterior destas Memórias (nota de Mill).

pensamentos, utilizando, inclusive, palavras tomadas de seus próprios lábios. Não aprendi dela a parte puramente científica da Economia Política, mas foi principalmente a sua influência que deu ao livro o tom geral que o distingue de todas as exposições anteriores com pretensões científicas acerca do assunto, e graças ao qual o livro pôde ser útil e atrair espíritos repelidos pelas exposições anteriores. Este tom consistia, sobretudo, na elaboração da distinção adequada entre as leis da produção da riqueza, que são genuínas leis naturais que dependem das propriedades dos objetos, e os modos de distribuição dessa riqueza, modos que, sujeitos a certas condições, dependem da vontade dos homens. Os economistas políticos comuns confundem as duas coisas, reunindo-as sob a denominação de leis econômicas, leis que, segundo eles, não podem ser anuladas nem modificadas pelo esforço humano; esses economistas atribuem assim a mesma necessidade às coisas que dependem das condições inalteráveis de nossa existência terrena e às que, sendo apenas conseqüências necessárias de determinados arranjos sociais, se limitam a coexistir com estes. Dadas certas instituições e costumes, os salários, os lucros e as rendas serão determinados por certas causas; mas esses economistas políticos eliminam a indispensável pressuposição relativa às instituições e aos costumes e argumentam que estas causas, em virtude de uma necessidade inerente a elas e contra a qual as pretensões humanas nada podem fazer, determinarão necessariamente a participação que deve corresponder, na divisão da riqueza, aos trabalhadores, aos capitalistas e aos proprietários de terras. O *Princípios de economia política* é um livro que não renuncia, em favor de seus predecessores, ao anseio de dar um tratamento científico para a ação dessas causas que operam sob certas condições pressupostas, mas fornece um modelo pelo qual essas condições não são tratadas como definitivas. As generalizações econômicas que não dependem das necessidades naturais, mas de outras associadas com a organização existente da sociedade, são tratadas em meu livro como generalizações meramente provisórias e sujeitas a grandes modificações ocasionadas pelo progresso dos aperfeiçoamentos sociais. Devo essa visão das coisas, em parte, aos pensamentos suscitados em mim pelas especulações dos sansimonianos; mas foram as sugestões de minha esposa que fizeram dessa visão o princípio dominante e inspirador de todo o livro. Este exemplo ilustra bem o caráter geral das contribuições que ela deu aos meus escritos. O que havia neles de abstrato e puramente científico era, normalmente, meu, e o que havia de propriamente humano provinha dela. Em tudo o que dizia respeito à aplicação da filosofia às exigências da sociedade humana e do progresso, eu fui seu discípulo, e devo a ela tanto a ousadia especulativa como a cautela na formulação de juízos práticos. Pois, por um lado, ela era muito mais valente e perspicaz do que eu poderia haver sido sem sua ajuda, antecipando uma ordem futura de coisas em que muitas das limitadas generalizações que hoje são confundidas com princípios universais deixariam de ser aplicáveis. As passagens de meus escritos, e especialmente da *Economia política*, que contemplam possibilidades futuras como as que, quando sustentadas pelos Socialistas, são violentamente negadas pelos economistas políticos, não estariam presentes em meu livro se não fosse por ela; ou, pelo menos, essas sugestões haveriam sido apresentadas de forma tímida e com maiores reservas. Mas, por outro lado, embora ela me tornasse assim mais audacioso nas especulações sobre os assuntos humanos, seu sentido prático e sua quase infalível apreciação dos obstáculos práticos reprimiam em mim todo gênero de tendências realmente visionárias. Sua mente dava a todas as idéias uma configuração concreta e as concebia de forma a representar o modo pelo qual elas funcionariam na prática; e o seu conhecimento dos sentimentos reais e da conduta dos seres humanos errava tão poucas vezes que raramente lhe escapava os pontos débeis de uma sugestão irrealizável.[13]

---

13) Uma breve dedicatória, reconhecendo tudo o que o livro devia a ela, foi inserida em alguns exemplares para presente da primeira edição da *Economia política*. Sua aversão pela publicidade impediu a inclusão dessa dedicatória em outros exemplares da obra (nota de Mill).

A dedicatória era a seguinte: "A Mrs. John Taylor, a pessoa mais qualificada, segundo o conhecimento do autor, para criar ou apreciar especulações sobre o aperfeiçoamento social, é dedicada — com o máximo respeito e a maior estima — esta tentativa de explicar e difundir uma série de idéias, muitas das quais foram aprendidas com ela".

Sobre a liberdade foi um trabalho conjunto, mais direta e literalmente produzido pelos dois do que qualquer outra obra que leva o meu nome. Não há, nesse livro, uma só frase que não revisamos juntos várias vezes, que não revolvemos de mil maneiras, tentando eliminar cuidadosamente as falhas detectadas, tanto de conteúdo como de expressão. É por isso que o texto, embora ela não tenha dado sua revisão final, supera em muito, como mero exemplo de composição, qualquer outra coisa escrita por mim antes ou depois. Quanto ao conteúdo, é difícil identificar uma parte ou elemento específicos que pertençam mais propriamente a ela do que todo o resto. O modo de pensar que, em conjunto, o livro expressa, era enfaticamente seu. Mas eu estava tão profundamente imbuído dele que os mesmos pensamentos ocorriam, naturalmente, aos dois. Devo em grande medida a ela o fato de estar a este ponto comprometido com tal modo de pensar. Houve um momento em meu progresso mental em que eu poderia facilmente ter caído na tendência de defender um excessivo controle governamental, tanto na ordem social como na política; e houve também um momento em que, como reação contra o excesso contrário, poderia haver me tornado uma pessoa menos radical e democrata do que sou. Nestes dois pontos, assim como em muitos outros, sua ajuda permitiu afirmar-me naquilo em que eu tinha razão, levando-me também a perceber novas verdades e a me livrar de erros. Minha grande facilidade e disposição para aprender com todo o mundo e a dar acolhida, entre minhas idéias, a todas as novas aquisições, tentando conciliar estas com as antigas, poderia ter me levado, se não fosse por sua constante influência, a uma excessiva modificação de minhas primeiras opiniões. A justa medida com que avaliava a importância relativa de diferentes considerações foi o que ela ofereceu de mais valioso para o meu progresso mental, livrando-me, muitas vezes, de conceder a verdades novas, recentemente descobertas, um lugar mais importante em meus pensamentos do que o merecido.

Sobre a liberdade é uma obra que permanecerá viva por mais tempo do que qualquer outra coisa que escrevi (com a possível exceção do *Sistema de lógica*), pois a fusão do espírito de minha esposa com o meu fez dessa obra um livro de texto filosófico em que é exposta uma única verdade, verdade esta que as mudanças efetuadas progressivamente na sociedade moderna tendem a realçar com um vigor cada vez maior: a importância que representa, para o homem e a sociedade, a existência de uma grande variedade de tipos de caráter e a plena liberdade para que a natureza humana possa se expandir em direções inumeráveis e opostas. Nada revela melhor a profundidade dos fundamentos desta verdade do que a grande impressão produzida por sua exposição em uma época que, para um observador superficial, não parecia necessitar de semelhante lição. Os temores que expressávamos de que o inevitável crescimento da igualdade social e do poder da opinião pública impusessem ao gênero humano um jugo opressivo de uniformidade nas idéias e nas ações poderia, facilmente, parecer quimérico para aqueles que prestam mais atenção nos fatos presentes do que nas tendências; pois a gradual revolução que está ocorrendo na sociedade e nas instituições tem sido, até agora, decididamente favorável ao desenvolvimento de novas opiniões, e tem fornecido para elas uma acolhida muito mais livre de preconceitos do que a que antes encontravam. Porém esta é uma característica própria dos períodos de transição, quando as antigas idéias e sentimentos estão debilitados e não foram ainda substituídos por nenhuma nova doutrina. Em tais períodos, as pessoas que cultivam algum tipo de atividade intelectual renunciaram a muitas de suas antigas crenças e não estão seguras de que as opiniões que elas ainda conservam podem ser mantidas sem alterações; assim, elas escutam, ansiosas, as novas opiniões. Mas este estado de coisas é, necessariamente, transitório: algum corpo determinado de doutrina consegue, com o tempo, reunir ao seu redor a maioria, organizando instituições sociais e modos de ação. A educação imprime então este novo credo às novas gerações, que não sofreram o processo mental que o gerou, e pouco a pouco o novo credo vai adquirindo o mesmo poder de coação que durante tanto tempo foi exercido pelas crenças que agora são por ele suplantadas. Se esse poder nocivo será ou não exercido é algo que dependerá da consciência alcançada pela humanidade, de seu conhecimento ou não de que esse poder não poderá ser exercido sem, ao mesmo tempo, atrofiar e apequenar a natureza humana. É nesse momento que os ensinamentos contidos em *Sobre a liberdade* serão mais valiosos, e é de se temer que eles reterão esse valor por muito tempo.

Quanto à originalidade, o livro, naturalmente, não possui outra do que aquela que todo espírito reflexivo pode dar a seu próprio modo de conceber e expressar verdades que são propriedade comum. A idéia central do livro sempre esteve, provavelmente, presente de alguma forma entre os homens desde os primórdios da civilização, embora, em muitas épocas, estivesse confinada a pensadores isolados. Para falar apenas das gerações mais recentes, essa idéia está contida, claramente, no importante sistema de pensamento relativo à educação e à cultura difundido na Europa graças aos trabalhos e ao gênio de Pestalozzi. O livro alude à defesa incondicional dessa idéia feita por Wilhelm von Humboldt, mas este não foi o único a defendê-la em seu país. Durante a primeira parte deste século, a doutrina dos direitos do indivíduo e a exigência de que a natureza moral se desenvolva a seu próprio modo, foi impulsionada, inclusive com exagero, por toda uma escola de autores alemães; e os escritos de Goethe, o autor alemão mais celebrado, embora não pertençam a esta ou aquela escola, estão profundamente penetrados por uma visão da moral e da conduta na vida que em minha opinião nem sempre são defensáveis, mas que buscam incessantemente toda a defesa que for possível em favor da teoria do direito e do dever que as pessoas têm de se desenvolverem por si mesmas. Em nosso próprio país, antes que se escrevesse *Sobre a liberdade*, a doutrina da individualidade havia sido entusiasticamente sustentada, em um estilo de vigorosa declamação que por vezes recorda o de Fichte, em uma série de escritos de Mr. William Maccall, o mais elaborado dos quais intitula-se *Elementos de individualismo*. E um americano notável, Mr. Warren, havia concebido um sistema de sociedade baseado no princípio de "soberania do indivíduo", conseguindo reunir um certo número de seguidores com os quais iniciou a formação de uma Comuna — ignoro se ainda existe[14] — que, embora assemelhando-se superficialmente com alguns projetos socialistas, era diametralmente oposto a estes em princípio, já que não reconhecia qualquer autoridade da sociedade sobre o indivíduo, exceto para defender a mesma liberdade de desenvolvimento para todas as individualidades. Como o livro que leva o meu nome não reclama nenhuma originalidade para as doutrinas que contém, nem pretende fazer a história dessas doutrinas, o único autor que me precedeu em sua defesa e a respeito do qual me pareceu apropriado dizer algo, foi Humboldt. Ele me forneceu o mote da obra, embora eu tenha feito uso também, em uma passagem da obra, da expressão "soberania do indivíduo", tomada dos seguidores de Warren. É desnecessário dizer aqui que há abundantes diferenças de detalhe entre a concepção da doutrina expressada no livro e a dos predecessores que mencionei.

Após minha irreparável perda, uma das minhas primeiras providências foi a de imprimir e publicar o tratado para o qual minha esposa tanto havia contribuído, e dedicá-lo a sua memória. Não fiz qualquer alteração ou acréscimo ao livro, nem jamais farei. Embora falte o último retoque de sua própria mão, jamais tentarei suprir essa carência.

As circunstâncias políticas do momento me induziram pouco depois a completar e publicar um panfleto, *Pensamentos sobre a reforma parlamentar*, parte do qual eu havia escrito alguns anos antes por ocasião de um dos abortados Projetos de Reforma [*Reform Bills*], e que havia sido revisado e aprovado por minha esposa. Suas principais características eram: hostilidade ao voto secreto (houve a este respeito uma mudança de opinião em ambos, na qual ela me precedeu) e uma defesa em favor da representação das minorias. Entretanto, não chegávamos ao ponto de defender então o voto cumulativo proposto por Mr. Garth Marshall. Ao terminar o panfleto

---

14) A Comuna fundada por Josiah Warren se chamava *Tempos modernos* e foi estabelecida em Long Island, durando de 1850 até 1862.

para publicação e pensando nas discussões do Projeto de Reforma do governo de Lord Derby e Mr. Disraeli em 1859, acrescentei um terceiro aspecto: que a pluralidade do voto não fosse dada de acordo com a propriedade, mas sim com a provada superioridade de educação. Esta recomendação se impunha por si mesma, como um meio de reconciliar a inalienável aspiração de todo homem ou mulher de ser consultado e de ter voz ativa na regulação dos assuntos que concernem suas vidas, com o maior peso justamente devido às opiniões fundadas em um conhecimento superior. Entretanto, nunca havia discutido esta idéia com minha quase infalível conselheira, e não sei se ela concordaria comigo neste ponto. Pelo que pude observar, minha proposta não encontrou nenhuma reação favorável: todos os que propunham algum tipo de desigualdade no voto eleitoral o faziam em favor dos proprietários e não dos mais esclarecidos. Se esta idéia conseguir alguma vez superar o forte sentimento que existe contra ela, isto só correrá após a instituição de um sistema de educação nacional pelo qual os vários graus de capacidade política pertinente possam ser definidos e comprovados. Sem isto, ela continuará sujeita a fortes e, possivelmente, válidas objeções, caso em que não será talvez necessária.

Logo após a publicação de *Pensamentos sobre a reforma parlamentar* chegou ao meu conhecimento o admirável sistema sobre a representação pessoal, de Mr. Hare, que, em sua forma atual, foi publicado nessa ocasião pela primeira vez. Considerei esta magnífica idéia prática e filosófica o maior aperfeiçoamento de que é suscetível o sistema de governo representativo; um aperfeiçoamento que enfrenta e resolve, da forma mais feliz, o que parecia ser até então o grande defeito inerente a todo sistema representativo: o de dar todo o poder à maioria numérica, em vez de lhe dar apenas um poder proporcional ao seu número, e o de permitir que o partido mais forte exclua todos os partidos mais fracos, impossibilitados que estes estão de fazer ouvir suas opiniões na assembléia da nação, exceto quando uma acidental desigualdade na distribuição das opiniões em localidades diferentes oferece uma oportunidade para que se façam ouvir. Parecia que estes grandes males só podiam ser enfrentados por meio de paliativos muito imperfeitos. Mas o sistema de Mr. Hare proporciona uma cura radical. Esta grande descoberta — pois é disso que se trata — na arte da política sugeriu a mim, como creio que sugeriu também a todas as pessoas de pensamento que a adotaram, novas e mais vivas esperanças com respeito ao futuro da sociedade humana, pois liberava as instituições políticas que todo o mundo civilizado tende a adotar de forma manifesta e irresistível do principal defeito que parecia limitar ou tornar duvidosos os seus benefícios. As minorias, enquanto continuarem sendo minorias, serão, e deverão ser, superadas nas votações; mas, mediante arranjos que permitam a qualquer grupo de eleitores que some certo número ter na legislatura um representante de sua própria escolha, as minorias não poderão ser suprimidas. As opiniões independentes abrirão caminho até o conselho da nação e se farão ouvir aí, algo que muitas vezes não pode ocorrer nas formas existentes da democracia representativa; e a legislatura, em vez de ficar privada das peculiaridades individuais e ser composta exclusivamente de homens que representam o credo dos grandes partidos políticos e religiosos, incluirá uma parte considerável dos espíritos individuais mais eminentes do país, postos ali sem referência partidária e somente porque os eleitores souberam apreciar sua excelência pessoal. Compreendo que há pessoas que, embora inteligentes em outros aspectos, recusem o plano de Mr. Hare porque não o examinaram com atenção suficiente e por considerarem que seu mecanismo é demasiado complexo. Mas qualquer um que não possa apreciar a deficiência que este sistema tenta sanar; qualquer um que o desprezе como um mero capricho ou sutileza teórica sem nenhum propósito válido, e como indigno da atenção dos homens práticos, merce ser declarado um estadista incompetente e inepto para a política do futuro. Digo isto de todos, com exceção dos que são ministros ou aspiram a sê-lo, pois estamos muito acostumados a ver como um ministro se opõe com absoluta hostilidade a uma melhora até o dia em que sua consciência ou seu interesse o levam a aceitá-la e adotá-la como medida de caráter público.

Caso eu conhecesse o sistema de Mr. Hare antes da publicação de meu panfleto teria tratado dele neste escrito. Como isso não ocorreu, escrevi um artigo para a *Fraser's Magazine* (reimpresso depois em meus escritos miscelâneos) com esse propósito principal, embora tenha incluído também, junto com a resenha do livro de Mr. Hare, outra resenha de duas obras sobre a questão do momento; uma destas era um panfleto de meu velho amigo Mr. John Austin, que, em seus últimos anos, havia se convertido em um inimigo de qualquer reforma parlamentar; a outra era um trabalho competente e engenhoso, embora parcialmente errôneo, de Mr. Lorimer.[15]

Durante aquele mesmo verão cumpri um dever que me afetava particularmente: o de ajudar, mediante um artigo para a *Edinburgh Review*, a divulgar o profundo tratado sobre a mente de Mr. Bain, que acabara de ser concluído com a publicação do segundo volume.[16] Também enviei para imprimir uma seleção de meus escritos secundários que formaram os dois primeiros volumes de *Dissertações e discussões*. A seleção fora feita durante o tempo em que minha esposa estava viva, mas a revisão final com vistas à publicação, que seria feita conjuntamente, mal havia começado. Quando já não tive mais a orientação de minha esposa, desisti de prosseguir a revisão e republiquei os artigos tal como estavam, limitando-me a excluir as passagens que não concordavam mais com minhas opiniões. Meu trabalho literário daquele ano concluiu com um ensaio na *Fraser's Magazine* (incluído depois no terceiro volume de *Dissertações e discussões*) intitulado *Algumas palavras sobre a não-intervenção*. Fui estimulado a escrever esse ensaio tanto pelo anseio de defender a Inglaterra das críticas que eram feitas contra ela a partir do Continente acusando-a de ser particularmente egoísta em assuntos

---

15) As obras eram: *Tratado sobre a eleição dos representantes parlamentares e municipais* (1859), de Thomas Hare; *Um apelo pela constituição* (1859), de John Austin; e *O progresso político não é necessariamente democrático* (1857), de James Lorimer.

16) *As emoções e a vontade* (1859). O volume anterior era: *Os sentidos e o intelecto* (1855).

de política exterior, como pelo desejo de advertir os ingleses a respeito da força que era dada a essas acusações pelo baixo tom que os nossos estadistas empregavam para falar da política inglesa, como se esta só dissesse respeito aos interesses ingleses, e pela conduta de Lord Palmerston, que naquele momento se opunha à construção do Canal de Suez. Aproveitei a oportunidade para expressar idéias que há muito estavam em minha mente — algumas das quais motivadas por minha experiência nos assuntos da Índia e outras pelas questões internacionais que então ocupavam grande parte do público europeu — a respeito dos verdadeiros princípios da moralidade internacional e das legítimas modificações que as diferentes épocas e circunstâncias introduzem nela. Eu já tratara deste assunto quando defendi, contra os ataques de Lord Brougham e outros, o Governo Provisório francês de 1848, em artigo publicado na *Westminster Review* e reimpresso depois nas *Dissertações*.

Eu levava agora uma vida inteiramente literária — algo que, segundo pensava, continuaria pelo resto de minha existência — se pudermos designar com esta palavra ocupações que se referiam sobretudo à política, não meramente teórica, mas prática, e embora eu passasse grande parte do ano a centenas de milhas de distância[17] da capital da política de meu país, a qual se referiam principalmente os meus escritos. Mas, na verdade, para um escritor político em circunstâncias minimamente favoráveis, as facilidades modernas de comunicação não só eliminaram todos os inconvenientes da distância em relação ao cenário da ação política, mas os converteram em vantagens. A recepção imediata e regular de diários e periódicos o mantém *au courant*[18] da política do momento e lhe dá uma visão muito mais correta da situação e dos progressos da opinião do que a que ele poderia adquirir mediante o contato pessoal com os indivíduos. Isso porque a relação social de cada pessoa está mais ou menos limitada a grupos ou classes particulares, cujas impressões

---

17) Em Avignon.
18) Em francês no original: a par.

são as únicas que a alcançam por este meio; além disso, a experiência me ensinara que as pessoas que empregam o seu tempo em atender as absorventes demandas do que chamamos de sociedade ficam sem tempo para conhecer de forma ampla o que está expresso nos órgãos de opinião e, assim, permanecem muito mais ignorantes do estado geral da opinião pública, ou do seu setor ativo e instruído, do que um recluso que lê os periódicos. Sem dúvida, estar distante do nosso próprio país durante muito tempo traz desvantagens: não nos permite, por exemplo, renovar periodicamente nossas impressões de como os acontecimentos e idéias atingem as pessoas da mesma maneira como quando estamos em meio a elas; mas o juízo ponderado formado à distância e não perturbado por desigualdades de perspectiva é o mais confiável, inclusive para aplicação prática. Usufruindo eu, alternativamente, das duas posições, pude combinar as vantagens de ambas. E embora a inspiradora das minhas melhores idéias já não estivesse comigo, não estava sozinho: ela deixara uma filha, minha enteada Helen Taylor, que havia herdado muito da sabedoria e da excelência de caráter de sua mãe, e cujos talentos, cada vez mais amadurecidos e desenvolvidos, se dedicavam aos mesmos nobres propósitos. Seu nome já é melhor e mais amplamente conhecido do que o de sua mãe, e predigo que, se ela viver o suficiente, sua fama será ainda muito maior. Direi algo a respeito do valor que teve para mim sua cooperação direta, mas seria inútil tentar dar uma idéia adequada do que devo aos seus grandes poderes de pensamento original e a seu acertado juízo prático. Seguramente ninguém foi tão afortunado quanto eu, pois, após sofrer uma perda como a minha, ganhei outro prêmio igual na loteria da vida: outra companheira que me deu estímulos e conselhos e que me forneceu ensinamentos da mais alta qualidade. Todo aquele que, agora ou depois, pensar em mim e na obra que realizei, não deve esquecer que esta não é o produto de um só intelecto e de uma só consciência, mas de três, e que a pessoa que teve a participação menos considerável e menos original é aquela cujo nome aparece como autor.

O trabalho realizado entre 1860 e 1861 consistiu principalmente em dois tratados, só um dos quais foi escrito com o propósito da publicação imediata. Este se intitulava *Considerações sobre o governo representativo* e era uma exposição sistemática do que, após muitos anos de reflexão, eu considerava ser a melhor forma de Constituição popular. Junto com muitas partes que tratam da teoria geral do governo — necessárias para sustentar a parte prática — o volume contém minhas idéias maduras acerca das principais questões, no âmbito das instituições puramente orgânicas, que interessam o nosso tempo, além de antecipar algumas outras questões em direção as quais as crescentes necessidades dirigirão, mais cedo ou mais tarde, a atenção dos políticos práticos e teóricos. Entre estas últimas questões, a principal é a distinção entre a função de fazer leis, para a qual uma numerosa assembléia popular é totalmente inadequada, e a de conseguir que se façam boas leis, dever próprio desta assembléia e que não pode ser cumprido satisfatoriamente por nenhuma outra autoridade. Isto gera a necessidade de estabelecer uma Comissão Legislativa como elemento permanente da Constituição de um país livre. Tal Comissão seria formada por um reduzido número de espíritos políticos altamente preparados e cuja tarefa seria a de elaborar as leis sempre que o Parlamento determinar que uma lei deve ser feita. O Parlamento teria o poder de aprovar ou rejeitar a lei elaborada, mas só poderia alterá-las mediante emendas enviadas para consideração da Comissão. A questão assim suscitada a respeito da mais importante de todas as funções públicas, que é a de legislar, é um caso particular do grande problema da organização política moderna, formulado pela primeira vez em toda sua amplitude, segundo creio, por Bentham, embora, em minha opinião, nem sempre satisfatoriamente resolvido por ele: a combinação de um completo controle popular sobre os assuntos públicos com a maior perfeição possível permitida por uma administração bem preparada.

O outro tratado que escrevi então foi publicado alguns anos depois com o título de *A sujeição das mulheres*. Minha filha sugeriu que eu deixasse por escrito uma exposição, a mais completa e conclusiva possível, das minhas opiniões a respeito dessa grande questão, e foi assim que escrevi este tratado. A intenção era guardá-lo entre outros originais não publicados, aperfeiçoando-o, paulatinamente, caso fosse possível, para publicá-lo no momento em que pudesse parecer mais útil. Tal como foi publicado, o tratado foi enriquecido com algumas importantes idéias de minha filha e passagens por ela escritas. Das partes compostas por mim, o que há de mais notável e profundo pertence à minha esposa e provém do repertório de idéias que nos eram comuns, resultantes das inumeráveis conversas sobre um assunto que ocupou muito a nossa atenção.

Pouco depois tirei da gaveta uma série de manuscritos que eu havia escrito durante os últimos anos de nossa vida de matrimônio e dei a eles uma forma, acrescentando algum material adicional, até convertê-los em uma pequena obra chamada *O utilitarismo*. Foi publicada inicialmente em três partes, em números sucessivos da *Fraser's Magazine*, e reimpressa depois em um volume.

Antes disto, entretanto, a situação das questões públicas tornara-se extremamente crítica com o início da Guerra Civil Americana. Esta luta envolvia os meus sentimentos mais arraigados pois, desde o início, acreditei que ela estava destinada a ser um ponto decisivo, para o bem ou para o mal, no curso do desenvolvimento da humanidade por um tempo indefinido. Eu havia sido, durante os vários anos que precederam a eclosão do conflito, um obervador profundamente interessado da questão escravista na América e sabia, assim, que se tratava de uma agressiva campanha por parte dos proprietários de escravos para estender o território da escravidão. Isto resultava de uma combinação de influências que provinham de interesses pecuniários, temperamentos tirânicos e do apego fanático de uma classe por seus privilégios, influências que foram exaustiva e poderosamente descritas por meu amigo, professor Cairnes, em sua admirável obra *O poder da escravidão*. O êxito dos escravistas, caso triunfassem, seria uma vitória dos poderes do mal que encorajaria os inimigos do progresso e debilitaria o espírito de seus defensores em todo o mundo civilizado. Além disso, criaria um formidável poder militar baseado na pior e mais anti-social forma de tirania que os homens podem exercer sobre outros homens e, ao destruir por muito tempo o prestígio da grande república democrática, daria a todas as classes privilegiadas da Europa uma falsa confiança que provavelmente só poderia ser extinguida com o sangue. Por outro lado, se o espírito do Norte estivesse suficientemente motivado para levar a guerra a um fim vitorioso, e se esta vitória não fosse obtida muito cedo nem com muita facilidade, eu previa que, conforme as leis da natureza humana e a experiência fornecida pelas revoluções, o triunfo seria provavelmente absoluto: a massa da população do Norte, cuja consciência havia sido despertada apenas até o ponto de resistir a uma maior expansão da escravidão, mas cuja fidelidade a Constituição dos Estados Unidos a impedia de aprovar qualquer tentativa do Governo Federal de interferir na escravidão naqueles Estados onde já existia, essa massa, eu dizia, experimentaria novos sentimentos ao perceber que a Constituição fora derrubada pela rebelião armada e decidiria acabar para sempre com a odiosa atitude escravocrata, unindo-se à nobre causa dos abolicionistas, entre os quais Garrison era o apóstolo corajoso e decidido, Wendell Phillips o eloqüente orador e John Brown o mártir voluntário.[19] Assim, toda a mentalidade dos americanos se livraria de suas amarras e deixaria de estar corrompida pela suposta necessidade de se desculpar aos estrangeiros por haver violado da forma mais flagrante os princípios de liberdade de sua Constituição. Além disso, a tendência de um estado determinado da sociedade de estereotipar uma série de opiniões nacionais seria, ao menos temporariamente, neutralizada, e o espírito da nação estaria mais aberto para reconhecer o que havia de mau nas instituições ou nos costumes do povo. Estas esperanças foram, no que diz respeito à escravidão, completamente realizadas

---

19) Este autêntico herói afirmou, quando foi capturado, que sua vida era mais digna do enforcamento do que de qualquer outra coisa. A frase me recorda, por sua mistura de sutileza, sabedoria e abnegação, a Sir Thomas More (nota de Mill).

e, em outras questões, estão em vias de ser progressivamente realizadas. Prevendo eu, desde o início, a dupla série de conseqüências que traria consigo o triunfo ou o fracasso da rebelião, pode-se imaginar com quais sentimentos eu contemplei o ímpeto com que quase todas as classes de meu país, tanto médias como altas e inclusive as que se passavam por liberais, apoiaram a causa do Sul. As classes trabalhadoras e alguns homens de letras e de ciências foram quase as únicas exceções a esta loucura geral. Jamais havia sentido com tanta intensidade como estava pouco arraigado em nossas classes dirigentes o ideal do progresso permanente, e como possuía pouco valor para elas as opiniões liberais que habitualmente professavam. Nenhum dos liberais do Continente cometeu este erro pavoroso. Mas a geração que havia forçado a emancipação dos negros nas plantações de nossas Índias Ocidentais já havia passado, sendo sucedida por uma outra que, ignorando os vários anos de debates e discussões sobre o tema, não aprendera a sentir intensamente as barbaridades que a escravidão trazia consigo. Além disso, a habitual indiferença dos ingleses pelo que se passa no mundo fora de sua própria ilha fazia com que desconhecessem completamente os antecedentes da luta, a tal ponto que, durante os dois primeiros anos da guerra, não se acreditava em geral na Inglaterra que o conflito girava em torno da escravidão. Houve homens de altos princípios e inegavelmente liberais que pensaram que se tratava de uma disputa sobre tarifas ou que identificaram a luta com situações com as quais simpatizavam, como a de um povo lutando por sua independência.

Era para mim um dever elementar juntar-me à minoria que protestava contra este estado deturpado da opinião pública. Não fui o primeiro a protestar. Convém recordar, em homenagem a Mr. Hughes e a Mr. Ludlow, que foram graças aos escritos que eles publicaram no início da luta que ocorreram os primeiros protestos. Mr. Bright os acompanhou, proferindo um dos seus mais enérgicos discursos, seguidos de outros igualmente notáveis. Eu estava prestes a me unir a eles com minhas palavras quando, no final de 1861, ocorreu a captura dos embaixadores do Sul que iam a bordo de um navio britânico, por um oficial dos Estados Unidos. Nem mesmo a fraca memória dos ingleses pôde nos fazer esquecer ainda da explosão de sentimentos desencadeados na Inglaterra, da expectativa, que durou algumas semanas, de entrar em guerra contra os Estados Unidos e dos preparativos que chegamos a fazer para o combate. Enquanto prevaleceu este estado de coisas, não houve a menor chance de que alguém desse ouvidos a qualquer declaração favorável à causa americana. Além disso, eu concordava com os que pensavam que o ato era injustificável e que a Inglaterra devia exigir sua retratação. Quando esta ocorreu e o alarme de guerra se desvaneceu, escrevi em janeiro de 1862 um artigo para a *Fraser's Magazine*, intitulado "O confronto na América". Serei sempre grato a minha filha por tê-lo escrito neste momento, pois estávamos prestes a sair de viagem para passar uns meses na Grécia e na Turquia e, se não fosse por ela, teria adiado o trabalho até o nosso retorno. Escrito e publicado naquele momento, o artigo ajudou a encorajar os liberais que se sentiam sufocados pela maré de opinião antiliberal, e contribuiu a formar em favor da boa causa um núcleo de opinião que foi crescendo gradualmente e que se estendeu com rapidez quando o triunfo do Norte começou a parecer provável. Quando retornamos de nossa viagem escrevi um segundo artigo, uma resenha do livro do professor Cairnes, publicado na *Westminster Review*. A Inglaterra está agora pagando o preço, de muitas formas desagradáveis, pelo duradouro ressentimento que suas classes dirigentes provocaram nos Estados Unidos por seu pretensioso desejo de ver a América arruinada como nação. E estas classes devem ficar agradecidas pelo fato de que alguns poucos escritores e oradores, permanecendo ao lado dos americanos quando estes atravessavam os momentos de maior dificuldade, conseguiram deter em certa medida esses amargos sentimentos e evitar que a Grã-Bretanha não se tornasse uma nação inteiramente odiosa para os americanos.

Cumprido esse dever, minha principal ocupação durante os dois anos seguintes esteve dirigida a assuntos que não eram de ordem política. A publicação póstuma das *Conferências sobre jurisprudência*, de Mr. Austin, me deu a oportunidade de pagar o merecido tributo à sua memória e, ao mesmo tempo, de expressar algumas idéias minhas sobre um tema ao qual havia dedicado muito estudo durante meus velhos tempos de benthamismo. Mas meu principal produto daqueles anos foi o *Exame da filosofia de Sir William Hamilton*. Eu havia lido as *Conferências* de Hamilton, publicadas em 1860 e 1861, durante este último ano, com a intenção mais ou menos formada de tratar delas em um artigo de revista. Mas logo me dei conta de que isto seria insuficiente e de que só poderia tratar devidamente do assunto em um livro. Ponderei então se seria aconselhável que eu mesmo levasse adiante tal tarefa. Depois de pensar, me pareceu que havia razões poderosas para fazê-lo. Eu estava profundamente desapontado com as *Conferências*, obra que li obviamente livre de preconceitos contra Sir W. Hamilton. Não havia estudado até então suas *Notas sobre Reid*, pois estavam incompletas, mas não deixara de ler suas *Discussões filosóficas*. Embora eu soubesse que seu modo de tratar dos fatos da filosofia da mente diferiam daquele que eu mais aprovava, sua vigorosa polêmica contra os transcendentalistas tardios, bem como sua enérgica defesa de alguns importantes princípios, especialmente o da relatividade do conhecimento humano, fizeram-me simpatizar com suas opiniões em muitos pontos e me levaram a pensar que a autêntica psicologia tinha muito mais a ganhar do que a perder com a autoridade e a reputação de Hamilton. Mas suas *Conferências* e suas *Dissertações sobre Reid* desvaneceram esta ilusão; e inclusive as *Discussões filosóficas*, lidas à luz destas outras obras, perderam muito de seu valor. Descobri que os pontos de aparente acordo que existiam entre suas opiniões e as minhas eram mais verbais do que reais. Além disso, percebi que os importantes princípios filosóficos que, segundo me parecera, ele reconhecia, eram tratados por ele de tal forma que pouco ou nada significavam, ou que eram continuamente abandonados, e que doutrinas inteiramente inconsistentes com tais princípios eram ensinadas em quase todas as partes de seus escritos filosóficos. Assim, minha avaliação de Hamilton mudou de tal forma que, em vez de considerá-lo como um pensador que ocupava uma espécie de posição intermediária entre duas filosofias rivais, sustentando alguns princípios de ambas e proporcionado-lhes poderosas armas de ataque e de defesa, ele me parecia agora um dos pilares — e, neste país, devido ao seu prestígio filosófico, o principal pilar — da filosofia que, entre as duas, era para mim a equivocada.

Ora, a diferença entre estas duas escolas filosóficas — a da Intuição e a da Experiência e Associação — não é apenas uma questão de especulação abstrata, mas está plena de conseqüências práticas e afeta os fundamentos de todas as grandes diferenças de opinião prática que se dão em uma era de progresso. O reformador prático precisa exigir continuamente que sejam feitas mudanças em coisas que estão apoiadas por sentimentos poderosos e amplamente disseminados ou precisa questionar a aparente necessidade e irrevogabilidade de fatos estabelecidos. Muitas vezes é uma parte indispensável de seu argumento mostrar como se originaram esses poderosos sentimentos e como esses fatos chegaram a parecer necessários e irrevogáveis. Há, portanto, uma hostilidade natural entre o reformador e uma filosofia que impede a explicação dos sentimentos e dos fatos morais mediante as circunstâncias e a associação e que prefere tratá-los como elementos constitutivos da natureza humana. Uma filosofia assim tem o vício de sustentar uma série de doutrinas favoritas como se estas fossem verdades intuitivas, e considera que a intuição é a voz da Natureza e de Deus, que nos fala com uma autoridade maior do que a de nossa razão. Em particular, eu pressentia, há muito, que a tendência predominante a considerar como inatas e fundamentalmente inalteráveis todas as diferenças de caráter que se observam nos homens, e a ignorar as irresistíveis provas que demonstram que a maior parte dessas diferenças — seja entre indivíduos, raças ou sexos — não são outras do que as produzidas naturalmente por diferenças de tipo circunstancial, é um dos principais obstáculos para o tratamento racional das grandes questões sociais e um dos maiores impedimentos para o progresso humano. Esta tendência tem sua fonte na metafísica intuicionista que caracterizou a reação do século dezenove contra o dezoito, e é uma tendência tão adequada para a indolência humana e, em geral, para os interesses conservadores, que, a menos que seja atacada em sua própria raiz, ela certamente será levada para além dos limites justificados pelas formas mais moderadas do intuicionismo filosófico. É esta filosofia, e nem sempre em suas formas moderadas, que dirigiu o pensamento europeu por mais de meio século. A *análise da mente*, de meu pai, meu próprio *Sistema de lógica* e o grande tratado do professor Bain haviam tentado reintroduzir um melhor modo de filosofar e tiveram, posteriormente, o êxito esperado. Mas eu havia me convencido, há algum tempo, que o mero contraste entre as duas filosofias não era suficiente, que era preciso um combate corpo a corpo entre elas, que eram necessários escritos polêmicos, além dos meramente expositivos, e que chegara o momento em que seria útil iniciar uma controvérsia desse tipo. Assim, considerando que os escritos e a fama de Sir W. Hamilton eram a grande fortaleza da filosofia intuicionista neste país, uma fortaleza que era ainda mais grandiosa devido ao caráter imponente do personagem e aos méritos pessoais e intelectuais que em muitos aspectos podiam ser atribuídos a ele, pensei que seria um verdadeiro serviço à filosofia a tentativa de submeter a um minucioso exame suas doutrinas mais importantes e avaliar sua pretensa eminência como filósofo. Esta decisão foi reforçada quando observei que nos escritos de pelo menos um dos mais talentosos discípulos de Sir W. Hamilton suas peculiares doutrinas era usadas para justificar uma interpretação da religião que era para mim profundamente imoral: a de que é nosso dever reverenciar um Ser cujos atributos morais são, segundo se afirma, desconhecidos para nós, atributos que talvez sejam completamente diferentes daqueles que, quando falamos de nossos semelhantes, são designados pelos mesmos nomes.

Conforme avançava em minha tarefa, a deterioração da imagem de Sir W. Hamilton ia se tornando cada vez maior, superando minhas expectativas iniciais, devido a quase incrível quantidade de incongruências que apareciam quando se comparava diferentes passagens de sua obra. Meu propósito, entretanto, era mostrar as coisas exatamente como eram e não recuei. Sempre procurei tratar o filósofo a quem estava criticando com escrupulosa imparcialidade e sabia que ele contava com muitos discípulos e admiradores dispostos a corrigir-me se, ainda que involuntariamente, eu cometesse alguma injustiça. De fato, vários deles replicaram de forma mais ou menos elaborada, apontando omissões e incompreensões cometidas por mim, embora poucas em número e, na maior parte, insignificantes quanto ao essencial. Aquelas que foram apontadas e das quais tive conhecimento antes da publicação da edição mais recente (que é a terceira) foram corrigidas, e as demais críticas foram contestadas sempre que me pareceu necessário fazê-lo. Considerando como um todo, o livro cumpriu sua missão, mostrando os pontos débeis de Sir W. Hamilton e reduzindo sua exagerada reputação filosófica a limites mais modestos. E alguns pontos discutidos na obra assim como os dois capítulos expositivos que tratam das noções de Matéria e de Mente talvez tenham lançado uma luz adicional sobre algumas das questões mais debatidas no domínio da Psicologia e da Metafísica.

Após concluir o livro sobre Hamilton, me dediquei a uma tarefa que, por uma série de razões, parecia ser de minha especial responsabilidade: expor e avaliar as doutrinas de Auguste Comte. Eu contribuíra, mais do que ninguém, para tornar conhecidas na Inglaterra as suas especulações. Foi principalmente em virtude do que eu dissera a respeito de Comte em meu *Sistema de lógica* que ele ganhara leitores e admiradores entre os homens de pensamento deste lado do Canal, quando, na França, seu nome ainda não havia saído da obscuridade. Quando escrevi e publiquei meu *Sistema de lógica*, seu nome era pouco conhecido e apreciado, de tal forma que parecia desnecessário criticar seus pontos débeis e um dever dar tanta publicidade quanto fosse possível às importantes contribuições que ele havia feito ao pensamento filosófico. Entretanto, no momento sobre o qual discorro, este estado de coisas mudara inteiramente. Seu nome, pelo menos, era quase universalmente conhecido e o caráter geral de suas doutrinas alcançara grande difusão. Comte, tanto para seus partidários como para seus oponentes, ocupava um lugar destacado entre as figuras do pensamento da época. O melhor de suas idéias havia feito grandes progressos, abrindo caminho entre aqueles espíritos que, por sua cultura e tendências prévias, estavam preparados para recebê-las. E amparadas pelas melhores partes de sua doutrina, outras de pior qualidade, amplamente desenvolvidas e aumentadas em seus últimos escritos, também haviam aberto caminho, obtendo adeptos entusiastas e ativos, alguns de mérito pessoal nada desprezível, na Inglaterra, França e outros países. Estes motivos não só tornavam desejável que alguém empreendesse a tarefa de separar o que havia de bom do que havia de mau nas especulações de M. Comte, como também pareciam impor a mim em particular a especial obrigação de realizá-la. Foi o que fiz em dois ensaios publicados em números sucessivos da *Westminster Review*, reimpressos em um pequeno volume intitulado *Auguste Comte e o positivismo*.

Os escritos que acabo de mencionar, junto com um pequeno número de artigos que não me pareceu que mereciam ser conservados, constituem a totalidade do que, como escritor, produzi de 1859 até 1865. Na primeira parte deste último ano, atendendo a um desejo muitas vezes manifestado pelos trabalhadores, publiquei edições populares e baratas daqueles escritos meus que pareciam ter mais chances de encontrar leitores entre as classes trabalhadoras, a saber, *Princípios de economia política*; *Sobre a liberdade*; e *Considerações sobre o governo representativo*. Isto exigiu um considerável sacrifício de meus interesses pecuniários, sobretudo porque recusei obter qualquer benefício com a venda das edições baratas: após assegurar-me, conversando com meus editores, de qual seria o preço mais baixo que lhes garantiria uma remuneração satisfatória, conforme a norma habitual de dar ao autor uma quantidade igual, renunciei à minha parte para que o preço de venda fosse reduzido ainda mais. Os senhores Longman fixaram, sem que eu pedisse, um certo número de anos após os quais os direitos e as pranchas originais voltariam a pertencer a mim e também um certo número de exemplares após a venda dos quais eu receberia a metade de todos os benefícios posteriores. Este número de exemplares (que no caso dos *Princípios de economia política* era de dez mil) foi ultrapassado há algum tempo e, assim, essas edições populares começaram a me proporcionar um pequeno e inesperado retorno pecuniário, embora muito longe de compensar a redução de benefícios ocasionada pela diminuição das vendas das edições mais caras.

Chego agora, nesse resumo de minhas atividades, ao período em que minha tranqüila e retirada existência de escritor foi substituída por outra ocupação menos apropriada ao meu caráter: a de membro da Câmara dos Comuns. A idéia não me ocorreu pela primeira vez quando, no início de 1865, alguns eleitores de Westminster fizeram-me a proposta. Nem sequer foi esta a primeira vez que me fizeram uma oferta semelhante, pois, dez anos antes, como conseqüência de minhas opiniões acerca da questão agrária na Irlanda, Mr. Lucas e Mr. Dufy, em nome do Partido Popular Irlandês, ofereceram levar-me ao Parlamento por um condado irlandês, algo que eles poderiam ter conseguido facilmente. Mas a incompatibilidade entre a função que eu desempenhava na Companhia das Índias e a ocupação de um assento no Parlamento impediu que a proposta fosse sequer considerada. Depois de deixar a Companhia das Índias, vários amigos meus gostariam de me ver como um membro do Parlamento, mas não parecia haver nenhuma chance de que a idéia ganhasse forma prática. Eu estava convencido de que nenhuma porção suficientemente numerosa ou influente do corpo eleitoral queria realmente ser representada por uma pessoa com as minhas opiniões; e estava igualmente convencido de que alguém que, como eu, carecia de contatos e de popularidade local, e que não estava disposto a figurar como mero membro de um partido, tinha poucas chances de ser eleito em qualquer região, a não ser gastando dinheiro. Ora, era e continua sendo uma das minhas mais firmes convicções que um candidato não deve gastar nem um centavo para obter um cargo público. Todos os gastos legais que as eleições implicam e que não dizem respeito a nenhum candidato em particular devem ser parte dos gastos públicos e ficar a cargo do Estado ou da comunidade local. O que os partidários de um candidato precisam fazer para apresentar suas propostas deve ser feito mediante uma agência gratuita ou contribuições voluntárias. Se os eleitores, ou outros indivíduos, estão dispostos a contribuir com seu dinheiro para levar legalmente ao Parlamento uma pessoa que, a seu ver, poderia ser útil aí, ninguém tem o direito de objetar; mas que esse gasto, ou uma parte dele, fique a cargo do candidato é algo fundamentalmente pernicioso, pois de fato implica que ele comprou o seu posto. Ainda que façamos as mais favoráveis suposições quanto ao modo pelo qual será gasto o dinheiro, sempre haverá a legítima suspeita de que a pessoa que emprega seus próprio dinheiro para conquistar a confiança pública tem outros fins que não os estritamente públicos. Além disso, e esta é uma consideração da maior importância, quando os candidatos arcam com os custos das eleições, a nação fica privada dos serviços de outros possíveis membros do Parlamento que ou não podem ou não querem assumir esses enormes gastos. Não digo que, enquanto forem mínimas as chances de um candidato independente chegar ao Parlamento sem se submeter a esta prática viciosa, será sempre moralmente condenável sua atitude de empregar o próprio dinheiro, desde que este não seja usado, direta ou indiretamente, para subornar. Mas, para justificar o emprego do seu dinheiro, o candidato deve estar seguro de que pode ser mais útil ao seu país como membro do Parlamento do que cumprindo qualquer outra função que esteja ao seu alcance. Quanto a mim, eu não tinha esta segurança. Eu não estava convencido de que, estando na Câmara dos Comuns, poderia fazer mais pelo avanço dos assuntos públicos do que minha simples posição de escritor permitia fazer. Pareceu-me, assim, que não deveria tentar ser eleito para o Parlamento e nem, muito menos, despender qualquer importância com esse objetivo.

Mas as condições da questão mudaram consideravelmente quando um grupo de eleitores me procurou espontaneamente solicitando que eu me apresentasse como candidato deles. Considerei que, se, após explicar-lhes minhas opiniões, eles persistissem em seu desejo e aceitassem as condições sob as quais unicamente eu estava disposto a servir, era possível pensar se não estávamos diante de um desses casos em que um membro da comunidade é requisitado por seus concidadãos, uma requisição cuja recusa é raras vezes justificável. Assim, testei sua disposição mediante uma das mais francas explicações que, segundo penso, um candidato jamais ofereceu a um corpo de eleitores. Respondendo à sua oferta, publiquei uma carta[20] dizendo que eu não tinha o desejo pessoal de me tornar um membro do Parlamento e que considerava que um candidato não devia nem solicitar votos nem gastar dinheiro, e que eu não estava disposto a fazer nenhuma destas duas coisas. Declarei, além disso, que, caso fosse eleito, não poderia dedicar nem o meu trabalho nem o meu tempo para defender os seus interesses locais. No que diz respeito à política geral, disse-lhes, sem reservas, quais eram minhas idéias acerca de uma série de importantes questões sobre as quais haviam solicitado a minha opinião. Como uma dessas questões se referia ao sufrágio, declarei-lhes, entre outras coisas, minha convicção de que as mulheres tinham o direito de estar representadas no Parlamento do mesmo modo que os homens (convicção que se manifestaria de qualquer forma pois, se eleito, era minha intenção atuar nesse sentido). Sem dúvida, era a primeira vez que se mencionava semelhante doutrina aos eleitores, e o fato de que fui eleito depois de propô-la deu impulso ao movimento, desde então cada vez mais vigoroso, em favor do sufrágio feminino. Nada, naquela época, parecia mais improvável do que a eleição, que todavia ocorreu, de um candidato — se eu podia ser assim chamado — cujas declarações e conduta desafiavam completamente os princípios eleitorais correntes. Um literato bem conhecido, e também homem da alta sociedade, disse na ocasião que nem mesmo o Todo-Poderoso teria chances de ser eleito com semelhante programa. Entretanto, aderi estritamente a minhas convicções: não contribui com dinheiro, não solicitei votos nem me empenhei pessoalmente na eleição até

---

20) No *Daily News* de 23 de março de 1865.

uma semana antes do dia em que seria designado candidato, quando participei de alguns encontros públicos para esclarecer os meus princípios e para reponder, da mesma forma clara e sincera como eu fizera em minha carta, as perguntas que os eleitores, fazendo uso de seu justo direito, dirigiam a mim para melhor se orientarem. Em relação a um ponto apenas — minhas idéias sobre religião — anunciei desde o início que não responderia a nenhuma pergunta, resolução que pareceu receber a aprovação unânime de todos os que assistiram aquelas reuniões. Minha franqueza em todas os demais assuntos sobre os quais fui interrogado me trouxe, evidentemente, mais benefício do que o prejuízo ocasionado por minhas respostas, quaisquer que estas fossem. Entre as provas que confirmam isto, há uma que é notável demais para não ser mencionada. No panfleto *Pensamentos sobre a reforma parlamentar*, eu havia dito, de forma rude, que as classes trabalhadoras da Inglaterra, embora diferissem, por se envergonharem de mentir, das classes de alguns outros países, eram, não obstante isto, geralmente mentirosas. Um adversário meu imprimiu esta passagem em um cartaz e o apresentou a mim durante um encontro formado principalmente por trabalhadores, perguntando-me se eu escrevera e publicara aquilo. Imediatamente respondi: "Sim, eu o fiz". Logo após eu pronunciar estas palavras, um veemente aplauso ressoou entre todos os presentes. Era evidente que as classes trabalhadoras estavam tão acostumadas a esperar desculpas e evasivas daqueles que solicitavam seus votos, que, quando em vez disto, se depararam com um reconhecimento explícito de algo que provavelmente seria desagradável para elas, não se ofenderam e concluíram que a pessoa que falava era alguém em quem podiam confiar. Jamais tive notícia de um caso mais expressivo do que, segundo penso, é muito bem sabido por aqueles que conhecem as classes trabalhadoras: que a mais essencial recomendação para obter seu favor é dirigir-se a elas de forma absolutamente sincera. Se este elemento está presente, pode vencer as fortes objeções que os trabalhadores porventura tiverem, mas sua ausência não será compensada por todas as demais qualidades reunidas. O primeiro trabalhador que se pronunciou após o incidente que mencionei — Mr. Odger — disse que as classes trabalhadoras não queriam que suas falhas fossem ocultadas, que elas queriam amigos, e não bajuladores, e que se sentiam agradecidas quando alguém lhes apontava alguma falha com o sincero propósito de que fosse corrigida. Os participantes do encontro aprovaram, calorosamente, estas palavras.

Ainda que eu tivesse sido derrotado na eleição, não haveria motivos para lamentar o contato que ela me proporcionou com grandes grupos de compatriotas meus, pois, além de experimentar assim algo novo, tive a oportunidade de difundir amplamente minhas idéias políticas e de me fazer conhecido em muitos setores que nunca haviam ouvido falar de mim, algo que aumentou o número de meus leitores e a possível influência de meus escritos. Naturalmente, estes últimos efeitos se produziram em escala ainda maior quando, para grande surpresa minha e de todos, fui levado ao Parlamento por uma maioria de votos que superava em várias centenas os votos obtidos por meu adversário conservador.

Fui membro da Câmara durante as três sessões parlamentares que aprovou a Lei de Reforma [*Reform Bill*]. Durante esse tempo, o Parlamento foi minha ocupação principal, exceto durante os recessos. Fui um orador razoavelmente assíduo, apresentando ora discursos preparados, ora discursos improvisados. Mas as ocasiões que escolhi para discursar não eram as que eu haveria escolhido se meu principal objetivo fosse adquirir influência parlamentar. Uma vez obtida a atenção da Câmara, o que consegui mediante um bem-sucedido discurso sobre a Lei de Reforma de Mr. Gladstone, a norma que segui foi a de que quando outras pessoas podiam fazer bem, ou suficientemente bem, alguma coisa, não havia necessidade de eu intervir. Dessa forma, como eu, em geral, me reservava para aqueles trabalhos que era improvável que outros fizessem, a maior parte de minhas intervenções foram sobre pontos em relação aos quais grande parte do Partido Liberal, inclusive sua facção mais avançada, tinha opiniões diferentes das minhas ou mostrava relativa indiferença.

Vários de meus discursos, especialmente um contra a proposta pela abolição da pena de morte e outro em defesa da restauração do direito de confiscar bens inimigos transportados em navios neutros, eram opostos ao que se considerava então, e provavelmente se considera ainda, como opinião liberal avançada. Minha defesa do sufrágio feminino e da representação pessoal foi julgada então como uma simples fantasia. Mas o grande progresso feito desde então por estas idéias e especialmente a entusiasta reação, em quase todas as partes do Reino, em favor do sufrágio feminino, justificaram plenamente a oportunidade daquelas declarações e converteram em triunfo pessoal o que foi assumido inicialmente como dever moral e social. Outro dever que me incumbia especialmente, como representante da capital no Parlamento, era o de tentar que a capital tivesse seu próprio governo municipal. Mas sobre este assunto a indiferença da Câmara dos Comuns foi tal que quase não encontrei apoio entre seus membros. Não obstante, fui nesta matéria instrumento de um grupo ativo e inteligente de pessoas de fora do Parlamento, grupo que desenvolveu a idéia, agitou a opinião e redigiu os projetos de lei. Minha função consistiu em apresentar os projetos já preparados e em defendê-los na Câmara durante o curto tempo em que isto foi permitido, depois de eu haver tomado parte ativa nos trabalhos de um comitê presidido por Mr. Ayrton e que funcionou durante grande parte da legislatura de 1866 para recolher informações sobre o assunto. A situação muito diferente em que agora, em 1870, se encontra o assunto pode ser justamente atribuída aos preparativos que tiveram lugar naqueles anos e que naquele momento produziram poucas conseqüências visíveis. Mas todas as questões nas quais estão envolvidos, de um lado, fortes interesses privados e, de outro lado, apenas o bem público, passam por semelhantes períodos de incubação.

A mesma idéia de que minha função no Parlamento era a de fazer coisas que outros não podiam ou não queriam fazer, me fez pensar que era meu dever sair em defesa do liberalismo avançado nas ocasiões em que a censura a ser suportada era tal que a maioria dos liberais avançados da Câmara preferia não enfrentar. Meu primeiro voto na Câmara apoiou uma emenda em favor da Irlanda, apresentada por um parlamentar irlandês e que recebeu apenas cinco votos de parlamentares ingleses e escoceses, incluindo o meu. Os outros quatro foram de Mr. Bright, Mr. McLaren, Mr. T.B. Potter e Mr. Hadfield. O segundo discurso[21] que pronunciei foi sobre o projeto de lei que prolongava o *Habeas corpus*[22] na Irlanda. Ao denunciar, nesta ocasião, a maneira inglesa de governar a Irlanda, não fiz mais do que expressar o que a opinião geral da Inglaterra considera hoje justo. Porém, o ódio contra o Fenianismo[23] estava então em todo o seu apogeu. Qualquer ataque ao que os Fenianos combatiam era considerado como uma apologia em favor deles. Fui recebido de forma tão desfavorável na Câmara que mais de um de meus amigos me aconselhou — e meu bom senso concordou com o conselho — a não voltar a discursar até que chegasse um momento propício, que se apresentaria quando do primeiro debate sobre o projeto da Lei de Reforma. Durante meu silêncio, muitos se regozijaram pelo que pensaram ter eu assumido o fracasso, julgando que não mais os perturbaria. Talvez esses comentários insolentes, produzindo uma reação contrária, tenham contribuído para o êxito do meu discurso sobre o projeto da Lei de Reforma. Minha posição na Câmara melhorou ainda mais após um discurso em que insisti sobre o dever de pagarmos a dívida nacional antes que se esgotassem nossas reservas de carvão e após uma irônica resposta a alguns dos líderes do partido *Tory* que citaram, para me atacar, certos escritos meus e exigiram que eu explicasse certas passagens, especialmente uma de meu livro *Considerações sobre o governo representativo* que

---

21) O primeiro foi em resposta a uma réplica de Mr. Lowe a Mr. Bright sobre a Lei da Peste Bovina. Pensou-se então que meu discurso havia ajudado a anular uma medida do Governo que teria dado aos proprietários de terra uma segunda indenização, pois que já haviam sido indenizados uma vez pela perda de parte de seu gado graças ao aumento do preço de venda do gado que lhes restava (nota de Mill).

22) Em latim no original *Habeas corpus*: ação para garantir a liberdade de locomoção; liberdade de ir e vir. Usado para reprimir ou impedir prisão ou constrangimento ilegais.

23) Movimento irlandês de liberação nacional fundado em meados do século XIX.

dizia que o Partido Conservador era, em virtude do próprio princípio de sua composição, o mais estúpido de todos os partidos. Eles não ganharam nada chamando a atenção para esta passagem, que até então havia passado inadvertida, a não ser conseguir que o *sobriquet*[24] de "partido estúpido" fosse por muito tempo atribuído a eles. Assim, livre do temor de não ser ouvido, me limitei — talvez em demasia, conforme avaliei depois — a intervir nas ocasiões em que meus serviços pareciam especialmente necessários e me abstive de falar sobre as grandes questões partidárias. Com exceção dos problemas da Irlanda e dos que se referiam às classes trabalhadoras, minha única contribuição aos debates decisivos das duas últimas sessões de que participei foi um discurso sobre o projeto da Lei de Reforma de Mr. Disraeli.

Tenho, entretanto, grande satisfação ao rememorar a minha participação nos dois assuntos que acabo de mencionar. No que diz respeito às classes trabalhadoras, o tema principal de meu discurso sobre o projeto da Lei de Reforma de Mr. Gladstone foi a afirmação de suas aspirações ao sufrágio. Um pouco depois, após a renúncia do ministério de Lord Russell e o advento de um governo *Tory*, as classes trabalhadoras tentaram celebrar um encontro no Hyde Park. A polícia tentou proibir e os portões do parque foram derrubados. Embora Mr. Beales e os líderes trabalhistas tivessem se retirado, sob protesto, antes que isto ocorresse, o incidente foi seguido por um tumulto em que muitas pessoas inocentes foram maltratadas pela polícia. A exasperação dos trabalhadores foi extrema. Eles decidiram então tentar outro encontro no parque, ao qual muitos, provavelmente, iriam armados. O Governo fez preparativos militares para resistir à tentativa e algo muito grave parecia iminente. Acreditei que, neste momento crítico, eu poderia contribuir para evitar uma grande catástrofe. No Parlamento, fiquei do lado dos trabalhadores e censurei duramente a conduta do Governo. Fui convidado, junto com outros membros do Partido Radical, para uma reunião com os

---

24) Em francês no original: epíteto.

líderes do Conselho da Liga Reformista e sobre mim, principalmente, recaiu a tarefa de persuadi-los a desistir de realizar o encontro no Hyde Park e a transferi-lo para outro lugar. Mr. Beales e o coronel Dickson não precisavam ser persuadidos disto, pois eles mesmos haviam tentado exercer sua influência neste sentido, mas sem êxito. Eram os trabalhadores que permaneciam firmes em seu propósito e a tal ponto decididos que fui obrigado a recorrer a *les grands moyens*.[25] Eu lhes disse que um procedimento que certamente produziria um confronto com os militares só seria justificável sob duas condições: se a situação fosse tal que uma revolução seria desejável e se eles se considerassem capazes de realizá-la. Após muita discussão eles se renderam, finalmente, a este argumento e eu pude assim informar a Mr. Walpole que eles haviam desistido de seu plano. Jamais esquecerei o profundo alívio que ele experimentou nem suas calorosas expressões de agradecimento. Depois das consideráveis concessões que os trabalhadores fizeram a mim, me senti obrigado a satisfazer seu desejo de que eu comparecesse e discursasse no encontro que celebrariam no *Agricultural Hall*: o único encontro convocado pela Liga Reformista a que eu assisti. Sempre me recusara a ser membro da Liga, devido a razões que declarei abertamente: não concordava com seu programa de sufrágio universal masculino nem com o sistema de voto secreto. Deste último eu discordava completamente e tampouco podia consentir em levantar a bandeira do sufrágio universal masculino, ainda que me assegurassem que isto não implicava necessariamente a exclusão das mulheres, pois, se uma pessoa pretende ir além do que pode ser imediatamente obtido e professa basear sua posição em princípios, ela deve ir até as últimas conseqüências destes princípios. Detive-me especialmente neste assunto porque minha conduta nessa ocasião provocou muito desgosto na imprensa *Tory* e *Tory*-Liberal, a qual me acusou desde então de haver-me revelado imoderado e apaixonado em minha atuação pública. Não sei o que esperavam de mim, mas tinham

---

25) Em francês no original: medidas extremas.

motivos para ficar agradecidos se soubessem do que, provavelmente, os salvei com minha conduta. E creio que, naquela circunstância particular, ninguém exceto eu haveria tido êxito. Nenhuma outra pessoa, acredito, tinha naquele momento a influência necessária para conter as classes trabalhadoras, salvo Mr. Gladstone e Mr. Bright, nenhum dos quais estava então disponível: Mr. Gladstone, por razões óbvias; Mr. Bright, porque estava fora da cidade.

Quando, algum tempo depois, o Governo *Tory* apresentou um projeto de lei que proibia a reunião pública nos parques, não só me pronunciei duramente contra como me uni ao grupo de liberais avançados que, ajudados pela circunstância de que a sessão legislativa estava quase para ser encerrada, derrotaram o projeto mediante o procedimento de prolongar os debates até que não houvesse tempo para votar. Desde então o projeto não foi reapresentado.

Também me senti obrigado a participar de forma decidida nos assuntos relativos a Irlanda. Fui um dos membros mais ativos entre o grupo de parlamentares que triunfou sobre Lord Derby e conseguiu o perdão da pena capital a que o General Burke havia sido condenado como insurgente feniano. A questão da Igreja foi tratada de forma tão vigorosa pelos líderes do partido, na sessão legislativa de 1868, que eu não precisei fazer mais do que aderir enfaticamente a eles. Mas a questão agrária não havia progredido da mesma forma: as prevenções dos proprietários de terras arrendáveis quase não foram desafiadas, especialmente no Parlamento, e o estado atrasado da questão, no que diz respeito a mentalidade parlamentar, se manifestou nas tímidas medidas propostas pelo Governo de Lord Russel e que nem sequer puderam ser implementadas. Sobre estas medidas pronunciei um dos meus discursos mais cuidadosos, em que tentei expor alguns dos princípios básicos da questão, menos com o propósito de estimular meus aliados do que com o de atrair e convencer meus adversários. O assunto, cada vez mais absorvente, da reforma parlamentar, impediu que estas propostas, e outras semelhantes apresentadas pelo Governo de Lord Derby, fossem levadas adiante. Os parlamentares não foram além de uma segunda leitura. Enquanto isso, acentuavam-se os sinais do descontentamento irlandês; a demanda por uma completa separação entre os dois países assumira um aspecto ameaçador e eram poucos os que não sentiam que, se ainda existia alguma chance de que a Irlanda conservasse seus laços de união com a Grã-Bretanha, isto só seria possível mediante a adoção de reformas muito mais radicais nas relações territoriais e sociais dos países do que as até então contempladas. Parecia assim haver chegado o momento em que poderia ser útil manifestar tudo o que eu pensava acerca do assunto, idéia que resultou no panfleto *Inglaterra e Irlanda*, escrito no inverno de 1867 e publicado pouco antes da sessão legislativa de 1868. As idéias principais do panfleto eram, por um lado, um argumento em que se mostrava como era indesejável, para a Irlanda e para a Inglaterra, a separação dos dois países e, por outro lado, uma tentativa de resolver a questão agrária dando aos arrendatários atuais a posse permanente da terra mediante o pagamento de uma renda fixa que seria devidamente estipulada pelo Estado.

O panfleto, como eu esperava, não se tornou popular, exceto na Irlanda. Mas se nenhuma outra medida mais restrita do que a proposta por mim poderia fazer plena justiça a Irlanda ou oferecer a perspectiva de atrair a massa do povo irlandês, era imperativo o dever de propô-la; e se havia algum caminho intermediário que pudesse ser tomado, eu sabia muito bem que propor algo que fosse considerado extremo era o verdadeiro modo para facilitar, e não para impedir, um experimento mais moderado. É extremamente improvável que uma medida que concedia tanto aos arrendatários como a Lei de Terras da Irlanda, de Mr. Gladstone, houvesse sido proposta por um Governo ou aprovada pelo Parlamento, se o público inglês não estivesse convencido de que outra medida consideravelmente mais radical poderia ser defendida e que talvez até mesmo um partido pudesse ser formado para apoiá-la. É característico do povo inglês, ou, pelo menos, das classes altas e médias que estimulam o povo inglês, que para convencê-lo de aprovar qualquer mudança é necessário antes apresentá-la como uma solução intermediária. Os ingleses consideram que toda proposta é extrema e violenta, a menos que saibam de alguma outra que é ainda mais radical, sobre a qual possam descarregar sua antipatia contra toda aspiração extremada. Foi o que ocorreu no caso em questão: minha proposta foi condenada, mas qualquer outro plano de reforma agrária irlandesa que não fosse tão longe quanto o meu passou a ser considerado, em comparação, moderado. Devo observar que os ataques dirigidos contra o meu plano davam, geralmente, uma idéia muito incorreta de sua natureza. Foi interpretado e discutido como uma proposta para que o Estado comprasse todas as terras e se convertesse em proprietário universal. Mas, na verdade, meu plano se limitava a oferecer a cada proprietário em particular a oportunidade de vender suas terras caso não quisesse conservá-las sob as novas condições. E eu previa que a maioria dos proprietários preferiria manter sua condição de proprietários a se tornar dependentes de uma anuidade do Estado e que, assim, conservariam suas atuais relações com seus arrendatários, embora em termos menos generosos do que aqueles em que estaria baseada a compensação que teriam recebido do Estado. Estas e outras explicações foram dadas por mim em um discurso sobre a Irlanda que pronunciei durante os debates sobre a resolução de Mr. Maguire, no começo da sessão legislativa de 1868. Uma versão revisada desse discurso, junto com outro sobre a proposta de Mr. Fortescue, foi publicada — não por mim, mas com minha autorização — na Irlanda.

Durante esses anos, precisei cumprir, dentro e fora do Parlamento, um outro dever público da maior importância. Uma revolta na Jamaica, provocada inicialmente pela injustiça e exacerbada depois pelo ódio e pelo pânico até alcançar as dimensões de uma rebelião previsível, fora o motivo ou o pretexto para que centenas de vidas inocentes fossem sacrificadas pela violência militar e pelas sentenças formuladas pelas chamadas cortes marciais, algo que prosseguiu durante semanas depois que a breve revolta havia sido dominada. A estas atrocidades se somaram muitas outras: destruição da propriedade, castigos corporais a homens e mulheres e uma demonstração desenfreada da brutalidade que prevalece quando a paixão e a espada correm soltos. Os que cometeram essas barbaridades foram defendidos e aplaudidos na Inglaterra pela mesma gente que durante tanto tempo havia aprovado a escravidão dos negros. Parecia inicialmente que a nação britânica ia cometer o nefasto erro de deixar passar sem o menor protesto excessos de autoridade que eram tão repulsivos quanto os que, quando são perpetrados por outros Governos, os ingleses não encontram termos suficientemente duros para expressar sua repulsa. Entretanto, em pouco tempo surgiu um sentimento de indignação. Uma associação de voluntários foi formada com o nome de Comitê da Jamaica, a fim de tomar as deliberações e ações exigidas pelo caso. Vieram adesões de todas as partes do país. Eu estava então no estrangeiro, mas enviei meu nome ao Comitê tão logo soube de sua existência e tomei parte ativa em suas atuações desde que regressei. Havia muito mais em jogo do que a justiça para os negros, por mais imperativa que fosse esta consideração. Tratava-se de saber se os domínios britânicos e, eventualmente, a própria Grã-Bretanha, ficariam sob o governo da lei ou sob o arbítrio militar, e se as vidas e a dignidade pessoal dos súditos britânicos ficariam a mercê de dois ou três oficiais rudes e inexperientes, ou estouvados e brutais, aos quais um governador guiado pelo pânico ou outro funcionário qualquer podia conceder o direito de constituir as assim chamadas cortes marciais. Esta questão só poderia ser decidida mediante um apelo aos tribunais, e foi o que o Comitê se dispôs a fazer. A resolução ocasionou uma mudança na presidência do Comitê, pois o seu presidente, Mr. Charles Buxton, julgou ineficaz, embora não injusto, submeter a processo criminal o governador Eyre e seus principais subordinados. Quando uma reunião geral do Comitê, assistida por um grande número de membros, decidiu opor-se a Mr. Buxton na questão, este resolveu abandonar o Comitê, embora continuasse trabalhando na causa, e eu fui assim, inesperadamente, proposto e eleito presidente. Dessa forma, tornou-se meu dever representar o Comitê na Câmara, às vezes questionando o Governo, outras vezes recebendo as questões mais ou menos provocativas dirigidas a mim por membros individuais mas, sobretudo, como orador no importante debate iniciado por Mr. Buxton na sessão legislativa de 1866. O discurso que pronunciei então é o que eu provavelmente selecionaria como o melhor de todos os meus discursos parlamentares.[26] Por mais de dois anos continuamos com a luta, tentando aproveitar qualquer via legal para levar o caso aos tribunais de justiça criminal. Uma Tribunal, composto por magistrados que provinham de um dos condados mais conservadores da Inglaterra recusou nossa denúncia; tivemos mais êxito com os magistrados de Bow Street, e nossa iniciativa permitiu que Sir Alexander Cockburn, Juiz Supremo da Audiência Real [*Lord Chief Justice of the Queen's Bench*], pronunciasse sua celebrada sentença que estabeleceu os termos legais da questão em favor da liberdade, uma vez que uma sentença judicial estava capacitada para fazê-lo, porém, terminaram aí os nossos triunfos, pois o grande júri do Tribunal Criminal Central de Londres [*Old Bailey*] recusou nossa denúncia, impedindo que o caso fosse submetido a juízo. Era claro que levar funcionários ingleses para os tribunais criminais por abusos de poder cometidos contra negros e mulatos não era um procedimento popular entre as classes médias inglesas. Contudo, conseguimos redimir, até onde estava ao nosso alcance, a reputação do país, mostrando que havia ao menos um grupo de pessoas decididas a usar de todos os meios legais que a lei oferece para que se fizesse justiça aos injuriados. Obtivemos do juiz supremo da nação em assuntos criminais uma declaração autorizada de que a lei era tal como nós sustentávamos que era; e havíamos dado uma enérgica advertência para aqueles que se sentissem tentados a cometer um crime semelhante no futuro, pois ainda que talvez se livrassem de uma sentença ditada por um tribunal criminal, não poderiam estar seguros de que não precisariam superar algumas

---

26) Entre os membros mais ativos do Comitê estavam Mr. P.A. Taylor, sempre fiel e enérgico quando se tratava de afirmar os princípios da liberdade; Mr. Goldwin Smith, Mr. Frederic Harrison, Mr. Slack, Mr. Chamerovzow, Mr. Shaen e Mr. Chesson, Secretário Honorário da Associação (nota de Mill).

dificuldades e fazer alguns gastos para evitá-la. Os governadores coloniais e outras autoridades terão de agora em diante bons motivos para não cometer abusos deste tipo.

Conservei, como curiosidade, algumas das cartas ofensivas, quase todas anônimas, que recebi enquanto se desenrolavam esses acontecimentos. Elas evidenciam a simpatia que as camadas brutais da população inglesa sentiam pelas barbaridades cometidas na Jamaica. Iam desde pilhérias grosseiras, verbais e gráficas, até ameaças de morte.[27]

Entre outros assuntos de importância nos quais tomei parte ativa, mas que suscitaram pouco interesse no público, dois merecem menção especial. Juntei-me com outros liberais independentes para derrotar um projeto de lei de extradição apresentado no final da sessão legislativa de 1866, projeto que, embora não autorizasse abertamente a extradição por delitos políticos, permitiria que os refugiados políticos acusados por um governo estrangeiro de atos que necessariamente acompanham toda tentativa de insurreição, fossem extraditados para serem julgados pelas cortes criminais dos governos contra o qual se rebelaram. Desse modo, o Governo britânico se tornaria cúmplice das vinganças dos despotismos estrangeiros. A derrota dessa proposta levou à formação de um Comitê Especial (no qual fui incluído) para examinar e informar acerca de todos os assuntos relativos aos Tratados de Extradição. O resultado foi uma Lei de Extradição, aprovada pelo Parlamento quando eu já não era mais seu membro, na qual se dava a todos aqueles cuja extradição era solicitada a oportunidade de serem primeiro ouvidos por um Tribunal inglês para provar que a acusação

---

27) No manuscrito da Universidade de Columbia, Helen Taylor, enteada de Mill, acrescenta aqui o seguinte: "Houve um momento em que percebi que as ameaças de morte chegavam pelo menos uma vez por semana e que as cartas ameaçadoras eram especialmente numerosas na terça-feira pela manhã. Concluí que estas cartas eram elaboradas durante o descanso do domingo e postadas na segunda-feira. Valeria a pena investigar as proporções em que se cometem crimes nos diferentes dias da semana. Mas é preciso observar que, na Inglaterra, os domingos são empregados para se escrever todo o tipo de cartas, tanto inocentes como delituosas".

da qual eram alvo era realmente política. Assim, a causa da liberdade européia estava salva de um sério problema e nosso próprio país de uma grande iniqüidade. O outro assunto a ser mencionado foi a luta sustentada por um grupo de liberais avançados, na sessão legislativa de 1868, em torno do projeto de lei de corrupção apresentado pelo Governo de Mr. Disraeli, luta na qual tomei parte muito ativa. Aconselhei-me consultando os que haviam estudado cuidadosamente os detalhes do assunto — Mr. W.D. Christie, o *Serjeant*[28] Pulling e Mr. Chadwick — e refleti muito por mim mesmo com o propósito de introduzir emendas e cláusulas adicionais que servissem para tornar a lei realmente eficaz contra os numerosos modos de corrupção, direta e indireta, que, de outra forma, era de se temer que aumentassem ainda mais, em vez de diminuir, como conseqüência da Lei de Reforma. Tratávamos também de introduzir medidas para diminuir a perniciosa carga que trazem consigo as chamadas despesas legais das eleições. Entre as nossas muitas emendas, estava a de Mr. Fawcett, propondo que os honorários recebidos pelos funcionários encarregados do escrutínio fossem pagos pelos fundos públicos e não pelos candidatos; outra emenda proibia o pagamento daqueles que solicitavam votos, limitando o número de agentes remunerados a um por candidato; uma terceira emenda aumentava as medidas preventivas e as penalidades contra os atos de corrupção, estendendo-as para as eleições municipais que, como é bem sabido, não apenas são uma escola preparatória para exercer a corrupção nas eleições parlamentares mas também a maneira habitual de ocultá-la. O Governo conservador, entretanto, uma vez aprovada a disposição principal de sua proposta (pela qual votei e discursei em favor), a qual consistia em transferir a jurisdição em matéria eleitoral da Câmara dos Comuns para os tribunais, resistiu resolutamente a todos os demais aperfeiçoamentos. E depois que uma de nossas propostas mais importantes, a de Mr. Fawcett, havia

---

28) Funcionário do Parlamento inglês encarregado de garantir o cumprimento das disposições da Casa.

de fato obtido uma maioria, os conservadores reuniram as forças do partido e derrotaram a emenda em uma votação posterior. O Partido Liberal foi enormemente desprestigiado na Câmara pela conduta de muitos de seus membros, que não colaboraram em nada nessa tentativa de assegurar as condições necessárias para uma honesta representação do povo. Com a ampla maioria que dispunham na Câmara, poderiam ter aprovado todas aquelas emendas e inclusive outras melhores, caso as tivessem. Mas a legislatura chegava ao seu final e os membros do Parlamento estavam ansiosos para iniciar seus preparativos para as eleições gerais. Embora alguns, como Sir Robert Anstruther, permanecessem honradamente em seu posto quando outros candidatos rivais já estavam fazendo campanha em seus distritos, a grande maioria dos parlamentares puseram seus próprios interesses eleitorais acima de seus deveres públicos. Além disso, muitos liberais olhavam com indiferença a legislação contra a corrupção eleitoral, pensando que este assunto servia apenas para desviar o interesse público da questão da votação secreta, medida que eles consideravam — muito equivocadamente, como prevejo que logo se revelará — como o remédio único e suficiente para o problema. Por esses motivos, nossa luta, apesar de vigorosamente sustentada durante várias semanas, foi completamente ineficaz, e as práticas que tratávamos de impedir prevaleceram mais do que nunca nas primeiras eleições gerais que ocorreram sob a nova lei eleitoral.

Nos debates gerais sobre a Lei de Reforma de Mr. Disraeli, minha participação se limitou ao discurso que já mencionei. Mas aproveitei a ocasião para apresentar formalmente, diante da Câmara e da nação, os dois grandes aprimoramentos que restam a ser feitos no governo representativo. Um deles era o da representação pessoal, também chamada, com igual propriedade, de representação proporcional. Submeti este assunto à consideração da Câmara fazendo um discurso expositivo e argumentativo a respeito do plano de Mr. Hare. Posteriormente, apoiei ativamente o outro plano, muito mais imperfeito, que veio a substituir o de Mr. Hare e que o Parlamento adotou em um pequeno número de distritos. Esse pobre paliativo não tinha outro mérito do que o de reconhecer, parcialmente, o mal que pouco fazia para remediar. Contudo, foi atacado com as mesmas falácias de sempre e precisou ser defendido, com base nos mesmos princípios, como uma medida realmente boa. Sua adoção em umas poucas eleições parlamentares, assim como a subseqüente introdução do chamado voto acumulativo para o Comitê de Educação Escolar de Londres [*London School Board*], teve o salutar efeito de converter a justa pretensão de todos os eleitores de ter uma participação proporcional na representação, em uma questão de política prática e não meramente de especulação teórica. E isto ocorreu muito antes do que haveria sido possível sem a adoção dessas medidas.

Minhas declarações em favor da representação pessoal não trouxeram nenhum resultado prático considerável ou visível. Mas não foi assim com a outra moção que apresentei em forma de emenda a Lei de Reforma, e que foi o mais importante ou talvez o único serviço público de real importância que prestei como membro do Parlamento. A moção propunha eliminar as palavras que davam a entender que só os homens tinham direito a ser eleitores, permitindo assim que participassem do sufrágio todas as mulheres que, como chefes de família ou em virtude de outras circunstâncias, possuíssem as mesmas qualificações exigidas dos eleitores do sexo masculino. Se as mulheres não reivindicassem sua participação no sufrágio quando o direito de voto estava estendendo-se significativamente, elas estariam renunciando completamente a suas demandas. Um movimento nessa direção foi iniciado em 1866, quando apresentei uma petição em favor do sufrágio feminino, assinado por um número considerável de mulheres eminentes. Mas não era todavia certo que a proposta conseguisse obter mais do que alguns poucos votos dispersos na Câmara. Assim, quando, após um debate em que os oradores contrários primaram pela mediocridade, os votos registrados em favor da moção somaram 73 — e mais de 80 incluindo *pairs* e *tellers*,[29] a surpresa foi geral e grande o encorajamento; e tanto mais considerável se levarmos em conta que um dos que votaram a favor da moção foi Mr. Bright, fato que só pode ser atribuído à impressão causada nele pelo debate, já que antes não havia ocultado seu desacordo com a proposta. Parecia chegado o momento para que minha filha, Miss Helen Taylor, formasse uma Sociedade com o propósito de estender o sufrágio às mulheres. A existência dessa Sociedade deve-se à iniciativa de minha filha: sua constituição foi planejada inteiramente por ela, e ela foi a alma do movimento durante os primeiros anos, embora sua delicada saúde e o excesso de trabalho a obrigassem a recusar um posto no Comitê Executivo. Vários membros eminentes do Parlamento, professores e outras pessoas, além de algumas das mais notáveis mulheres de que este país pode se orgulhar, se tornaram membros da Sociedade. E grande parte deles, por influência direta ou indireta de minha filha. Ela escreveu a maioria das cartas, e as melhores, que obtiveram a adesão de novos sócios, inclusive quando essas cartas traziam a minha assinatura. Em dois casos notáveis, o de Miss Nightingale e o de Miss Mary Carpenter, a relutância que estas damas revelaram antes de se decidirem a participar da Sociedade (pois não havia da parte delas diferenças de opinião) foi superada graças aos apelos escritos por minha filha, embora assinados por mim. Associações com os mesmos objetivos foram fundadas em vários outros centros, Manchester, Edinburgh, Birmingham, Bristol, Glasgow e outros lugares, nos quais se fez muito trabalho valioso em favor da causa. Todas essas Sociedades se apresentaram como delegações da Sociedade Nacional para o Sufrágio Feminino, mas cada uma tinha sua própria administração local e atuava com completa independência das demais.

Creio que mencionei tudo o que vale a pena ser recordado de minha atuação na Câmara. Mas essa enumeração, ainda que

---

29) *Pairs*: membros de um partido que se abstêm de votar quando os membros do partido oposto estão ausentes da Câmara durante a votação. *Tellers*: membros da Câmara dos Comuns que contam os votos.

completa, daria uma idéia inadequada do que foram as minhas ocupações durante este período, e especialmente do tempo que empreguei na correspondência. Durante muitos anos antes de minha eleição para o Parlamento, eu já recebia continuamente cartas de pessoas desconhecidas, a maioria das quais me eram dirigidas em minha qualidade de escritor de filosofia; eram cartas que me apresentavam dificuldades ou pensamentos sobre temas relacionados com a Lógica e com a Economia Política. Como suponho que ocorre com todos os economistas políticos, fui o destinatário de toda sorte de teorias superficiais e de absurdas propostas, com as quais as pessoas tentam constantemente demonstrar o caminho da riqueza e da felicidade, mediante esta ou aquela engenhosa reorganização monetária. Quando havia nesses escritores indícios de inteligência suficiente para que valesse a pena tentar corrigi-los, eu me dava ao trabalho de apontar seus erros. Mas logo chegou um momento em que o volume de minha correspondência me obrigou a responder a tais pessoas de forma muito breve. Entretanto, muitas das cartas que recebi mereciam mais atenção do que estas, e algumas assinalavam omissões de detalhes em meus escritos que me facilitaram sua correção. Naturalmente, esta classe de correspondência se multiplicava conforme se ampliava o âmbito dos temas acerca dos quais eu escrevia, especialmente os temas de caráter metafísico, porém, quando me tornei membro do Parlamento, comecei a receber cartas contendo queixas privadas e sobre todas as coisas imagináveis relacionadas com qualquer classe de assuntos públicos, por mais alheios que fossem aos meus conhecimentos e aos meus empenhos. Não eram os meus eleitores de Westminster que lançavam esta carga sobre mim: estes respeitaram, com notável lealdade, as condições sob as quais eu consentira em servir no Parlamento. É certo que eu recebia, ocasionalmente, cartas de jovens ingênuos solicitando pequenos trabalhos no Governo, mas eram poucas, e a simplicidade e ignorância de seus autores é demonstrada pelo fato de que tais pedidos me eram enviados qualquer que fosse o partido que estivesse no poder. Invariavelmente, eu respondia que pedir favores a qualquer

Governo era uma prática que contrariava os princípios que nortearam minha eleição. Mas, no geral, os cidadãos de meu distrito não me causaram mais transtornos do que os de qualquer outra parte do país. Não obstante, a massa total de correspondência se avolumou até se converter em uma carga opressiva. Nessa época, e desde então, uma grande parte de minhas cartas (incluindo muitas que chegaram a aparecer nos periódicos[30]) não era escrita por mim, mas por minha filha. No início, ela o fazia para me ajudar a despachar o grande volume de cartas, tarefa que eu não poderia desempenhar sem assistência, mas, depois, porque considerei que as cartas que ela escrevia eram superiores as minhas, e tanto mais quanto maior a importância e a dificuldade da ocasião. Inclusive as cartas que eu mesmo escrevi eram, em geral, muito aperfeiçoadas por ela. E o mesmo se deu com todos os meus mais recentes discursos previamente preparados e com alguns de meus escritos publicados, dos quais não poucas passagens, e precisamente as que obtiveram maior êxito, foram de sua autoria.[31]

Enquanto permaneci no Parlamento, meu trabalho de escritor ficou restrito, inevitavelmente, aos períodos de recesso. Durante estes períodos escrevi, além do panfleto sobre a Irlanda que já mencionei, o *Ensaio sobre Platão*, publicado na *Edinburgh Review* e reimpresso no terceiro volume de *Dissertações e discussões*. Escrevi ainda a conferência que, seguindo o costume, pronunciei na Universidade de Saint Andrews, cujos estudantes me haviam feito a honra de eleger-

---

30) Uma que merece menção especial é a carta a respeito da Lei dos Crimes Comuns e das funções da polícia em geral. Foi escrita em resposta a uma carta privada que solicitava minha opinião, mas chegou aos periódicos e despertou alguma atenção. A carta, que contém muitos pensamentos originais e valiosos, foi escrita inteiramente por minha filha. A fertilidade e a habilidade que distingue suas concepções práticas acerca da adaptação dos meios aos fins é algo que não posso esperar igualar (nota de Mill).

31) No manuscrito da Columbia, Mill inseriu e depois suprimiu a seguinte passagem: "Devo acrescentar que tudo o que foi feito por nós para a difusão de nossas opiniões e de nossos princípios de ação, mediante comunicações pessoais e influência direta, deve-se, quase que inteiramente, ao trabalho de minha filha. Minha aptidão para difundi-las se limitava aos meus escritos. Ninguém melhor do que eu sabe o sacrifício que o desempenho dessas funções representou para a sua saúde e para os seus gostos e inclinações pessoais".

me para o cargo de Reitor. Nesse discurso expressei muitas idéias e opiniões que, ao longo dos anos, eu acumulara a respeito dos vários estudos que devem ser incluídos em uma educação liberal, seus usos, influências e o modo em que deveriam ser cursados para tornar essas influências mais benéficas. A posição que adotei, sustentando o elevado valor educativo dos velhos estudos clássicos e dos novos estudos científicos, era baseada em fundamentos mais sólidos do que os invocados pela maioria de seus defensores, e insistia em que a estúpida ineficiência dos métodos de ensino correntes era a única responsável pelo fato desses dois tipos de estudo serem considerados antagônicos em vez de complementares. Expressando-me assim, era meu propósito não só ajudar e estimular o aprimoramento que, felizmente, começava a ocorrer em nossas instituições de ensino superior, mas também difundir idéias mais justas do que as que normalmente encontramos, inclusive em indivíduos de alta formação, acerca das condições de uma elevada cultura espiritual.

Durante esses períodos também comecei (e concluí pouco depois de deixar o Parlamento) a cumprir um dever para com a filosofia e para com a memória de meu pai, preparando e publicando uma edição de sua *Análise dos fenômenos da mente humana*, com notas que atualizavam, levando em conta os últimos avanços na ciência e na especulação, as doutrinas deste admirável livro. Foi um trabalho realizado em equipe: as notas sobre Psicologia foram escritas, em proporções aproximadamente iguais, por Mr. Bain e por mim, enquanto Mr. Grote forneceu algumas valiosas contribuições sobre pontos de história da filosofia que apareciam incidentalmente na obra, e o Dr. Andrew Findlater sanou as deficiências ocasionadas pelo imperfeito conhecimento filológico da época em que fora escrito. Publicado originalmente em um tempo em que a corrente da especulação metafísica ia em direção oposta à da psicologia da experiência e da associação, a *Análise* não havia obtido todo o êxito imediato que merecia, embora tivesse causado profunda impressão em muitos espíritos individuais e contribuído, por meio deles, a criar este ambiente mais favorável para a Psicologia da Associação de que agora desfrutamos. Admiravelmente adaptado para ser um livro de texto da metafísica experimental, ele só necessitava ser enriquecido, e em alguns pontos corrigido, com os resultados de trabalhos mais recentes da mesma escola de pensamento, para ocupar, como agora ocupa, e ao lado dos tratados de Mr. Bain, um lugar proeminente entre as obras sistemáticas de psicologia analítica.

No outono de 1868, o Parlamento que aprovou a Lei de Reforma foi dissolvido, e eu fui derrotado nas novas eleições pelo distrito de Westminster. A derrota não me surpreendeu, como creio que tampouco surpreendeu meus principais partidários, ainda que estes, nos dias que imediatamente precederam a eleição, estivessem mais entusiasmados do que antes. Não exigiria qualquer explicação a possibilidade de eu jamais ter sido eleito; o que desperta a curiosidade é o fato de eu ter sido eleito a primeira vez ou o de, tendo sido eleito, ser depois derrotado. Mas os esforços para me derrotar foram maiores na segunda ocasião do que na primeira. Entre outras coisas, o Governo *Tory* estava lutando por sua sobrevivência, e obter um triunfo em qualquer confronto era de vital importância para ele. Além disso, todas as pessoas de sentimentos conservadores estavam agora muito mais exacerbadas contra mim do que na ocasião anterior; muitos que incialmente haviam se mostrado favoráveis ou indiferentes, eram veementemente opostos à minha reeleição. Como eu havia revelado em meus escritos políticos que estava consciente dos pontos fracos que podem ser encontrados nas opiniões democráticas, alguns conservadores, ao que parece, não haviam perdido a esperança de encontrar em mim um inimigo da democracia. E como eu era capaz de ver o lado conservador da questão, eles presumiam que, assim como eles, eu não poderia ver qualquer outro lado. Entretanto, se tivessem realmente lido os meus escritos, saberiam que, depois de ponderar cuidadosamente todos os argumentos que me pareciam bem fundados contra a democracia, me decidia, sem hesitar, em favor dela, embora recomendando que ela deveria ser assistida por instituições que fossem consistentes com os princípios democráticos e estivessem planejadas para evitar os seus inconvenientes. Um desses principais remédios era a representação proporcional, tema em que quase não encontrei apoio entre os conservadores. Algumas expectativas dos *Tories* pareciam se fundar na aprovação que eu havia dado, sob certas condições, ao voto plural; e eles presumiram que esta sugestão, feita em uma das resoluções que Mr. Disraeli havia introduzido na Câmara como preparação para a sua Lei de Reforma (sugestão sobre a qual, ao não receber apoio, ele não insistiu) podia ter sido ocasionada pelo que eu escrevera sobre o assunto. Mas, ainda que fosse assim, os conservadores se esqueciam do fato de que eu havia formulado expressamente a condição de que o privilégio de uma pluralidade de votos devia estar vinculado ao nível de educação dos eleitores, e não às propriedades que possuíam, e que, mesmo assim, só daria minha aprovação ao voto plural sob a condição de que o sufrágio fosse universal. Até que ponto seria inadmissível o sistema de votação plural sob o tipo de sufrágio proposto pela atual Lei de Reforma, fica provado, para quem tiver alguma dúvida, pelo pouco peso que tem nas eleições as classes trabalhadoras, mesmo sob a lei que não assinala mais votos a um eleitor do que a outros.

Enquanto eu me tornava assim mais odioso do que antes aos interesses dos *Tories* e de muitos liberais conservadores, a direção que tomei no Parlamento também não foi adequada para fazer com que os liberais me dessem seu entusiasmado apoio. Já mencionei como foi grande a proporção de minhas intervenções mais significativas que haviam tratado de questões sobre as quais eu não estava de acordo com a maioria dos membros do Partido Liberal ou sobre as quais eles tinham pouco interesse, e que foram poucas as ocasiões em que a linha de conduta que adotei podia levá-los a me atribuir algum valor como porta-voz de suas opiniões. Além disso, eu havia feito coisas que suscitaram em muitos um preconceito pessoal contra mim. Muitos ficaram ofendidos com o que chamavam de perseguição a Mr. Eyre, e se sentiram ainda mais ofendidos quando enviei uma contribuição para os gastos eleitorais de Mr. Bradlaugh. Como eu havia recusado fazer qualquer gasto para me eleger e como havia sido subvencionado por outros, me senti na obrigação de contribuir por minha vez, ajudando a outros candidatos carentes de recursos e cuja eleição era desejável. Enviei assim donativos a quase todos os candidatos da classe trabalhadora e, entre outros, a Mr. Bradlaugh. Ele tinha o apoio dos trabalhadores e, ouvindo os seus discursos, soube que era um homem capaz. Além disso, ele provara ser o contrário de um demagogo ao se opor com firmeza à opinião prevalecente no Partido Democrata sobre dois assuntos importantes como o malthusianismo e a representação popular. Parecia-me que o Parlamento precisava de homens desse tipo, homens que, ao mesmo tempo em que compartilhavam os sentimentos democráticos das classes trabalhadoras, julgavam as questões políticas em si mesmas e tinham coragem para afirmar suas convicções pessoais contra a oposição popular; e eu não achava que as opiniões anti-religiosas de Mr. Bradlaugh (embora ele as tivesse expressado de forma imoderada) deveria excluí-lo. Entretanto, ao contribuir monetariamente para sua eleição, fiz algo que seria sumamente imprudente se pensasse apenas nos interesses relacionados com minha própria reeleição. Como era de se esperar, esta minha atitude foi usada ao máximo — tanto de forma honesta como injusta — para fazer com que os eleitores de Westminster se voltassem contra mim. A estas várias causas, combinadas com o uso inescrupuloso das habituais influências de tipo financeiro e de outros tipos feitas do lado de meu adversário *Tory*, e que não foram empregadas do meu lado, deve ser atribuído o fato de que fracassei na segunda eleição depois de haver triunfado na primeira. Assim que os resultados das eleições foram conhecidos, recebi três ou quatro convites para me apresentar como candidato em outros distritos, condados a maior parte. Mas ainda que houvesse possibilidades de triunfar, e sem fazer gastos, eu não estava disposto a negar a mim mesmo o alívio de retornar para a vida privada. Não tinha motivo para me sentir humilhado pela recusa do eleitorado e, se eu tivesse, tal sentimento teria sido compensado com sobras pelas numerosas expressões de simpatia que recebi de todo o tipo de pessoas e vindas de todos os lugares e, em grau significativo, dos membros do Partido Liberal com os quais eu estava acostumado a atuar.

Desde então, pouco me aconteceu que mereça ser recordado aqui. Voltei a meus antigos trabalhos e a desfrutar de uma vida campestre no sul da Europa, alternando-a duas vezes ao ano com estadas de algumas semanas, ou de meses, nas proximidades de Londres. Escrevi vários artigos para publicações periódicas (especialmente para a *Fortnightly Review*, de meu amigo Mr. Morley), pronunciei alguns discursos em reuniões de caráter público, sobretudo nas reuniões da Sociedade para o Sufrágio Feminino, publiquei *A sujeição das mulheres*, escrito alguns anos antes, com alguns acréscimos introduzidos por minha filha e por mim, e comecei a preparar o material para futuros livros, dos quais haverá tempo para falar mais detalhadamente, se eu viver para terminá-los. Assim, fica no momento encerrada a presente Memória.

DO MESMO AUTOR
NESTA EDITORA

A LÓGICA DAS CIÊNCIAS MORAIS

O UTILITARISMO

Este livro foi composto em
Agaramond pela *Iluminuras*, com
filmes de capa produzidos pela
Fast Film Pré-Impressão e
terminou de ser impresso no dia
11 de abril de 2007 na *Associação
Palas Athena*, em São Paulo, SP.